"十 三 五" 国 家 重 点 图 书 出 版 规 划 项 目

中国减贫研究书系/**专题研究**

中国扶贫开发政策演变

Evolution of China's Poverty Alleviation
and Development Policy (2001-2015)

（2001~2015 年）

左常升 / 主编

社会科学文献出版社
SOCIAL SCIENCES ACADEMIC PRESS (CHINA)

"中国减贫研究书系"
出版说明

消除贫困是人类自古以来的理想，是人类的共同使命，也是当今世界面临的最大全球性挑战。中国的消除贫困行动取得了举世瞩目的成就，为全球减贫事业做出了重大贡献。党的十八大以来，新一届中央领导集体高度重视扶贫开发工作，明确了"到2020年现行标准下农村贫困人口全部脱贫，贫困县全部摘帽，解决区域性整体贫困"的目标，召开了中央扶贫开发工作会议，对打赢脱贫攻坚战进行了全面部署。目前，全国上下全面实施精准扶贫、精准脱贫方略，中国迎来了与贫困作战的新一轮浪潮。

在这种大背景下，社会科学文献出版社希望通过减贫与发展主题作品的出版，搭建减贫研究的资源共享和传播平台，向社会和政策界传递学界的思考和分析，探索和完善中国减贫和发展的模式，并通过学术成果"走出去"，丰富国际减贫经验，为人类消除贫困贡献中国模式。

"中国减贫研究书系"和"减贫研究数据库"是社会科学文献出版社自主策划的出版项目，项目策划之初就获得了中国社会科学院李培林副院长、蔡昉副院长的肯定和支持。"中国减贫研究书系"目前已被列入"十三五"国家重点图书出版规划，"减贫研究数据库"已入选"十三五"重点电子出版物出版规划。

中文版书系将全面梳理新中国成立以来，特别是改革开放30多年来我国减贫政策演变的进程及历史经验；系统分析现阶段我国减贫工作面临的突出问题并探索相应的解决方式与途径，为减贫工作提供理论资源和智力支持；总结政府、社会、市场协同推进的大扶贫格局，以及跨地区、跨部门、跨单位、全社会共同参与的多元主体社会扶贫体系的优势；探索区域合作、国际合作在减贫问题上的实践路径，为全球减贫事业贡献中国智慧。

"减贫研究数据库"旨在全面整合社会科学文献出版社30多年来出版的减贫研究学术成果，数据库设有减贫理论、政府减贫、市场减贫、国际减贫、区域减贫、金融减贫、社会救助、城市减贫、减贫政策（战略）、社会减贫、减贫案例等栏目。我们希望以此为基点，全面整合国内外相关学术资源，为促进中国减贫事业发展、开展学术研究、进行国际合作提供数据平台支持。

基于中文版书系及数据库资源而成的"走出去"项目，将以多语种展现中国学术界在贫困研究领域的最新成果，展现减贫领域的中国模式，并为其他国家的减贫事业提供中国镜鉴，增强中国发展模式的国际话语权。

作为人文社会科学专业学术出版机构，社会科学文献出版社长期关注国内外贫困研究，致力于推动中外减贫研究领域的学术交流与对话，出版了一大批以减贫与发展为主题的学术著作。在新时期中央有关减贫战略思想的指导下，我们希望通过"中国减贫研究书系"这个平台，多维度、多层次地展现中国减贫研究的优秀学术成果和成功的中国经验，为中国减贫事业、为全面实现小康贡献出版界的力量。

"中国减贫研究书系"
编辑委员会

（以姓氏笔画为序）

本书编辑委员会

目　录

前　言 ⋯⋯⋯⋯⋯⋯⋯⋯⋯⋯⋯⋯⋯⋯⋯⋯⋯⋯⋯⋯⋯⋯⋯⋯⋯ 001

第一章　《中国农村扶贫开发纲要（2001～2010 年）》的
　　　　制定与实施⋯⋯⋯⋯⋯⋯⋯⋯⋯⋯⋯⋯⋯⋯⋯⋯⋯⋯ 001
　　一　《中国农村扶贫开发纲要（2001～2010 年）》制定的
　　　　宏观经济社会发展背景⋯⋯⋯⋯⋯⋯⋯⋯⋯⋯⋯⋯⋯ 002
　　二　《中国农村扶贫开发纲要（2001～2010 年）》的
　　　　主要内容⋯⋯⋯⋯⋯⋯⋯⋯⋯⋯⋯⋯⋯⋯⋯⋯⋯⋯⋯ 006
　　三　专项扶贫政策措施⋯⋯⋯⋯⋯⋯⋯⋯⋯⋯⋯⋯⋯⋯⋯ 008
　　四　行业部门扶贫政策⋯⋯⋯⋯⋯⋯⋯⋯⋯⋯⋯⋯⋯⋯⋯ 020
　　五　区域发展政策⋯⋯⋯⋯⋯⋯⋯⋯⋯⋯⋯⋯⋯⋯⋯⋯⋯ 026
　　六　农村社会保障制度⋯⋯⋯⋯⋯⋯⋯⋯⋯⋯⋯⋯⋯⋯⋯ 031
　　七　农村贫困状况的变化⋯⋯⋯⋯⋯⋯⋯⋯⋯⋯⋯⋯⋯⋯ 036

第二章　《中国农村扶贫开发纲要（2011～2020 年）》的
　　　　制定与实施⋯⋯⋯⋯⋯⋯⋯⋯⋯⋯⋯⋯⋯⋯⋯⋯⋯⋯ 040
　　一　《中国农村扶贫开发纲要（2011～2020 年）》的主要内容 ⋯⋯ 041
　　二　《中国农村扶贫开发纲要（2011～2020 年）》的多维透视 ⋯⋯ 045

第三章　连片特困地区区域发展与扶贫攻坚（2011～2020 年）⋯⋯⋯ 063
　　一　宏观发展背景⋯⋯⋯⋯⋯⋯⋯⋯⋯⋯⋯⋯⋯⋯⋯⋯⋯ 064
　　二　连片特困地区自然条件与贫困状况⋯⋯⋯⋯⋯⋯⋯⋯ 067

三 连片特困地区区域发展与扶贫攻坚规划 …………………… 077

四 连片特困地区区域发展与扶贫攻坚进展 …………………… 082

五 总体评价 ……………………………………………………… 088

第四章 扶贫改革机制创新与精准扶贫 ………………………… 090

一 贫困县考核机制 ……………………………………………… 090

二 精准扶贫工作机制 …………………………………………… 093

三 干部驻村帮扶机制 …………………………………………… 097

四 财政专项资金管理机制 ……………………………………… 101

五 金融服务机制 ………………………………………………… 105

六 扶贫开发社会参与机制 ……………………………………… 111

第五章 扶贫改革试验区建设 …………………………………… 116

一 扶贫改革试验区设立的背景 ………………………………… 116

二 扶贫改革试验区的目标和任务 ……………………………… 119

三 扶贫改革试验区设立的效果 ………………………………… 121

四 扶贫改革试验区的启示 ……………………………………… 129

第六章 多维贫困与反贫困政策 ………………………………… 131

一 多维度扶贫开发的理论依据 ………………………………… 132

二 中国多维度扶贫开发的主要政策 …………………………… 138

第七章 特殊贫困群体的反贫困政策 …………………………… 155

一 少数民族地区贫困与反贫困政策 …………………………… 155

二 老年人贫困与反贫困政策 …………………………………… 167

三 妇女贫困与反贫困政策 ……………………………………… 177

四 儿童贫困与反贫困政策 ……………………………………… 185

五 残疾人贫困与反贫困政策 …………………………………… 198

第八章 城市贫困与反贫困政策 ………………………………… 208

一 城市贫困问题概况 …………………………………………… 208

二　城市反贫困的政策分析 ………………………………… 218

三　小结 …………………………………………………… 243

第九章　中国减贫国际交流合作 ……………………… 245

一　宏观背景 ……………………………………………… 245

二　国际减贫形势 ………………………………………… 249

三　中国减贫国际交流合作的主要政策 ………………… 253

四　中非减贫交流合作 …………………………………… 258

五　中国 – 东盟减贫交流合作 …………………………… 262

六　双边减贫交流合作 …………………………………… 266

七　中国减贫国际交流合作的主要效果 ………………… 268

八　总体评价 ……………………………………………… 271

Contents

Preface / 001

Chapter 1 Formulation and Implementation of "China Rural Poverty Alleviation and Development Program (2001 −2010)" / 001

1. Macroeconomic and Social Development Background According to the "China Rural Poverty Alleviation and Development Program (2001 – 2010)" / 002

2. Main Contents of "China Rural Poverty Alleviation and Development Program (2001 – 2010)" / 006

3. Special Poverty Alleviation Policy Measures / 008

4. Pro-poor Policies of Industry Sectors / 020

5. Regional Development Policy / 026

6. Rural Social Security Systems / 031

7. Changes in Rural Poverty Situation / 036

Chapter 2 Formulation and Implementation of "China Rural Poverty Alleviation and Development Program (2011 −2020)" / 040

1. Main Contents of "China Rural Poverty Alleviation and Development Program (2011 – 2020)" / 041

2. Multidimensional Perspective of "China Rural Poverty Alleviation and
   Development Program (2001 – 2010)"   / 045

Chapter 3   Regional Development and Poverty Alleviation in
             Contiguous Destitute Areas (2011 – 2020)   / 063
1. Macro Development Background   / 064
2. Natural Conditions and Poverty Situation of Contiguous Destitute Areas   / 067
3. Regional Development and Poverty Alleviation Planning of Contiguous
   Destitute Areas   / 077
4. Progress of Regional Development and Poverty Alleviation in
   Contiguous Destitute Areas   / 082
5. Overall Evaluation   / 088

Chapter 4   Mechanism Innovation for Poverty Alleviation and
             Reform & Precise Poverty Alleviation   / 090
1. Mechanism for the Assessment of Poor Counties   / 090
2. Precise Poverty Alleviation Work Mechanism   / 093
3. Mechanism for Poverty Alleviation by Village-based Cadres   / 097
4. Financial Special Fund Management Mechanism   / 101
5. Financial Service Mechanism   / 105
6. Social Participation Mechanism for Poverty Alleviation and
   Development   / 111

Chapter 5   Construction of Reform Pilot Areas for
             Poverty Alleviation   / 116
1. Background of the Construction of Reform Pilot Areas for
   Poverty Alleviation   / 116
2. Objectives and Tasks of Reform Pilot Areas for Poverty Alleviation   / 119
3. Effectiveness of the Construction of Reform Pilot Areas for
   Poverty Alleviation   / 121

4. Implications of the Construction of Reform Pilot Areas for
Poverty Alleviation / 129

Chapter 6 Multidimensional Poverty and Anti-poverty Policy / 131
1. Theoretical Basis for Multidimensional Development-oriented
Poverty Alleviation / 132
2. China's Main Policies for Multidimensional Development-oriented
Poverty Alleviation / 138

Chapter 7 Anti-poverty Policies for Special Poor Groups / 155
1. Poverty in Minority Areas and Anti-poverty Policy / 155
2. Poverty Among the Elderly and Anti-poverty Policy / 167
3. Women's Poverty and Anti-poverty Policy / 177
4. Children's Poverty and Anti-poverty Policy / 185
5. Poverty of Disabled People and Anti-poverty Policy / 198

Chapter 8 Urban Poverty and Anti-poverty Policy / 208
1. Overview of Urban Poverty / 208
2. Analysis of Urban Anti-poverty Policy / 218
3. Conclusion / 243

**Chapter 9 China's International Exchange and Cooperation in the
Field of Poverty Reduction** / 245
1. Macro Background / 245
2. International Poverty Reduction Situation / 249
3. China's Main Policies for International Exchange and Cooperation in the
Field of Poverty Reduction / 253
4. China-Africa Exchange and Cooperation in the Field of
Poverty Reduction / 258

5. China-ASEAN Exchange and Cooperation in the Field of
   Poverty Reduction   / 262
6. Bilateral Exchange and Cooperation in the Field of Poverty Reduction   / 266
7. Main Results of China's International Exchange and Cooperation in
   the Field of Poverty Reduction   / 268
8. Overall Evaluation   / 271

前　言

徐丽萍[*]

进入 21 世纪以来，中国国民经济平稳较快增长，综合国力不断增强，但城乡之间和区域之间的差异日趋扩大。为缓解和缩小这些差距，中国政府提出了全面建成小康社会的目标，并通过以工促农、以城带乡和社会主义新农村建设来推动农业和农村经济的发展。在这一进程中，中国政府始终将减缓贫困作为国家发展的重要目标和任务，坚持以人为本，努力使经济社会发展成果惠及全体人民。国家把扶贫开发纳入国民经济和社会发展总体规划，制定和实施了一系列有利于农村贫困地区发展的政策措施，同时开始完善农村的社会政策体系，尤其是社会保障政策，把扶贫投入作为公共财政预算安排的优先领域，把贫困地区作为公共财政支持的重点区域，不断加大对贫困地区的扶持力度，切实提高扶贫政策的执行力。中国政府先后制定并实施了《中国农村扶贫开发纲要（2001～2010 年）》《中国农村扶贫开发纲要（2011～2020 年）》等减贫规划，使扶贫、减贫成为全社会的共识和行动。中国农村扶贫开发促进了社会和谐稳定和公平正义，推动了中国人权事业的发展和进步。

截至 2010 年底，我国农村贫困人口已大幅减少，按 1196 元标准统计，有贫困人口 2688 万人，贫困发生率降为 2.8%。为了适应经济社会发展水平，实现全面建成小康社会的发展目标，2011 年中国政府把国家扶贫标准提高到 2300 元。这一时期农村人口的温饱问题基本解决，但是贫困问题出

---

* 徐丽萍，中国国际扶贫中心。

现了新的特征。一方面，贫困的区域性、综合性和复杂性交织在一起，连片特困地区的问题越来越突出；另一方面，贫困人口分布更加分散在连片地区、贫困县和贫困村，贫困问题更加复杂，贫困人口底数不清，常规扶贫工作手段指向不准、针对性不强。

党的十八大以来，习近平总书记高度重视扶贫开发工作，多次深入贫困地区调研，对新时期我国扶贫开发的重大理论和实际问题进行了明确阐述，提出全面建成小康社会，最艰巨、最繁重的任务在农村，特别是在贫困地区，并确立了精准扶贫战略。一方面，国家划定 14 个集中连片特困地区，以区域发展带动减贫；另一方面，开始完善贫困识别机制，开展摸清贫困人口底数、致贫原因和脱贫需求的精准扶贫工作。2013 年，在全国统一开展到村到户贫困状况调查和"建档立卡"工作，逐村逐户制定帮扶措施，集中力量予以扶持，并实行动态管理，使稳定脱贫的村与户及时退出。为进一步消除体制机制障碍，创新扶贫开发方式，把扶贫开发工作抓紧做实，真扶贫、扶真贫，2013 年，中共中央办公厅、国务院办公厅印发《关于创新机制扎实推进农村扶贫开发工作的意见》，提出六项机制改革和十项重点工作，为开创扶贫开发工作新局面，以及加快贫困群众脱贫致富、贫困地区全面建成小康社会步伐奠定了基础。

为确保到 2020 年农村贫困人口实现脱贫，2015 年，中共中央、国务院印发《关于打赢脱贫攻坚战的决定》，提出"到 2020 年，稳定实现农村贫困人口不愁吃、不愁穿，义务教育、基本医疗和住房安全有保障。实现贫困地区农村居民人均纯收入增长幅度高于全国平均水平，基本公共服务主要领域指标接近全国平均水平。确保我国现行标准下农村贫困人口实现脱贫，贫困县全部摘帽，解决区域性整体贫困"。此决定成为今后 5 年我国农村扶贫开发工作的纲领性文件，为进一步完善扶贫政策体系，创新扶贫工作机制，开展精准扶贫、精准脱贫提供了坚实的制度保障。

同期，我国除了开展针对农村贫困人口的减贫工作以外，还开展了以就业为核心的城市减贫工作，城市减贫政策体系逐步得到充实和完善。在减贫国际合作方面，一方面，经济合作与发展组织成员国和一些国际机构因为中国国力的不断提升开始调整对中国的援助政策，尤其是 2010 年前后调整最为明显；另一方面，因为中国在减贫方面所取得的巨大成就，很多发展中国家渴望学习中国减贫的经验和做法，中国政府和联合国驻华机构于 2005 年联合成立了中国国际扶贫中心，专职承担中国对外减贫交流合作，为世界减贫事业做贡献。从此，中国对外减贫交流与合作翻开了新的一页。

第一章 《中国农村扶贫开发纲要(2001～2010年)》的制定与实施

张德亮*

20世纪80年代中期，中国开始了有组织、有计划、大规模的扶贫开发行动。1994年，国务院制定和发布了《国家八七扶贫攻坚计划》，这是我国历史上第一个有明确目标、明确对象、明确措施和明确期限的扶贫开发行动纲领。纲领目标明确规定，力争用7年左右的时间解决当时全国农村8000万贫困人口的温饱问题。到2000年底，我国农村贫困现象明显缓解，贫困人口大幅度减少。按照国家贫困标准①，农村贫困人口总规模为3209万人，农村贫困发生率为3.5%。为继续解决农村剩余贫困人口的温饱问题，继续实施大规模的扶贫开发计划，推进全面建成小康社会，国家开始调整宏观发展战略和政策，以扭转长期以来以农业支持工业、农村支持城市发展的政策，同时酝酿出台了新的扶贫纲要，即《中国农村扶贫开发纲要（2001～2010年）》。在继续使用绝对贫困线的基础上，采用低收入扶贫标准，采取一系列脱贫措施来减少农村贫困人口，促进其稳定解决农村贫困人口温饱问题。

---

* 张德亮，中国国际扶贫中心。
① 2000年国家将农村居民人均纯收入625元作为贫困线的标准。

一 《中国农村扶贫开发纲要（2001～2010 年）》 制定的宏观经济社会发展背景

在"九五"期间，政府采用了扩大内需、调整结构和深化改革、扩大开放等一系列政策措施，促进了我国宏观经济和农村经济继续保持稳定增长态势，经济运行质量明显提高，国民经济发展出现重要转机，全面完成了"九五"计划的主要任务，为完成《国家八七扶贫攻坚计划》创造了条件，也为新时期反贫困斗争打下坚实基础。但农民收入增长的持续放缓，一些受灾地区出现返贫现象，影响了部分地区反贫困目标的实现。

（一）国民经济稳定发展，综合国力进一步提高

"九五"期间，我国经济保持较快发展（见图 1－1），国内生产总值年均实际增长 8.3%。超额完成"九五"年均 8% 的计划目标。人均国民生产总值提前实现比 1980 年翻两番的战略目标。从世界低收入国家跃入中下收入国家行列。同期，国家财政收入迅速增加，2000 年的国家财政收入达 13380 亿元，5 年内平均增长 16.5%，是增长最快的一个时期。三次产业共同发展，按可比价格计算，"九五"期间，第一产业、第二产业和第三产业分别年均增长 3.5%、9.8% 和 8.2%。产业结构比例由"八五"末期的

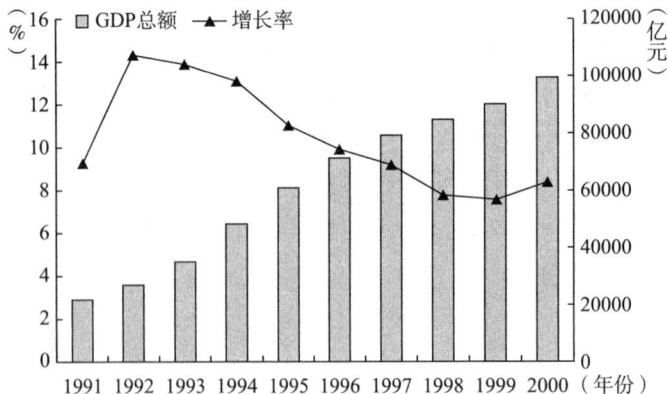

图 1－1　1991～2000 年 GDP 总额及其增长率

资料来源：国家统计局网站。

20.5：48.8：30.7 变为 2000 年底的 15.9：50.9：33.2，第一产业比重持续下降，第二产业、第三产业比重有所提高。

（二）主要农产品产量迈上新台阶

"九五"期间，各地非常关注农业生产发展，政府积极增加农业投入，改善农业生产条件，在"九五"后期，为适应主要农产品需求结构的变化，在稳定主要农产品产量的同时，大力调整农业生产结构，积极发展大农业，加快了传统农业向现代农业的转变，取得了明显成效。1996～1999 年粮食产量每年均保持在 5000 亿公斤左右，为国民经济快速健康发展奠定了坚实的物质基础。2000 年油料产量、水产品产量、肉类产量比 1995 年分别增长 31.1%、70.4% 和 19.2%，较好地满足了生产和生活的需要。但 2000 年粮食生产受严重的自然灾害和种植面积调减的影响而减产，全年粮食产量为 4625 亿公斤，粮食减产对部分地区返贫产生了一定影响。

（三）农民收入进一步增长，但增速逐年下降

"九五"期间，农民收入持续稳定增长。农村居民人均纯收入由 1578 元增加到 2253 元，增长了 42.8%，年均递增 7.4%，扣除物价因素，年均实际增长 4.7%，为农村居民从温饱向小康生活的跨越奠定了坚实的基础。农民收入结构呈现多元化增长格局。家庭经营收入比重稳中趋降；工资性报酬变为收入增长的重要来源；家庭经营收入构成中，第二、第三产业收入增长较快。在此期间，农民市场意识增强，现金收入增长较快；但总体收入差距不断扩大，这成了扶贫开发的不利因素。随着国家加大对中西部地区开发的力度，促进了中西部地区农村经济的持续稳定发展和中西部农村居民收入的较快增长，缩小了东、中、西部收入的差距。农民收入增长速度逐年放慢，增收难度加大，这给脱贫致富增加了难度，也严重影响了农村市场启动和消费增长。农民收入增幅下降主要原因是农产品供过于求，导致价格大幅回落所致。

（四）消费提高，农村居民生活继续改善

全国农村居民消费水平普遍提高。随着西部大开发政策落实，西部地

区农村居民消费增长率快于中部和东部。农村居民的消费结构向着逐渐减少生存性消费比重，不断提高享受和发展性消费比重变化，消费质量明显改善。大部分农村居民向小康生活过渡，物质消费水平明显提高。膳食结构向营养、科学型发展，衣着消费从保暖型和传统型向潮流型和城市型转变，居住支出增加，住房质量和居住条件改善。随着农村基础设施的明显改善，农村居民的出行和联络也更加便利，与外界的交流日益增多，交通通信支出快速增长。

（五）基础设施和社区状况明显改善

从 1998 年开始，我国实施积极的财政政策，逐年增加国债发行量，将资金投入防洪防涝、农田灌溉、储备粮库、铁路公路、重点空港、邮电通信、环保设施、城乡电网、城市公共设施等基础设施。截至 2000 年，全国农村有 95% 以上的行政村通了公路，比 1995 年增加 6 个多百分点；设邮政局（所）的乡镇从 1995 年的 78.1% 增加到 2000 年 79.8%；80% 以上的行政村通了电话，农村电话用户 2000 年比 1995 年提高了 2 倍；95% 以上的行政村通了电。这些基础设施的发展，改善了农村生产生活条件，加快了落后地区脱贫的步伐。

（六）农村经济体制改革进一步深化

全国农村土地已完成第二轮承包工作，土地承包期再延长 30 年不变。国家深化粮食流通体制改革，进一步加强对农民负担的监督管理。农村税费改革开始起步，农村集体财务与资产管理工作逐步走向规范。农业和农村经济结构战略性调整步伐加快，农业产业化经营健康发展。农业法制建设也迈出坚实步伐。"九五"期间，制定颁布了《中华人民共和国乡镇企业法》《中华人民共和国种子法》等 9 部农业法律法规，并制定了相应的规章，对加强农业的基础地位和保护农民的合法权益发挥了重要作用。

（七）城乡差距仍在不断扩大

二元结构下的城乡差距一直是中国社会经济发展中难以克服的矛盾。城乡差距首先表现在城乡居民收入上，1997 年城乡居民名义收入比为2.47∶1，1999年扩大到2.65∶1，这种差距仍然呈扩大趋势。如果考虑到城镇居民在住房、医疗、交通和公共服务等方面获得的大量政府补贴，实际城乡人均收入差距会更大。城乡居民在教育、医疗卫生、电信基础设施等社会公共服务方面存在明显的发展差距。城乡居民在交通、安全饮用水、电信等服务上的差距则更加突出。多年来形成的工业和农业分离，且以农业支持工业发展、农村支持城市发展、农民与非农民差异不断扩大的状况，成为中国社会发展的一个显著特点，这种趋势在今后的发展中亟须扭转，加强扶贫开发成为缩小发展差距的一项重要措施，尤显重要。

（八）农村贫困状况大大改善

《国家八七扶贫攻坚计划》的基本完成推动了我国农村贫困状况显著改善。1994～2000年，农村绝对贫困人口从7000万人减少到3209万人，贫困发生率从7.6%降低到3.5%。同期扶贫工作重点县的绝对贫困发生率从25.9%快速下降到8.9%。到2000年底，贫困地区通电、通路、通邮、通电话的行政村分别达到95.5%、89%、69%和67.7%。贫困地区人口过快增长的势头得到初步控制，人口自然增长率有所下降。办学条件得到改善，592个国家重点扶持贫困县中有318个实现"基本普及九年义务教育和基本扫除青壮年文盲"的目标。职业教育和成人教育发展迅速，有效地提高了劳动者素质。大多数贫困地区乡镇卫生院得到改造或重新建设，缺医少药的状况得到缓解。这个时期，国家推广了一大批农业实用技术，农民科学种田的水平明显提高。群众的文化生活得到改善，精神面貌发生了很大变化。沂蒙山区、井冈山区、大别山区、闽西南地区等革命老区群众的温饱问题已经基本解决。一些偏远山区和少数民族地区，面貌也有了很大的改变。历史上"苦瘠甲天下"的甘肃定西地区和宁夏的西海固地区①，经过多年开发建设，基础设施和基本生产条件明显改善，贫困状况大为缓解。

---

① 西海固地区指宁夏回族自治区的西吉、海原、固原、泾源、隆德、彭阳6个国家级贫困县的统称，1972年被联合国粮食开发署确定为最不适宜人类生存的地区之一。

二 《中国农村扶贫开发纲要（2001～2010 年）》的主要内容

2001 年 6 月，国务院印发了《中国农村扶贫开发纲要（2001～2010年）》（以下简称《纲要》）。《纲要》的主要内容除序言外还包括奋斗目标、基本方针、对象和重点、内容和途径、政策保障、组织领导 6 个部分 36 条。

《纲要》的目标十分明确，就是要尽快解决少数贫困人口温饱问题，进一步改善贫困地区的基本生产生活条件，巩固温饱成果，提高贫困人口的生活质量和综合素质，加强贫困乡村的基础设施建设，改善生态环境，逐步改变贫困地区经济、社会、文化的落后状况，为达到小康水平创造条件。这一目标，简言之，是解决温饱和巩固温饱并重，与《国家八七扶贫攻坚计划》以解决温饱为主的目标有着明显的区别。

《纲要》指出，扶贫工作的基本方针是坚持开发式扶贫方针，强调以经济建设为中心，以市场为导向发展生产力。这是贫困地区脱贫致富的根本出路，也是扶贫工作必须长期坚持的基本方针。《纲要》要求扶贫工作要坚持综合开发、全面发展。把扶贫开发纳入国民经济和社会发展计划，要加强水利、交通、电力、通信等基础设施建设，重视科技、教育、卫生、文化事业的发展，改善社区环境，提高生活质量，促进贫困地区经济、社会的协调发展和全面进步。这实际上是要求行业部门加大扶贫开发力度，因为行业扶贫是我国构建以专项扶贫、行业扶贫和社会扶贫为框架的"大扶贫"格局的重要组成部分。《纲要》特别指出扶贫开发工作要坚持可持续发展，注意与生态建设相结合。坚持自力更生、艰苦奋斗；坚持政府主导、全社会参与也是指导我国扶贫开发工作的基本原则。

关于扶贫开发工作的对象和重点，《纲要》把贫困地区尚未解决温饱问题的贫困人口作为扶贫开发的首要对象。同时，继续帮助初步解决温饱问题的贫困人口增加收入，进一步改善生产生活条件，巩固扶贫成果。扶贫开发工作的重点是贫困人口集中的中西部少数民族地区、革命老区、边疆地区和特困地区，并在这四类地区确定扶贫开发工作重点县。东部以及中西部其他地区的贫困乡、村，主要由地方政府负责扶持。各有关省、自治区、直辖市要分别制定本地区的扶贫开发规划。规划要以县为基本单元、以贫困乡村为基础，明确奋斗目标、建设内容、实施措施、帮扶单位和资金来源。规划工作的落实需要以贫困村为基础，为后来在全国范围内识别贫困村提出了客观要求，也为开展整村推进扶贫工作提供了支撑。

扶贫开发工作的内容和途径主要有：①发展种养业，这是扶贫开发工作重点内容；②推进农业产业化经营；③改善贫困地区的基本生产生活条件；④加大科技扶贫力度；⑤提高贫困地区群众的科技文化素质；⑥扩大贫困地区劳务输出；⑦推进自愿移民搬迁；⑧鼓励多种所有制经济组织参与扶贫开发。这些工作内容和途径有些在规划执行过程中推出了进一步的细化扶贫措施，如推进农业产业化经营，后来发展成产业化扶贫；改善贫困地区的基本生产生活条件，后来推出了整村推进措施；提高贫困地区群众科技文化素质和扩大贫困地区劳务输出，后来进一步推出了"雨露计划"培训措施等。

关于政策保障，不仅要加大财政资金支持，而且要通过加强财政扶贫资金管理来提升资金使用效益。在增加财政资金支持的基础上，充分发挥金融资金的作用，通过财政资金补助金融贷款利息和放宽贷款条件，放大金融资金来加大对扶贫开发事业的支持力度。利用西部大开发政策和行业扶贫政策、开展党政机关定点扶贫工作、做好沿海发达地区对口帮扶西部贫困地区的东西扶贫协作工作、动员社会各界帮助贫困地区的开发建设、发展扶贫开发领域的国际交流与合作也都是我国有特色扶贫开发政策体系的一部分，是推动扶贫开发工作重要的政策保障。

《纲要》还对扶贫开发工作的组织领导进行明确规定。我国的扶贫工作采用扶贫工作责任制，即省负总责，县抓落实，工作到村，扶贫到户。实行扶贫开发工作责任到省、任务到省、资金到省、权力到省的原则。实行扶贫工作党政"一把手"负责制，把扶贫开发的效果作为考核这些地方党政主要负责人政绩的重要依据。贫困地区干部队伍建设、贫困地区的基层组织建设、扶贫资金审计和扶贫开发统计监测工作以及扶贫开发工作机构等需要进一步加强，这些措施也是组织好扶贫工作的重要保障。

三 专项扶贫政策措施

在《纲要》实施过程中，为了落实奋斗目标，在专项扶贫方面国家采取了一系列的细化政策措施。这些措施主要包括贫困瞄准措施、整村推进、劳动力转移培训、产业化扶贫、移民扶贫搬迁、贫困村互助资金和扶贫贴息贷款、以工代赈等。

（一）贫困瞄准措施

贫困瞄准主要在三个层次上进行瞄准。第一个层次是瞄准贫困县。1986年，当正式开始进行有组织、有计划的扶贫干预活动时，为了更好地组织工作，将有限的资源能够运用到最需要的地方，国家划定了国家级贫困县，当时确定了331个国定贫困县，后来增加到592个。从那时候起，以县为基本单位来分配使用扶贫资源成为中国扶贫工作的一个特点。虽然在不同时期对贫困县进行过相应调整，但这种瞄准机制一直在延续。在1986年、1994年和2001年三次选定和调整了贫困县/重点县（以下都称之为贫困县）。1986年，中央政府第一次确定了国定贫困县标准：以县为单位，1985年人均纯收入低于150元的县和人均纯收入低于200元的少数民族自治县；对民主革命时期做出过重大贡献，在海内外有较大影响的老区县，给予重点照顾，放宽到人均纯收入为300元。1994年制定《国家八七扶贫攻坚计划》时，中央政府重新调整了国定贫困县的标准。具体标准是，以县为单位，凡是1992年人均纯收入低于400元的县全部纳入国定贫困县扶持范围，凡是1992年人均纯收入高于700元的原国定贫困县一律退出国家扶持范围。2001年中央对扶贫重点县再次进行了调整，调整规则如下。①全国贫困县总数保持不变，依然为592个。②除河北和海南以外，东部沿海地区的省市，包括辽宁、山东、浙江、福建、广东的贫困县由各省自行扶持，退出国家扶持贫困县名单，空出了33个贫困县的名额。③将西藏整体作为一个扶贫单位，单独列入计划，其原来占有的5个贫困县名额相应让出。④其他省贫困县具体的调整方案是：各省重点县数量的确定采用"631"指数法，即各省贫困人口占全国比重的权重为60%（其中绝对贫困人口与低收入人口分别占 80% 和 20%），农村居民人均纯收入较低的县数占全国比重的权重为 30%（一般地区的人均纯收入以 1300 元为标准，老区、少数民族地区和边疆地区人均纯收入标准提高到 1500 元）、人均 GDP 低的县数（低于 2700元）占全国比重和人均财政收入低的县数占全国比重（低于 120 元）合占10% 的权重；各省根据指数法确定的重点县数量，在省内具体确定后，上报国务院扶贫开发领导小组审核、备案。贫困县调整之后，与《国家八七扶贫攻坚计划》时期相比，新列入的贫困县有 89 个，退出的县有 51 个（其中 38 个为整体退出的东部沿海地区和西藏的贫困县，其他省实际退出的贫困县只有 13 个）。当初，贫困县仅仅是作为扶贫项目的对象县，但是后来附着于贫困县上的优惠政策不断叠加和累积。总体来说，附着在贫困县上的政策可以分为三类：第一类，国家专项扶贫资金分配倾斜政策；第二类，国家给予贫困地区的水利、交通、金融、电力、教育、卫生、科技、文化、人口和计划生育等行业优惠政策，如金融政策、产业招商引资税收和土地方面优惠政策；第三类，国家财政转移支付政策。贫困县获取的国家转移支付力度很大，包括公务人员的工资、重要产业项目的税收减免、优惠补贴等。

第二个层次是瞄准贫困村。进入 21 世纪以后，由于贫困人口更加集中聚居在更小的地理范围内，贫困人口的分布从区域分布逐渐转向为点状分布，贫困人口在空间上更加分散。同时，由于《国家八七扶贫攻坚计划》的实施极大地缓解了农村贫困问题，国家扶贫开发工作重点县（以下简称"国定县"）的贫困人口数量和比例下降非常迅速，如果仍然只坚持县级瞄准机制，势必造成扶贫资源的渗漏和目标瞄准的偏离，因此在《纲要》的指导下，扶贫瞄准方法开始向村级瞄准调整。进行村级瞄准的关键是确定贫困村。对贫困村的选择是否准确，将直接影响扶贫对象瞄准的准确性和整村推进的实施效果。贫困村的选定在原则上是根据亚洲开发银行专家组提出的参与式贫困指数（PPI）来进行的。截至 2002 年，全国共确定了14.8 万个贫困村，占全国行政村的 21.4%。除北京、天津、上海外，其他省、区、市都有贫困村。确定的贫困村分布在全国 1861 个县中，占全国县单位总数的 68.8%，覆盖贫困人口占总贫困人口的 83%。而与之相对应的重点县瞄准只能覆盖 61% 的贫困人口。

第三个层次是瞄准贫困人口。扶贫工作的对象是贫困人口，扶贫工作的各项措施必须要落实到人才能见效。各地在此期间开展了瞄准穷人的基础性工作，即建档立卡工作。对具有劳动能力的贫困人口，着力帮助提高自我发展能力；对丧失劳动能力的贫困人口，给予必要的救济、救助；财政扶贫资金从最初的基础设施建设逐步加大向贫困户倾斜。此项工作的总体要求是，逐户摸底，建档立卡，做到村有卡、乡有册、县有簿，并实行动态管理。各地进行的建档立卡很多都是在省级层次上开展的，全国范围内缺乏统一的监测指标框架。江苏、湖北、重庆、四川、新疆等省区市建档立卡的工作比较扎实，开展建档立卡工作提高了扶贫工作的针对性，同时提高了有限扶贫资源的使用效率。

（二）整村推进

整村推进是新时期中国农村开发式扶贫的重要内容之一。目的是利用较大规模的资金和其他资源，在较短的时间内使被扶持的贫困村在基础设施和社会服务设施、生产和生活条件以及产业发展等方面有较大的改善，并使各类项目间能相互配合以发挥更大的综合效益。从而使贫困人口在整体上摆脱贫困，同时提高贫困社区和贫困人口的综合生产能力及其抵御风险的能力。这一政策措施的推出，缘于《国家八七扶贫攻坚计划》完成后农村贫困人口的大幅减少，贫困人口的分布发生了巨大变化，贫困瞄准机制逐步下沉，开始瞄准贫困人口占比较高的村。

整村推进的技术手段就是制定和实施参与式村级扶贫规划。各省、区、市对识别出来的贫困村编制整村推进规划。然后，分期、分批进行推进。截至 2005 年，启动整村推进的贫困村只占总贫困村的 32%，占已完成村级扶贫规划编制工作贫困村的 43%。《纲要》的实施时间过半，而启动整村推进的贫困村只有近 1/3，近 70% 的工作任务落到后 5 年中。截至 2010 年底，已在 12.6 万个贫困村实施整村推进，其中"国定县"中的革命老区、人口较少的民族聚居区和边境一线地区贫困村的整村推进已基本完成。

以贫困村为对象和村级扶贫规划为基础的整村推进，是这个时期中国开发式扶贫的重要举措。它的实施改变了过去以贫困县为对象的分散的扶贫模式，使贫困村的农户在短期内因获得大量的投资而在生产和生活条件方面迅速改善，收入水平也因产业的发展和生产率的提高而增加。总体来看，整村推进和其他扶贫项目投资的效果是显著的。借助参与式的方法和工具，倾听农民的声音是整村推进扶贫的一个重要特点。整村推进的资金需求量和实际资金投入缺口较大，影响了整村推进工作的有效进行。整村推进扶贫资金不足的主要原因之一是各个部门对整村推进这项工作认识上的不统一。资金不足制约了整村推进计划目标的实现。

（三）劳动力转移培训

随着中国宏观经济结构的变化，劳动力需求出现了结构性短缺。一方面，中国加入世界贸易组织，贸易量快速增加，导致劳动密集型加工品快速扩展，因此在制造业发达的东部地区劳动力市场需求巨大，技能型人才资源严重短缺，用工单位找不到合适的技术工人。另一方面，中西部地区有大量文化程度低、没有经过任何技能培训的农村剩余劳动力就业困难。在这样的背景下，国务院扶贫办决定将贫困地区劳动力转移培训作为扶贫工作的主要途径和工作重点。2004 年 8 月，国务院扶贫办发出《关于加强贫困地区劳动力转移培训工作的通知》，宣告贫困地区劳动力转移培训工作（称为"雨露计划"）的正式开始。

在培训对象上，一是要优先安排年人均收入低于贫困线的贫困农民，这是转移培训的主要对象；二是要优先安排需要异地搬迁的农民；三是要优先安排有一定文化程度的农民。要有计划地在每个重点贫困村培养 1～2 名劳务输出的带头人，为大规模组织劳动力转移发挥示范带动作用。在工作方法上，认定培训转移示范基地，具体有六项标准：一是有一个好的领导班子，这是搞好转移培训工作的根本保证；二是有独立的法人资格和劳动力技能培训的资质；三是有承办劳动力转移培训相应的场所、教学设施和师资队伍；四是有相对稳定的介绍就业的能力和渠道；五是有比较完善的劳动力转移的管理体制；六是有良好的社会声誉。

2004 年，国务院扶贫办制定了《国务院扶贫办劳动力转移培训示范基地管理指导意见》，开始在全国认定了国家级培训示范基地，截至 2006 年底，在全国建立起了 31 个国家级"雨露计划"示范基地；省、市、县也认定了本级的培训机构，全国各级扶贫系统共认定了 2323 个培训基地，初步建立起覆盖贫困地区的培训网络。各贫困地区的劳动力转移培训经费原则上要占本地区中央财政扶贫资金的 10% 以上。

为进一步提高贫困人口素质，增加贫困人口收入，加快扶贫开发和贫困地区社会主义新农村建设、构建和谐社会的步伐，2007 年国务院扶贫办印发了《关于在贫困地区实施"雨露计划"的意见》和《贫困青壮年劳动力转移培训工作实施指导意见》，目标是在"十一五"期间，通过职业技能培训，帮助 500 万名左右经过培训的青壮年贫困农民和 20 万名左右贫困地区复员退伍士兵成功转移就业；通过创业培训，帮助 15 万名左右扶贫开发工作重点村的干部及致富骨干真正成为贫困地区社会主义新农村建设的带头人；通过农业实用技术培训，让每个贫困农户至少有一名劳动力掌握 1～2 门有一定科技含量的农业生产技术。"雨露计划"的对象主要有三类：一是扶贫工作建档立卡的青壮年农民（16～45 岁）；二是贫困户中的复员退伍士兵（含技术军士，下同）；三是扶贫开发工作重点村的村干部和能帮助带动贫困户脱贫的致富骨干。

作为新阶段扶贫开发工作的重要内容之一，"雨露计划"以政府主导、社会参与为特色，以提高素质、增强就业和创业能力为宗旨，以职业教育、创业培训和农业实用技术培训为手段，以促成转移就业、自主创业为途径，帮助贫困地区青壮年农民解决在就业、创业中遇到的实际困难，达到发展生产、增加收入的目的，最终促进贫困地区经济发展。"雨露计划"的全面实施，标志着我国的扶贫开发工作由以自然资源开发为主的阶段，发展到自然资源开发与人力资源开发并举的新阶段。

为解决新增贫困劳动力问题，2007 年以后，扶贫部门对贫困家庭"两后生"（所谓"两后生"，是指初中、高中毕业后未考取大专、中专院校，又不愿再复读的学生）进行资金补助，进一步促进贫困户家庭中的"两后生"继续接受职业教育。每年我国贫困地区都有几十万初、高中毕业落榜生，他们是农村最主要的新增劳动力。对他们进行资金补助，将从根本上解决中国新增劳动力的贫困问题，阻断贫困的代际传递。关注对"两后生"这些农村新增劳动力的培训并逐步过渡成日后对贫困地区劳动力的培训。

"雨露计划"示范基地总体上能够完成贫困地区劳动力转移培训任务，但也有少数示范基地存在管理不规范、资金使用不当、示范带动作用不明显等问题。为进一步规范示范基地管理工作，提高管理水平，使示范基地适应新阶段贫困家庭劳动力转移培训由短期向中长期培训转移，对贫困家庭 "两后生" 的培训由短期培训向职业教育培训的目标转移要求，进一步促进 "雨露计划" 的实施，切实发挥引导示范作用，2009 年国务院扶贫办对示范基地进行了检查和适当调整。这是 "雨露计划" 改革和调整的开始。截至 2010 年，培训贫困家庭劳动力超过 400 万人次，其中 80% 以上实现转移就业。抽样调查显示，接受培训的劳动力比没有接受培训的劳动力月工资可提高 300～400 元。劳动力培训在帮助贫困地区劳动力实现就业和增加收入的同时，也使他们学到了新技术，接触了新观念，开阔了视野，增强了信心。从 2010 年开始，国家以促进就业为导向，开展了对贫困家庭的初高中毕业生参加职业教育给予直接补助的工作试点。

目前，贫困地区劳动力培训工作存在一些不足，例如，在招生过程中，缺乏有效的监督机制，获得招生权利的乡、村两级工作人员极容易出现寻租行为；培训工作性质本身对劳动力的特殊要求，使得劳动力转移培训工作存在瞄准目标偏离现象；培训资金严重不足、培训内容和市场需求脱节等问题的存在，给劳动力转移培训工作的可持续发展带来了一定的压力。

(四) 产业化扶贫

《纲要》明确提出，要 "积极推进农业产业化经营。对具有资源优势和市场需求的农产品生产，要按照产业化发展方向，连片规划建设，形成有特色的区域性主导产业。积极发展公司加农户、合作组织加农户和订单农业等。引导和鼓励具有市场开拓能力的大中型农产品加工企业，到贫困地区建立原料生产基地，为贫困农户提供产前、产中、产后系列化服务，形成贸工农一体化、产供销一条龙的产业化经营。加强贫困地区农产品批发市场建设，进一步搞活流通，逐步形成规模化、专业化的生产格局"。为了实现这一任务，21 世纪初的扶贫工作将产业开发扶贫作为重点之一。产业化扶贫的内容包括确立当地的主导产业，建立生产基地；提供优惠政策，扶持龙头企业；探讨运行机制，实现农户和企业双赢；等等。

中国产业扶贫的主要政策内容包括两个方面：一是国家扶贫龙头企业的资格认证和管理政策；二是针对国家扶贫龙头企业提供的优惠支持政策。

根据国务院扶贫办《关于申报国家扶贫龙头企业的通知》（2003年），国家扶贫龙头企业是指以农产品加工或流通为主业，或以贫困地区劳动力为就业主体的，通过各种利益联结机制带动贫困农户进入市场、促进贫困地区产业结构和就业结构调整、在规模和经营指标上达到规定标准并经国务院扶贫办认定的企业。龙头企业有明确的认定标准、申报和认定程序和具体管理办法。

扶贫龙头企业的支持类政策包括以下几方面的内容。①信贷扶贫政策。中央政府为促进产业化扶贫所推出的相关政策主要是认定扶贫龙头企业和发放贴息贷款。扶贫龙头企业是产业化扶贫目标能否实现的关键所在，也是贴息贷款的主要扶持对象。为了使信贷扶贫资金的运作更安全、更有效，2005年，国务院扶贫办根据《关于申报国家扶贫龙头企业的通知》（2003年）中确定的评定标准，第一批认定了260家国家扶贫龙头企业作为扶贫贴息贷款的重点扶持对象，并要求各省、区、市积极为国家级扶贫龙头企业创造良好的外部环境，扶贫部门要把扶持国家扶贫龙头企业的发展作为主要任务之一，中国农业银行要把支持扶贫龙头企业的发展作为信贷扶贫的主要工作。2008年，国务院扶贫办又认定了第二批国家扶贫龙头企业，前后两批共认定625家国家扶贫龙头企业。产业化扶贫资金主要来源于财政贴息贷款。从具体运作看，2003年用于产业化扶贫的贴息贷款达50亿元，占全部扶贫贴息贷款的57.2%。从中可以看出，在扶贫贴息贷款的使用上，产业化扶贫占据了很重要的地位。②财政扶持政策。江西省财政从2002年起每年安排300万元专项资金，以奖代补，用于鼓励和扶持在农业产业化经营中进行技术创新和品牌培植的省级扶贫龙头企业、民间流通合作经济组织等。一等奖奖金达50万元。安徽省霍山县不仅积极帮助扶贫龙头企业争取上级扶持，还将扶贫信贷、农业综合开发等项目资金切块捆绑，每年投入约3000万元用于扶持重点龙头企业。在品牌培育上，采取以奖代补的办法，对通过绿色、有机食品和无公害农产品认证以及获得中药材生产批文号的龙头企业给予申报认证费用50%的奖励；对获得欧盟、美国FDA等国际认证的，一次性奖励5万元；对取得ISO 14000和HACCP认证的，每件奖励2万元，对在境外注册农产品商标的，每件奖励1万元；对创建省级和国家级农产品生产、加工和营销质量标准体系的，每一系列分别奖励2万元、4 万元；对进入市级、省级、国家级重点龙头企业的，分别奖励 1 万元、5 万元、10 万元；对获得省名牌产品、国家名牌产品、国家驰名商标的分别奖励 5 万元、10 万元、20 万元。③税收优惠政策。湖北省对从事种植业、养殖业和农产品加工业的重点企业，以及到贫困地区兴办的企业，免征 3 年企业所得税。江西省宁都县田头乡政府在税收、办证等方面予以支持，如免征种植户、加工户 2/3 的农林特产税，在加工环节，只征收地税应征额的 1/7，并无偿提供建厂房用地。安徽省霍山县对农业加工项目自投产之日起，企业所得税部分前 3 年全额免征，后 3 年减半征收，被认定的高科技项目，扶持再延长 3 年。④土地使用优惠政策。内蒙古呼和浩特市规定，对扶贫龙头企业合理的用地需求优先安排，优先审批。重庆市规定，市级扶贫龙头企业在尚未确定使用权的荒山、荒坡、荒滩、荒水"四荒"地上实施农业产业化项目，可通过承包、租赁、拍卖等方式，获得最高年限为 50 年的土地使用权。

2001～2010 年，通过产业化扶贫为全国贫困地区重点培育了马铃薯、经济林果、草地畜牧业、棉花等主导产业。其中，马铃薯产业已经成为贫困地区保障粮食安全、抗旱避灾、脱贫致富的特色优势产业。产业扶贫有效带动贫困农户实现了脱贫致富。产业化扶贫政策措施尽管在农村贫困人口脱贫方面发挥着重要的作用，但是这项措施也有先天的不足，主要表现在以下几个方面。一是难以应对市场的不确定性。产业规划在实施时，那些有很好市场前景和利润空间的产业项目，但在最终投产后效果可能迥异于规划时的预期，如项目周期一般为 3～5 年的林果业扶贫项目。二是产业扶贫项目效果的外溢性。产业扶贫项目不可能仅仅针对零散的贫困户开展，因为任何一个产业的培育都需要有规模效应，需要非贫困户的参与和引领。但非贫困户一旦参与，产业扶贫项目的收益就容易被非贫困户最大限度地捕获。同时，政府为产业扶贫项目提供的部分支持措施，如改善灌溉措施、提供信息服务等，往往具有公共物品或准公共物品的属性，不可避免地导致具有更强投资经营意识和能力的非贫困户获取产业扶贫项目带来的好处。产业扶贫项目的外溢性和市场的不确定性直接影响了产业扶贫项目的扶贫效果。

（五）移民扶贫搬迁

中国政府有组织的扶贫开发移民开始于 1983 年的"三西地区"建设。到 20 世纪末，这种有组织的以扶贫为目的的自愿性移民取得了良好的社会经济和生态效益。鉴于自愿移民扶贫对中国扶贫工作的突出贡献，在 21 世纪初制定的《中国农村扶贫开发纲要》中，将自愿搬迁扶贫作为扶贫工作的重要途径和手段，并明确规定：要稳步推进自愿移民搬迁。对极少数居住在生存条件恶劣、自然资源贫乏地区的特困人口，要结合退耕还林还草实行搬迁扶贫。要在搞好试点的基础上，制定具体规划，有计划、有组织、分阶段地进行；要坚持自愿原则，充分尊重农民意愿，不搞强迫命令；要因地制宜、量力而行、注重实效，采取多种形式，不搞"一刀切"；要十分细致地做好搬迁后的各项工作，确保"搬得出、稳得下、能致富"。

2001 年，时任总理温家宝在中央扶贫开发工作会议的讲话中指出：关于少数不具备基本生存条件地区的移民搬迁工作非常复杂，一定要高度重视，精心组织。一要制定具体规划；二要坚持自愿原则；三要从实际出发，要因地制宜，量力而行；四要妥善做好安置工作。在县内开展的移民搬迁由县级政府负责组织实施，跨县的由省级政府统一协调。21 世纪初，国家发改委利用部分国债资金实施易地移民搬迁试点。2001 年 9 月，《国家计委关于易地扶贫搬迁试点工程的实施意见》就移民搬迁工作细化安排。2003年，国务院扶贫办进一步明确，自愿移民搬迁是新阶段扶贫工作的一个必然选择，也是全面建设小康社会的必然要求。

移民迁出地的选择一般要具有以下特征：①自然条件恶劣，大部分属于山区、地质灾害频繁发生地区，生态环境相对比较脆弱；②基础设施条件差，并且对其进行改善投入成本高；③耕地条件差，一方水土养活不了一方人；④人口密度相对较小，居住比较分散。而对于移民户的选择，在大部分省区都从其自然资源拥有、家庭经济条件和劳动能力等方面考虑，从原则上规定贫困户和低收入农户优先搬迁。而对于安置地的选择一般则从土地资源和基础设施配套等方面考虑，选择有充足的后备土地资源，尽量减少和当地居民之间的资源竞争冲突以及有比较完善的教育、交通、医疗、市场等基础设施的地方。

　　移民搬迁补贴主要包括住房补贴和搬迁补贴，一般为 5000 元/户至 2.5 万元/户。补贴资金主要来自财政扶贫资金和以工代赈资金，补贴方式分为现金补贴和物质补贴两种，并且在不同的省、区还对农户安置提供了一些优惠政策。土地问题的解决是使移民能够稳定地生活在安置地的保证，尤其是在政府有组织的从农到农的安置模式为主的移民活动中。土地政策主要包括耕地资源和宅基地的分配和使用。

　　从全国来看，移民搬迁模式表现出以下几个方面的特点：第一，从空间上来讲，以县内搬迁为主；第二，从安置方式来讲，以集中安置为主，辅之以插花安置①；第三，从安置后的生产方式来看，仍然以有土安置为主，即"从农到农"安置模式；第四，从移民工作的组织主体来看，政府仍然发挥着主导作用。

　　移民搬迁对于搬迁农户产生了很多积极的影响，主要表现为生存环境的改善、收入水平的改善、移民对社会公共服务的可及性大大提高等。移民搬迁带来的这些发展上的优势，也使大部分搬迁农户能够在安置地安居下来，对移民政策的满意程度相对比较高。但是移民搬迁也给部分农户生计带来了很多消极的影响，主要包括以下几方面。第一，生活方式的转变带来现金支出的增加，个别地方形象工程和新村建设等增加了农户的搬迁成本，造成部分搬迁农户负债情况严重。第二，劳动方式、消费方式和现金支出结构的变化以及文化上的差异，使部分移民在安置地很难适应，长期不能融合到当地的生产生活中。第三，部分移民安置地的土地问题，如征地引起的安置地原居民和移民农户之间的利益冲突、安置地土地条件差不足以维持农户的生计需求、不能给农户提供必要的宅基地等，成为制约移民农户发展生计的主要障碍。第四，水、路、电、教育、医疗、市场等配套建设的不完善也使得移民生活陷入了困境。第五，一些地方没有考虑到安置地的环境承载力，大量的人口迁入给当地带来了沉重的环境负担，安置地的生态环境问题逐渐显现。

---

　　① 插花安置是指在易地扶贫搬迁工程实施中，对于整村、整社搬迁对象由于土地、资金、公共资源等因素制约无法实现就近集中连片安置，或安置区公共基础设施建设投资过大、成本过高，将有条件搬迁的群众搬迁到生产、生活条件较好的县城、集镇、村、社进行插花安置的方式。

自愿性移民搬迁活动存在的最大困难就是资金缺口太大。首先，计划投资标准和实际投资标准之间差距明显，全国各省制定的补贴标准为人均5000元左右，人均实际投入与此相比相差800元，全国按照已搬迁的340万人计算，仅此一项资金投入缺口就达到了27亿元。如果按照移民搬迁的实际投入成本计算，缺口将会更大。其次，计划投资标准和实际需求之间差距也非常明显。根据地方负责官员的估计，在青海人均投资需要1.5万元，在江西人均投资需要1万元，在云南省人均投资也需要1万元。如果按照人均实际需要投资1万元计算，则搬迁1人，资金缺口为5800元，搬迁340万人，则缺口达到了近200亿元。因此，加大对移民搬迁这项工程的投入，是保证这项措施真正发挥缓贫作用的关键。截至2010年，中国政府对770余万贫困人口实行了扶贫搬迁，有效地改善了这些群众的居住、交通、用电等生活条件。在推进工业化、城镇化的进程中，一些贫困地区把扶贫搬迁与县城、中心镇、工业园区建设和退耕还林还草、生态移民、撤乡并镇、防灾避灾等项目相结合，在促进贫困农民转移就业的同时，改善了这些群众获得公共服务的条件。

（六）贫困村互助资金和扶贫贴息贷款

改革开放以后，我国农村地区的金融融资需求不断增长，但与繁多的金融服务需求相比，我国农村金融体系所提供的金融服务显得十分不足。为缓解农村金融发展滞后、金融产品不足，缓解贫困村、贫困农户生产发展资金缺乏，帮助贫困农户增加收入，培育农村专业合作组织和新型农民，提高贫困农户自我管理、自我组织和自我发展的能力，2006年5月国务院扶贫办和财政部联合下发了《关于开展建立"贫困村村级发展互助资金"试点工作的通知》，在河北、山西、内蒙古、黑龙江、宁夏等14个省份的140个村启动开展贫困村互助资金试点，探索财政扶贫资金使用管理和农村微型金融发展的新机制和新模式。

贫困村互助资金指以财政扶贫资金为引导，村民自愿按一定比例缴纳的互助金为依托，无任何附加条件的社会捐赠资金为补充，在贫困村建立的民有、民用、民管、民享、周转使用的生产发展资金。这里提到的贫困村互助资金不同于由妇联、各种非政府组织等开展的小额信贷组织，也不同于由银监会所推动的农村资金互助社。使用财政扶贫资金开展贫困村村级互助资金试点，农户自愿入股，贫困户由政府配股，实行封闭运行，借款额度一般有最高额度限制。贫困村互助资金主要由三部分组成：一是财政扶贫资金，其中中央财政平均每个试点村补助 15 万元；二是村民自愿缴纳的互助金；三是社会各界以扶贫为宗旨无附加条件的捐赠资金。为克服互助资金试点中出现的问题，不断制定和完善有针对性的措施，2009 年国务院扶贫办下发了《关于进一步做好贫困村互助资金试点工作的指导意见》，强调要准确把握互助资金试点的总体目标和基本原则；进一步明确了互助资金的性质和来源；试点过程中要牢牢把握好宣传发动、互助组织组建、规范资金运行规则、能力建设、风险防范机制建设、加强外部监管关键环节。

截至 2010 年底，国家在全国 1.36 万个贫困村开展了贫困村互助资金试点，这在一定程度上缓解了贫困农户面临的生产资金短缺问题，加快了农村贫困群众脱贫致富的步伐。但贫困村互助资金试点政策仍处于不断完善之中。最新数据显示，截至 2015 年底，全国已经有 2 万多个贫困村开展了这项试点。

扶贫贴息贷款是扶贫部门从扶贫资金当中拿出一定的比例对扶贫贷款进行贴息。扶贫贴息贷款政策是实施较早的扶贫政策之一，此政策实施的目的是通过一定的财政扶贫资金贴息引导和撬动金融机构扩大贷款投放规模。2001～2010 年，中央财政累计安排扶贫贷款财政贴息资金 54.15 亿元，发放扶贫贷款近 2000 亿元。贴息贷款的对象主要是贫困农户、扶贫龙头企业、专业合作社等，或者用于基础设施项目。2008 年国家对扶贫贷款管理体制进行全面改革，通过引入市场竞争机制、扩大扶贫贷款机构经营权限、下放贴息资金管理权限、改进中央财政贴息办法等一系列改革措施，使扶贫贴息资金到户率大大提高，进一步调动了地方和金融机构开展扶贫开发的积极性，有效地改善了贫困群众贷款难问题。

（七）以工代赈

以工代赈是从 20 世纪 80 年代开始实施的一项农村扶贫政策。以工代赈扶贫资金重点用于贫困地区经济发展和农民脱贫致富相关的农村小型基础设施建设，主要包括县乡村公路、农田水利、人畜饮水、基本农田、草场建设、小流域治理、移民搬迁等。2001～2010 年，以工代赈政策没有大的调整和变化，中央政府累计投入以工代赈资金 550 多亿元，有效地改善了贫困地区的生产生活条件。

四 行业部门扶贫政策

扶贫开发领导小组成员单位一般包括能够促进扶贫的各主要行业部门，由此逐步演化出行业扶贫的概念。扶贫机构设立初期，由于当时国家的贫困状况属于整体性贫困，各行业部门都在自己的职能范围内开展工作，以促进经济发展和减少贫困。对于贫困状况特别严重的地区，国家设立专职扶贫机构，制定并实施专项的贫困政策干预，因此，专项扶贫当时吸引了更多的注意力。行业部门的扶贫作用主要体现在促进经济发展的过程中，实际上发展经济是促进减贫最有效、最可持续的手段。行业部门在扶贫中应该发挥更大的作用。例如，大多发达国家都主要是依靠行业部门实施一系列瞄准贫困群体的扶贫政策。《国家八七扶贫攻坚计划》完成后，行业扶贫的提法日益活跃在与扶贫相关的概念中。行业部门在开展业务时，往往根据自身业务开展目标定位和制定规则进行，并非强调对扶贫的关注和倾斜，这样业务无法覆盖全部贫困地区和贫困人口，并使其受益。例如，农业部门实施的粮食补贴政策，目标是瞄准粮食主产区，而非专门关注贫困地区和贫困人口。再如，交通部门在分配财政资源时通常会优先考虑交通项目带来的经济效益大小；能源供电部门会考虑架设供电线路的成本和效益。行业扶贫的含义更多强调行业或部门在充分利用自身的资源优势、管理经验和技术规范等基础上，有目的地瞄准贫困地区和贫困人口，进行政策倾斜和干预，帮助贫困地区和贫困人口脱贫。行业扶贫的兴起，也是由于专项扶贫工作中有限的资金、人力和专业知识储备等难以满足 21 世纪扶贫攻坚的需要。为推进扶贫开发工作，客观上需要政府对现有的扶贫资源进行跨行业、跨部门整合和布局。在这种背景下，行业扶贫的重要性逐步凸显，行业扶贫政策也相继推出，甚至推出了细分的行业扶贫规划。行业部门扶贫侧重于改善贫困地区的发展环境和条件，以针对致贫的各种因素，如完善基础设施、发展产业、推广生产技术、重视教育、改善卫生和饮水条件、重视能源和生态环境建设等。

（一）农业行业扶贫

21世纪以来，国家实行统筹城乡经济社会发展的方略和工业反哺农业、城市支持农村和"多予少取放活"的方针，全面促进农村经济社会的发展，使贫困地区和农村贫困人口普遍受益。国家相继取消牧业税、生猪屠宰税和农林特产税。全面实行种粮农民直接补贴、良种补贴、农机具购置补贴和农资综合补贴；推行集体林权制度改革，使农民真正拥有林地承包经营权和林木所有权，落实各项优惠政策，发展林下经济和森林旅游，增加农民收入。围绕贫困地区特色优势产业，采用科技承包、技物结合①、典型示范等方式，推广各类先进实用农业技术，提高种养业生产效率。建立农业支持保护体系，从基础设施建设到农业科技进步，从农民培训到农民专业合作组织发展，从动植物疫病防治到农产品质量安全体系建立，公共财政通过投资、补助、贴息、税收优惠等不断加大对现代农业建设的支持力度，不断加大强农惠农富农和扶贫开发的投入力度。中央财政用于"三农"的支出从2003年的2144.2亿元增加到2010年的8579.7亿元，年均增长21.9%，公共财政覆盖农村步伐明显加快。国家的一些强农惠农富农政策率先在贫困地区实行，向贫困地区和贫困人口倾斜。

（二）交通扶贫

在国民经济和社会发展"十一五"期间，我国公路建设的重点是国道主干线、国家重点公路、路网改造、农村公路及客货运枢纽。这反映出，国家交通建设重点开始关注农村公路建设。在农村交通扶贫方面，交通部门重点实施农村公路"通达"和"通畅"工程，积极推进乡（镇）和建制村通沥青（水泥）路建设，满足贫困地区群众的基本出行需求。同时，加强农村公路危桥改造和安保工程建设，改善农村公路网络状况，提高农村公路安全水平和整体服务能力；推进乡镇客运站建设，加强口岸公路、红

---

① 所谓"技物结合"，指的是技术指导与物资供应相结合的服务方式。

色旅游公路建设，支持重要水运通道和便民内河水运设施建设，改善贫困地区交通条件。

（三）水利扶贫

水利部根据《中国农村扶贫开发纲要（2001～2010年）》制定了《全国水利扶贫规划纲要（2001～2010年）》，对水利扶贫的指导思想和基本原则、奋斗目标、主要任务、保障措施等进行明确规定。指导思想中强调，水利扶贫要以中西部的少数民族地区、革命老区、边疆地区、特困地区以及遗留问题突出的库区和移民安置区为重点，从可持续发展的战略高度，优先解决好水的问题，把解决由于缺水导致贫困和生态恶化的问题放在水利扶贫工作的重要位置，以解决农村饮水、建设基本农田、发展节水灌溉、解决农村缺电、增强抗灾减灾能力、改善生存环境为重点。为达到水利扶贫规划目标，水利部门开展了农村饮水安全工程建设；因地制宜开展了小水窖、小水池、小塘坝、小泵站、小水渠"五小水利"工程建设；在有条件的地区，实施了跨区域水资源调配工程；加强了防洪工程建设，加快了病险水库除险加固、中小河流治理和水毁、灾毁水利工程修复；加强了水源保护及水污染防治等。

（四）能源扶贫

能源部门先后组织实施一、二期农村电网改造工程、中西部地区农网完善工程、户户通电工程、无电地区电力建设工程，提高了农村电网供电可靠性和供电能力。因地制宜发展太阳能和风力发电，解决不通电行政村、自然村用电问题。推进水电新农村电气化县建设。加强可再生能源技术服务体系建设，继续推进沼气、节能灶、小水电代燃料①等农村生态能源建设。能源扶贫措施还包括"十二五"期间推出的光伏扶贫，这是利用太阳能光伏发电，由国家电网无条件收购发电。

---

① 小水电，指的是装机容量很小的水电站或水力发电装置。小水电代燃料工程充分发挥我国中小水电资源丰富的优势，大力发展农村水电，是适应和满足贫困山区、老少边穷地区农村经济社会发展的需要，也是解决电力供求不平衡、缓解部分地区电力供应紧张状况、提供补充电力的需要。

（五）农村危房改造

2008年7月，以解决农村困难群众基本住房安全问题为目标，在贵州省组织开展了农村危房改造试点，目的在于加快解决贫困群众居住安全问题和消除农村贫困、改变农村面貌。中央农村危房改造试点补助对象重点是居住在危房中的农村分散供养"五保户"、低保户、贫困残疾人家庭和其他贫困户。各地要按照优先帮助住房最危险、经济最贫困农户解决最基本安全住房的要求，合理确定补助对象。农村危房改造项目实施要坚持公开、公平、公正原则，规范补助对象的审核、审批程序。同时，要建立健全公示制度。从2009年起，中央扩大农村危房改造试点，试点范围、危改任务量和补助资金逐年扩大，中央户均补助标准逐步提高。3年来，国家累计安排补助资金117亿元，支持203.4万贫困农户开展危房改造。2010年，已覆盖全国陆地边境县、西部地区县、国家扶贫开发工作重点县、国务院确定享受西部大开发政策的县和新疆生产建设兵团等。

（六）科技扶贫

科技部门组织大专院校、科研院所派遣有实践经验的专家和中青年知识分子组成科技开发团，并向扶贫开发工作重点县派驻科技副县长，帮助研究和制定科技扶贫规划，筛选科技开发项目，引进先进实用技术，组织技术培训，解决产业发展中的关键技术问题，提高贫困地区产业开发的技术水平。在贫困地区推进科技特派员农村科技创业行动，鼓励科技人员与农民结成利益共同体，开展创业和服务，引导科技、信息、资本、管理等现代生产要素向贫困地区集聚，促进当地经济社会发展和农民增收致富。

（七）教育文化扶贫

从2001年秋季开始，财政部、教育部联合对中西部农村地区在义务教育阶段中家庭经济困难的学生试行免费提供教科书。从2004年秋开始，国家在部分贫困地区开始实施"两免一补"政策，即对贫困地区的学生免杂费、免书本费，逐步补助寄宿生生活费。国家每年拿出1亿元，作为家庭经济困难学生上学的补助。为保证助学金制度的顺利实施，国务院要求各级政府都要建立助学金专款。此外，中央财政 2002 年安排 2 亿元，2003 年安排 4 亿元用于向未完成"普九"任务的国家扶贫开发工作重点县和中西部农村地区贫困中小学生免费提供教科书。2004 年，中央财政把免费教科书发放范围扩大到中西部地区所有家庭经济困难的 2400 多万名中小学生。2005 年，中西部地区农村义务教育阶段享受免费教科书的家庭贫困中小学生人数由 2004 年的 2400 万人增加到约 3000 万人。2006 年起，国家按照"明确各级责任、中央地方共担、加大财政投入、提高保障水平、分步组织实施"的总体思路，将农村义务教育全面纳入公共财政保障范围，稳步增加财政投入，逐步建立中央和地方分项目、按比例分担经费的农村义务教育长效经费保障机制。从 2006 年春季开学起，西部的 12 个省份、新疆建设兵团和中部地区享受西部政策的部分县市全面建立了农村义务教育经费保障机制，西部农村地区义务教育阶段学生免除学杂费，还补助学校公用经费、免费提供教科书、补助寄宿生生活费，建立了改造维修校舍长效机制，加强宿舍、食堂和必要的基础设施建设，改善办学条件；实施农村中小学现代远程教育工程，促进城乡和地区之间优质教育资源共享。2006 年秋季，中部的各省相继建立经费保障机制，并于 2007 年把"两免一补"的惠民政策，全面推广到中东部地区 40 万所农村中小学的近 1.5 亿名学生，实现了全国范围全面建立农村义务教育经费保障机制。文化部门开展农村公共文化服务体系建设，着力建设乡镇综合文化站，组织开展全国文化信息资源共享工程、送书下乡工程、"农家书屋"工程。

（八）生态扶贫

巩固退耕还林成果，完善补助政策，延长补助期限。实施退牧还草工程，采取封山育草、禁牧等措施，保护天然草原植被。在西藏等地开展草原生态奖励补助试点。组织实施京津风沙源治理工程，在项目区大力发展生态特色产业，实现生态建设与经济发展有机结合。实施岩溶地区石漠化综合治理工程，通过封山育林育草、人工植树种草、发展草食畜牧业、坡改梯、小型水利水保等工程，实现石漠化综合治理与产业发展、扶贫开发结合。实施三江源生态保护和建设工程，通过退耕还草、生态移民、鼠害防治、人工增雨等措施，加强长江、黄河和澜沧江发源地的生态保护，加快完善生态补偿机制，加大天然林保护、湿地保护与恢复、野生动植物保护和自然保护区建设力度，维护生物多样性。

（九）特殊群体和特困区域扶贫

在特困区域扶贫方面，国家民委于 1998 年倡议发起了"兴边富民行动"，支持边境地区加快经济社会发展，帮助边境群众增收致富，扶持范围覆盖全国所有陆地边境县和新疆生产建设兵团边境团场，2000～2010 年共投入"兴边富民"资金 22.1 亿元。国家把对少数民族、妇女、残疾人的扶贫开发纳入规划，统一组织，同步实施，同等条件下优先安排，加大支持力度。对全国人口在 10 万人以下的 22 个人口较少民族实行专项扶持，编制并实施《扶持人口较少民族发展规划 (2005～2010 年)》，对人口较少民族及其聚居区投入各项扶持资金 37.51 亿元，集中力量帮助这些民族地区加快发展步伐。组织实施《中国妇女发展纲要 (2001～2010 年)》，把缓解妇女贫困程度、减少贫困妇女数量放在优先位置，加大对贫困妇女扶持力度，帮助、支持贫困妇女实施扶贫项目，鼓励、支持以妇女为主的扶贫经济实体的发展。2009 年以来，还组织实施了小额担保贴息贷款项目，截至 2011 年 7 月底，累计发放贷款 409.93 亿元，其中农村妇女获得贷款 259.23 亿元，使贫困妇女成为扶贫资源的获得者和扶贫成果的直接受益者。同期，针对农村残疾人，国家组织实施了《农村残疾人扶贫开发计划 (2001～2010 年)》，因地制宜选择符合残疾人特点的扶贫项目和方式，解决贫困残疾人温饱问题，缩小残疾人的生活水平与社会平均水平的差距。国家还通过了《中国儿童发展纲要 (2001～2010 年)》，出台了系列措施以保障儿童生存权、发展权、受保护权和参与权。

（十）中央单位定点扶贫

定点扶贫工作是中国特色扶贫开发工作的重要组成部分，是加大对革命老区、民族地区、边疆地区、贫困地区发展扶持力度的重要举措，也是定点扶贫单位贴近基层、了解民情、培养干部、转变作风、密切党群干群关系的重要途径。1986 年以来，我国就实施了定点扶贫政策，即中央和国家机关各部门各单位、人民团体、参照公务员法管理的事业单位、国有大型骨干企业、国有控股金融机构、国家重点科研院校等对指定的国家扶贫开发工作重点县进行结对帮扶。2001 年以来，各定点帮扶单位根据自身业务优势和被帮扶县的实际，开展了形式多样、内容丰富的定点帮扶工作，如投入直接资金和物质、派驻帮扶干部、引进资金和项目、举办人才培训班、参与地方扶贫规划和扶贫工作等。2010 年，中共中央办公厅、国务院办公厅印发《关于进一步做好定点扶贫工作的通知》。各定点扶贫单位积极行动，加强了对定点扶贫工作的领导，紧紧围绕扶贫工作重点，充分发挥各自优势，不断加大资金、项目、干部和工作指导等方面的力度，创新工作方式，不少单位主动承担新的定点任务，定点扶贫工作取得显著成效。

其他行业部门扶贫。除了以上列举的各类行业部门扶贫外，还有金融扶贫、旅游扶贫等。

五　区域发展政策

改革开放以后，中国的区域发展政策放弃了以前的全国均衡发展模式，转而按照市场经济规律和发展要求，重点支持沿海沿江地区优先发展。经过 20 多年的不平衡发展，无论是相对差距还是绝对差距，全国区域发展差距都呈现日益扩大趋势，并有出现两极分化的可能。与区域发展政策相呼应的产业发展政策，则采取了与市场要求和现实条件相符合的，以轻工业和劳动密集型产业为主的发展模式，这其中特别值得一提的是，出口导向型和出口替代产业发展战略在改革开放中起到了重要的作用。而上述产业发展模式需要产业集中在东部沿海，这就使得资源占多数的中西部地区的产业发展模式重点转向资源开发和产业转移，包括自然资源和人力资源。随着国家工业化进程的加快，沿海开放地区也逐步实现产业升级，传统产业逐渐向中西部地区转移。

总体来看，国家的宏观发展政策特别是产业发展政策是有利于低收入者发展的，这种利好主要体现在就业机会的增加上。同时，宏观整体经济发展的涓流效应和各个发展极和增长极的扩散效应，使穷人在整体宏观经济发展中受益。但是随着时间的推移，在宏观区域发展政策方面，国家过去所提倡的以东南沿海沿江地区优先发展的区域发展政策并不利于广大中西部地区的发展，这也在某些程度上导致贫困地区和贫困人口主要集中在中西部地区。因此，从21世纪初开始，中国调整了对宏观区域发展的支持方向，将持续贫困的西部地区和因结构转型而逐渐衰退的东北地区纳入国家重点支持区域，实施了西部大开发和振兴东北老工业基地等区域发展战略，旨在减小区域间发展不平衡。

（一）西部大开发战略

具有丰富资源和众多少数民族的西部在经济、社会和政治等方面对我国具有重要意义，但随着经济高速增长，区域间的差异也不断扩大，如何平衡这一差异对我国具有重要意义。1999年下半年，旨在缩小内陆和富裕沿海地区差距的"西部大开发"政策正式提出。西部大开发的政策适用范围，包括重庆市、四川省、贵州省、云南省、西藏自治区、陕西省、甘肃省、宁夏回族自治区、青海省、新疆维吾尔自治区和内蒙古自治区、广西壮族自治区。2001年8月28日发布的《关于西部大开发若干政策措施的实施意见》，将湖南省湘西土家族苗族自治州、湖北省恩施土家族苗族自治州、吉林省延边朝鲜族自治州也纳入到西部大开发战略的实施范围。

2000年1月，国务院成立了西部地区开发领导小组，领导小组下设办公室，具体承担领导小组的日常工作。国务院西部地区开发领导小组办公室主要职责包括：①研究提出西部地区开发战略、发展规划、重大问题和有关政策、法律法规的建议，推进西部地区经济持续快速健康发展；②研究提出西部地区农村经济发展、重点基础设施建设、生态环境保护和建设、结构调整、资源开发以及重大项目布局的建议，组织和协调退耕还林（草）规划的实施和落实；③研究提出西部地区深化改革、扩大开放和引进国内外资金、技术、人才的政策建议，协调经济开发和科教文化事业的全面发展；承办领导小组交办的其他事项。

国务院西部地区开发领导小组成员单位及国务院有关部门设立了西部开发工作联络员。西部大开发所涉及的省、区、市相应成立了西部开发领导小组及西部开发办公室。中部和东部各省市，也加强了对参与和支持西部开发工作部门的组织领导，一些地方指定了专门机构负责此项工作。

《"十五"西部开发总体规划》是实施西部大开发战略的主要政策文件。

中央政府主要通过政策优惠、财政支持、加大基础设施投入、加大对环境保护的投入等来支持西部地区的发展。国家在西部地区的大量投资，在加快西部地区整体经济发展的同时，也为西部地区人们提供了更多的工作机会和其他发展机会，对于贫困人群的发展也产生了重要的影响。西部大开发安排的水利、退耕还林、资源开发等项目，在同等条件下优先在贫困地区布局；公路建设加快向贫困地区延伸，把贫困地区的县城与国道、省道干线连接起来；基础设施建设项目尽量使用贫困地区的劳动力，增加贫困人口的现金收入。国家相继出台一系列区域发展政策，促进西部地区经济社会发展，并把农村扶贫开发工作作为政策重点加以推进。

西部大开发政策实施以来，在促进西部地区的区域经济发展方面取得了明显的成效。在缓解贫困方面，取得的成绩主要表现为农村基础设施建设和社会事业发展等方面。尽管西部大开发政策对于西部地区的发展具有重要意义，但在实际实施中，西部地区基础设施建设投资对当地经济社会的带动效应短期内并不理想。建设进程中原材料、设备、技术工人等诸多投入并不是来自西部地区，它对中部和东部地区产生了较多的投资"漏出效应"。西部地区一时还难以将中央的优惠政策与本地的优势有机结合起来，从而形成市场经济条件下的区域优势。但从长远来看，西部大开发政策的持续实施，对于广大西部地区的发展和西部众多贫困人口的发展作用将是深远的。

（二）振兴东北战略

新中国成立后，国家在东北等地区集中投资建设了具有相当规模的以能源、原材料、装备制造为主的战略产业和骨干企业，为中国形成独立、完整的工业体系和国民经济体系，为改革开放和现代化建设，做出了历史性重大贡献。随着改革开放的不断深入，老工业基地的体制性、结构性矛盾日益显现，进一步发展面临许多困难和问题，主要是：市场化程度低，经济发展活力不足；所有制结构较为单一，国有经济比重偏高；产业结构调整缓慢，企业设备和技术老化；企业办社会等历史包袱沉重，社会保障和就业压力大；资源型城市中的主导产业衰退，接续产业亟待发展。党的十六届三中全会后，振兴东北三省老工业基地正式成为国家新的区域发展重点工程，国家更多的政策和资源持续投入东北等老工业基地。《中共中央国务院关于实施东北地区等老工业基地振兴战略的若干意见》强调，振兴东北地区等老工业基地要进一步解放思想、深化改革、扩大开放，着力推进体制创新和机制创新，形成新的经济增长机制；按照走新型工业化道路的要求，坚持以市场为导向，推进产业结构优化升级，提高企业的整体素质和竞争力；坚持统筹兼顾，实现东北地区等老工业基地经济和社会全面、协调和可持续发展。

2003 年 12 月，国务院振兴东北地区老工业基地领导小组成立，并下设办公室，简称"东北办"。"东北办"是国务院振兴东北地区老工业基地领导小组的办事机构，其职责主要是协调东北地区老工业基地振兴的推进，组织国务院有关部门以及各省研究工业振兴以及综合政策，并提出建议；综合平衡各省经济发展状况并提出振兴规划；重点提出老工业基地的发展优势产业政策建议；等等。

具体政策主要包括以下三个方面。一是率先在黑龙江、吉林两省实行全面免征农业税政策，扩大东北地区粮食生产补贴范围和规模。农业政策的实施有力地调动了广大农民的生产积极性，为东北振兴奠定了良好的基础。二是继辽宁之后在黑龙江、吉林两省推开完善城镇社会保障体系试点工作。三是按照"突出重点、优先安排、统筹规划、分步实施"原则，中央财政会同有关部门继续加大对东北地区国有企业政策性关闭破产的支持力度，使一些资源枯竭的煤炭、有色金属矿山及军工企业平稳地退出市场，大部分职工得到了妥善安置。对于东北老工业基地中存在大量下岗失业职工来说，振兴东北老工业基地政策的实施，为其提供了更多的发展机会和资源。特别是对下岗职工中的贫困群体来说，该政策的实施为其提供了新的发展机会和创业环境，有利于其长远发展。

（三）东西扶贫协作

东西扶贫协作启动于 1996 年，启动的背景是中国东西部发展差距继续扩大。为了减缓东西部发展差距扩大的趋势，根据邓小平同志提出的"两个大局"思想中第二个大局，即中国东西部发展到一定的时候，要求沿海地区拿出更多的力量帮助内地发展。组织东部较发达省（市）对口帮扶西部贫困地区，也是为有效完成《国家八七扶贫攻坚计划》战略目标、缩小东西部差距而采取的一项有中国特色的扶贫方式。东西扶贫协作的具体安排是，北京帮扶内蒙古，天津帮扶甘肃，上海帮扶云南，广东帮扶广西，江苏帮扶陕西，浙江帮扶四川，山东帮扶新疆，辽宁帮扶青海，福建帮扶宁夏，深圳、青岛、大连、宁波帮扶贵州。在 2000 年以后，基本上仍沿用这种结对帮扶形式。

东西扶贫协作双方根据优势互补、互利互惠、长期合作、共同发展的原则，在政府援助、企业协作、社会帮扶、产业发展、干部交流、人才培训、劳务输出等方面开展了多层次、多形式的扶贫协作。政府援助，主要体现为资金支持。东部发达地区省市政府的援助资金主要用于帮扶西部贫困地区修建学校、卫生院、乡村公路、基本农田、人畜硬水工程等。企业协作，是指东部发达地区组织资产雄厚、技术领先、经济效益较好的企业，通过企业并购、资产重组等方式带动西部贫困地区生产同类产品的经济效益较差的企业发展生产。社会帮扶，是指东部发达地区积极动员和组织社会各界力量为西部贫困地区捐赠资金、物质，支持志愿者到西部贫困地区从事医疗服务、义务支教等多种形式的社会服务活动。产业发展，是通过政策引导、资金支持等多种方式鼓励东部发达地区企业到西部贫困地区投资创业，带动当地产业发展，帮助贫困地区脱贫致富。干部交流，是干部成长的一条重要途径。东部发达地区选派干部到西部贫困地区挂职，有助于干部了解贫困地区的实际状况，增强做好东西扶贫协作工作的责任感和使命感。西部贫困地区选派干部到东部发达地区挂职，对于干部开阔眼界、更新观念、增长才干具有重要意义。人员培训，是提高企业素质的关键。人是发展的主体，发展的目的是改善人的生活；西部贫困地区经济开发归根到底是人的智力开发，这是培植贫困地区经济发展活力的关键，也是促进贫困地区群众脱贫致富的根本途径。东部地区在帮助西部贫困地区开发自然资源的同时，也高度重视人力资源的开发。劳务输出，是指东部发达地区按照同等优先的原则，积极吸纳西部贫困地区剩余劳动力在本地区就业；西部贫困地区也通过合理、有序地组织剩余劳动力到东部发达地区从业。

据统计，2003～2010 年，东部地区向西部地区提供政府援助资金 44.4 亿元，协作企业 5684 个，实际投资 2497.6 亿元，社会捐助 14.2 亿元，东部到西部挂职的干部 2592 人，西部到东部挂职的干部 3610 人次，培训技术人才 22.6 万人次，组织劳务输出 467.2 万人次。

六　农村社会保障制度

为贫困人口提供基本的社会保障，是稳定解决贫困人口温饱问题的最基础手段。中国农村社会保障制度体系包括农村最低生活保障制度、新型农村合作医疗制度、农村新型养老保险制度、农村"五保"供养制度、农村医疗救助、灾害救助等。当前农村社会保障体系的主要政策是 21 世纪以后建立起来的，设立的时间不长，正在经历一个不断完善的过程。下面主要介绍前五项制度。

（一）农村最低生活保障制度

进入 20 世纪 90 年代，一些地方开始实施农村最低生活保障制度试点。1992 年，山西省左云县率先开展试点工作。1994 年，民政部提出要在农村初步建立起与经济发展水平相适应的、层次不同、标准有别的社会保障制度。同年，上海市在 3 个区开展农村低保工作试点。1995 年 12 月，广西武鸣县颁布了《武鸣县农村最低生活保障线救济暂行办法》。这是中国出台的第一个县级农村最低生活保障制度的文件。1996 年民政部印发了《关于加快农村社会保障体系建设的意见》，并制定了《农村生活保障体系建设指导方案》，将试点扩大到 256 个市县。到 1997 年底，全国已有 997 个市县初步建立了农村最低生活保障制度。但此后由于宏观政策环境的限制和开始重点推进城市最低生活保障制度，农村最低生活保障建设虽有进展，但相对发展缓慢。2002 年党的十六大召开，党中央提出"有条件的地方，探索建立农村养老、医疗保险和最低生活保障制度"。各地在不断地探索和总结农村低保制度发展的经验，加快了中国农村最低生活保障建设的进程。2007 年，国家决定在全国农村全面建立最低生活保障制度，将家庭人均纯收入低于规定标准的所有农村居民纳入保障范围，稳定、持久、有效地解决农村贫困人口温饱问题。此后，国家不断加大对农村低保人群的扶持力度，农村低保工作进入快速发展阶段。

　　农村最低生活保障制度的主要内容包括以下几个方面。①低保对象。农村低保对象是指家庭人均纯收入低于当地生活保障标准的农村居民。在具体审查阶段，各地规定了具体要求，最大限度地将农村贫困人口纳入低保的保障范围。②最低生活保障标准。在制定低保线时，各地主要根据当地经济发展水平、财政承受能力和农民的实际生活水平，本着"低标准起步"的原则制定。按照这一原则，各地政府在综合考虑维持农民基本生活的物质需要、当地经济水平和财政承受能力、当地物价水平、农民自我保障能力等要素后，根据当地情况确定本地标准，并随当地情况变化而不断调整。③保障资金。农民最低生活保障资金的筹集以地方为主，地方各级政府要将农村最低生活保障资金列入财政预算，各级省人民政府要求不断加大财政投入。对于财政困难的地区，中央财政给予适当补助。④保障方式。一种方式是现金和实物救助相结合；另一种方式是全部发放现金。保障资金一般每季或半年或每月由乡镇通过村发放，实物通过村发放。⑤管理方式。各地一般由最低生活保障对象向村委会提出申请，村委会组织村民代表进行评议，然后报送乡镇审核并张榜公布，乡镇审核后上报县（市）民政局批准，审批之后再次张榜公布，无异议者则开始发放保障金。随后每半年或一年重新审核，对保障对象实施动态管理。

　　农村最低生活保障制度是一项为农村贫困人口而设置的兜底性的制度安排，有效地解决了贫困人口的温饱问题。我国农村低保政策于2007年在全国范围内全面实施，当年低保人口大幅增加，增幅达到123.9%（见表1-1）。2001~2010年，农村低保人口从304.6万人快速增加到5214万人。2010年共发放农村低保资金445亿元，其中中央补助资金269亿元；全国农村低保平均标准为117元/（人·月），人均补助水平为74元/月。2010年以后，农村低保人口保持相对稳定，在5000万人左右。

表1-1　中国农村最低生活保障人口情况（2001~2010年）

指标	2001年	2002年	2003年	2004年	2005年	2006年	2007年	2008年	2009年	2010年
保障人数（万人）	304.6	407.8	367.1	488	825	1593.1	3566.3	4305.5	4760	5214
年增长率（%）	—	33.9	-10	32.9	69.1	93.1	123.9	20.7	10.6	9.5

（二）新型农村合作医疗制度

新型农村合作医疗（以下简称"新农合"）制度是一种农民自愿参加，个人、集体和政府多方筹资，以大病统筹为主的农民医疗互助共济制度。改革开放以后，传统的农村合作医疗制度也随之解体。在急剧转型的社会经济环境中，农民的实际收入并没有随着经济的高速发展而快速增加，而医疗价格的增长速度却大大高于经济增长的速度。与此同时，农民并没有享受到国家给予的相关医疗保障，因此，高昂的医疗费用逐渐成为农民新的沉重负担，成为贫困农民更加贫困的重要原因，在此背景下，农村新型的医疗保障制度的建立就显得尤为重要。

2003 年，国务院颁布的新型农村合作医疗制度规定，新型农村合作医疗本着多方筹资，农民自愿参加的原则，根据农民收入情况，合理确定个人缴费数额。原则上农民个人每人每年缴费不低于 10 元，经济发达地区可在农民自愿的基础上，根据农民收入水平及实际需要相应提高缴费标准。中央财政对中西部地区除市区以外参加新型农村合作医疗农民平均每人每年补助 10 元，中西部地区各级财政对参加新型农村合作医疗农民的资助总额不低于每人每年 10 元，东部地区各级财政对参加新型农村合作医疗农民的资助总额应争取达到每人每年 20 元。

新型农村合作医疗制度的补助标准因各地情况的不同而不同，但总体上是按照"分级起付、按段计算、累加支付、上线封顶"的补助办法操作，补助标准为实际费用的 10%～40%。如辽宁桓仁县的报销补助标准为：100～500 元报销 10%；501～1000 元报销 15%；1001～3000 元报销 20%；3001～5000 元报销 25%；5001～10000 元报销 30%；10001 元以上报销 40%；一年内实际报销金额累计不能超过 6000 元。这种补助办法对于农户的小病补助少，对于大病的补助多，这在一定程度上分担了一部分农户因生病而带来的负担和风险。

2009 年，中国做出深化医药卫生体制改革的重要战略部署，确立新型农村合作医疗为农村基本医疗保障制度的地位。新型农村合作医疗制度使农民就医状况得到改善、医药费用负担有所减轻，贫困状况也得到一定程度的缓解，这对于处于生计脆弱性边缘的贫困群体的发展是非常重要的。

2010 年，民政部门资助参加新型农村合作医疗 4615.4 万人次，资助资金 14 亿元，人均资助 30.3 元。2011 年政府对"新农合"和城镇居民医保补助标准均由 2010 年每人每年 120 元提高到 200 元；"新农合"政策范围内住院费用支付比例达到 70% 左右。2012 年起，各级财政对"新农合"的补助标准从每人每年 200 元提高到 240 元。2013 年起，各级财政对"新农合"的补助标准从每人每年 240 元提高到 280 元。政策范围内住院费用报销比例提高到 75% 左右，并全面推开儿童白血病、先天性心脏病、结肠癌、直肠癌等 20 个病种的重大疾病保障试点工作。2014 年新型农村合作医疗和城镇居民基本医疗保险筹资方法为：各级财政对"新农合"和居民医保人均补助标准在 2013 年的基础上提高 40 元，达到 320 元。其中，中央财政对原有 120 元的补助标准不变，对 200 元部分按照西部地区 80% 和中部地区 60% 的比例安排补助，对东部地区各省份分别按一定比例补助。农民和城镇居民个人缴费标准在 2013 年的基础上提高 20 元，全国平均个人缴费标准达到每人每年 90 元左右。个人缴费应在参保（合）时按年度一次性缴清。截至 2014 年底，全国参加新型农村合作医疗人口数达 7.36 亿人，参合率为 98.9%。2014 年"新农合"筹资总额达 3025.3 亿元，人均筹资 410.9 元，全国"新农合"基金支出 2890.4 亿元。

（三）农村新型养老保险制度

人类"老有所养"的问题，历来是世界各国十分关注的重大问题。在我国，各级党委、政府十分重视解决民众的养老保障问题，通过长期的艰苦努力，养老保障工作取得显著进展，尤其是在城镇已经建立了比较完善的养老保障体系，各类人员的养老问题基本得到解决。而在农村，虽然农民的养老问题得到明显改善，但由于各方面的原因，广大农民的养老后顾之忧仍非常突出。目前，农民的养老问题主要是以土地、家庭保障为主，仍然依靠传统的"养儿防老"办法。但是，随着农村经济改革的深入、社会主义市场经济的快速发展和不断完善、计划生育基本国策的深入贯彻，以及"4-2-1"家庭人口结构的普遍出现，农村传统的家庭养老保障能力越来越弱。根据国际实践经验，解决养老问题将来主要靠社会保险。为了解决农民的养老问题，我国农村社会养老保险从 20 世纪 80 年代中期开始探索，90 年代初进行试点，逐步在农村建立了农村社会养老保险制度。由于制度本身设计存在缺陷等种种因素的影响，农村社会养老保险在实施过程中遇到一些困难和问题，难以推进。1999 年，国务院对农村社会养老保险进行清理整顿，要求停办新业务，将农村社会养老保险逐步过渡为商业保险，农村社会养老保险处于停滞状态。2002 年，党的十六大提出"有条件的地方，探索建立农村养老、医疗保险和最低生活保障制度"。此后，一些地方开始探索新型农村社会养老保险。2009 年 9 月 1 日，国务院颁发了《关于开展新型农村社会养老保险试点的指导意见》，要求按照"保基本、广覆盖、有弹性、可持续"的基本原则，实行个人缴费、集体补助、政府补贴相结合的筹资方式，基础养老金和个人账户养老金相结合的待遇支付方式，中央财政对中西部地区按中央确定的基础养老金给予全额补助，对东部地区给予 50% 的补助。从 2009 年开始选择 10% 的县（市、区、旗）试点，以后逐步扩大试点实现对农村适龄居民的全覆盖。参保的范围是，年满 16 周岁（不含在校学生）、未参加城镇职工基本养老保险的农村居民，可以在户籍地自愿参加新农保。年满 60 周岁、未享受城镇职工基本养老保险待遇的农村有户籍的老年人，可以按月领取养老金。2010 年，中央财政对新型农村社会养老保险基础养老金补贴 111 亿元，地方财政补助资金 116 亿元。截至 2011 年 7 月已覆盖全国 60% 的农村地区，共有 493 个国家扶贫开发工作重点县纳入试点，覆盖率达到 83%。2014 年 2 月，国务院决定在已基本实现新型农村社会养老保险和城镇居民社会养老保险全覆盖的基础上，将这两项制度合并实施，在全国范围内建立统一的城乡居民基本养老保险制度，并在制度模式、筹资方法、待遇支付等方面与合并前的新型农村社会养老保险和城镇居民社会养老保险保持基本一致。2015 年底，城乡居民基本养老保险参保人数达 50472 万人。

（四）农村"五保"供养制度

"五保"是指由农村社区（集体）负责保证无法定扶养人、无劳动能力、无可靠生活来源的老年人、残疾人和孤儿基本生活需求的社会援助，即对他们"保吃、保穿、保住、保医、保葬（保教）"，简称"五保"。目前的"五保"供养方式有五种。①网络供养。网络供养是以乡镇敬老院为"五保"服务中心，统一管理全乡镇的"五保"工作。②统供分养。以乡镇或村统一制定供养标准，统一筹集分配供养款物。"五保"对象则是在原有家中生活，村中有保护服务组提供日常的生活服务。③承包供养。由"五保"对象与其亲属或邻居自愿协商，签订供养协议或遗赠协议，在建立了供养关系后，供养者承担全面供养的义务。④集中供养。有乡、镇、村或个体经营者举办敬老院、福利院等，院内集中供养"五保"对象。⑤合作养老保险辅助供养。通过由集体缴纳保费，乡、镇、村的养老保险理事会或养老保险基金会给予"五保"对象提供的特殊照顾。截至 2010 年底，全国共有农村"五保"供养人口 534.1 万人，各级财政支出农村"五保"供养资金 98.1 亿元。

（五）农村医疗救助

农村医疗救助制度旨在减轻贫困人口疾病经济负担。2003 年，民政部等几部门联合发布的《民政部、卫生部、财政部关于实施农村医疗救助的意见》指出，农村医疗救助制度是政府拨款和社会各界自愿捐助等多渠道筹资，对患大病农村"五保户"和贫困农民家庭实行医疗救助的制度。在新型农村合作医疗平台上，我国逐步构建农村贫困居民医疗救助制度，实现"难有所助"。2003～2011 年，全国财政共安排农村医疗救助补助资金 434 亿元，建立了农村医疗救助制度。2011 年累计救助贫困农村居民 6297.1 万人次。其中，民政部门资助参加新型农村合作医疗 4825.3 万人次，人均资助参合水平 45.6 元；民政部门直接救助农村居民 1471.8 万人次，人均救助规模达到 635.8 元。

七 农村贫困状况的变化

2001～2010 年，中国农村居民的生存和温饱问题得到基本解决，贫困人口的生产生活条件明显改善，贫困地区基础设施不断完善，社会发展水平进一步提升，生态恶化趋势得到初步遏制。

农村居民的生存和温饱问题基本得到解决。国家根据经济社会发展水平的提高和物价指数的变化，将全国农村扶贫标准从2000年的865元逐步提高到2010年的1274元。以此标准衡量的农村贫困人口数量，从2000年底的9422万人减少到2010年底的2688万人；农村贫困人口占农村人口的比重从2000年的10.2%下降到2010年的2.8%（见有1-2）。

表1-2 2001年以来我国的贫困标准及贫困人口状况

年份	绝对贫困标准（元）	低收入贫困线（元）	绝对贫困人口（万人）	低收入人口（万人）	低收入以下贫困人口（万人）	贫困发生率（%）
2001	630	872	2927	6103	9030	9.8
2002	627	869	2820	5825	8645	9.2
2003	637	882	2900	5617	8517	9.1
2004	668	924	2610	4977	7587	8.1
2005	683	944	2365	4067	6432	6.8
2006	693	958	2148	3550	5698	6.0
2007	785	1067	1479	2841	4320	4.6
2008		1196			4007	4.2
2009		1196			3597	3.8
2010		1274			2688	2.8

从贫困的分布来看，2000～2010年，中西部地区尤其是西部地区贫困发生率下降较快。10年间，中部地区的贫困发生率由8.8%下降到2.5%，西部地区则由20.6%下降到6.1%；东部地区贫困人口的比重由10.2%下降到4.6%，西部地区则由60.8%上升至65.1%。贫困人口进一步向西部地区集中（见表1-3）。

表1-3 农村贫困人口分布变化

项目		2000年	2005年	2010年
贫困人口规模（万人）	全国	9422	6432	2688
	东部	962	545	124
	中部	2729	2081	813
	西部	5731	3805	1751

续表

项目		2000 年	2005 年	2010 年
贫困发生率 （%）	全国	10.2	6.8	2.8
	东部	2.9	1.6	0.4
	中部	8.8	6.6	2.5
	西部	20.6	13.3	6.1
占农村贫困人口比重 （%）	东部	10.2	8.5	4.6
	中部	29	32.3	30.3
	西部	60.8	59.2	65.1

分地势来看，2000 年以来虽然山区农户的贫困发生率比平原和丘陵地区下降快，但贫困人口仍有进一步向山区集中的趋势，山区仍是下一步扶贫开发工作的重中之重。2000 年山区贫困人口占全部农村贫困人口的比重为 48.7%，到 2005 年这一比重增至 49.1%，2010 年再增至 52.7%，远高于山区人口在农村人口中的比重。山区的贫困发生率从 2000 年的 23.2% 降至 2005 年的 14.2%，再至 2010 年的 4.9%，共下降 18.3 个百分点；平原和丘陵地区的贫困发生率从 2000 年的 17.4% 下降到 2010 年的 1.6%，共下降 15.8 个百分点。

贫困地区经济全面发展。贫困地区产业结构进一步优化，特色优势产业快速发展，县域经济综合实力不断增强。2001～2010 年，592 个国家扶贫开发工作重点县人均地区生产总值从 2658 元增加到 11170 元，年均增长 17.3%；人均地方财政一般预算收入从 123 元增加到 559 元，年均增长 18.3%。农村居民人均纯收入从 2001 年的 1276 元增加到 2010 元，年均增长 11.0%（未扣除物价因素）。上述数据的增幅，均高于全国平均水平。

贫困地区生产生活条件明显改善。国家不断加大对贫困地区基础设施建设投入，全面改善这些地方的生产生活条件。2002～2010 年，592 个国家扶贫开发工作重点县新增基本农田 5245.6 万亩，新建及改扩建公路里程 95.2 万公里，新增教育卫生用房 3506.1 万平方米，解决了 5675.7 万人、4999.3 万头大牲畜的饮水困难。截至 2010 年底，国家扶贫开发工作重点县农村饮用自来水、深水井农户达到 60.9%，自然村通公路比例为 88.1%，通电比例为 98%，通电话比例为 92.9%，农户人均住房面积为 24.9 平方米，农户使用旱厕和水冲式厕所比重达 88.4%。贫困地区农村面貌发生明显变化。

贫困地区社会事业不断进步。农村义务教育得到加强，扫除青壮年文盲工作取得积极进展，截至 2010 年底，国家扶贫开发工作重点县中 7～15 岁学龄儿童入学率达到 97.7%，接近全国平均水平；青壮年文盲率为 7%，比 2002 年下降 5.4 个百分点，青壮年劳动力平均受教育年限达到 8 年。新型农村合作医疗实现全覆盖，基层医疗卫生服务体系建设不断加强，截至 2010 年底，国家扶贫开发工作重点县参加"新农合"的农户比例达到 93.3%，有病能及时就医的比重达到 91.4%，乡乡建有卫生院，绝大多数行政村设有卫生室。贫困地区人口和计划生育工作、公共文化服务体系建设继续得到加强。

贫困地区生态恶化趋势初步得到遏制。通过在西南地区实施岩溶地区石漠化综合治理工程，在三江源实施生态保护和建设工程，在京津实施风沙源治理工程，在西藏等地开展草原生态奖励补助试点，延长退耕还林补助期限，完善生态补偿机制等措施，我国的生态环境治理取得了一定成效，生态恶化趋势得到初步遏制。2002～2010 年，国家扶贫开发工作重点县实施退耕还林还草 14923.5 万亩，新增经济林 22643.4 万亩。国家扶贫开发工作重点县饮用水水源受污染的农户比例从 2002 年的 15.5% 下降到 2010 年的 5.1%，获取燃料困难的农户比例从 45% 下降到 31.4%。

第二章 《中国农村扶贫开发纲要 (2011～2020 年)》的 制定与实施

唐丽霞[*]

1978～2014 年,中国式扶贫累计减贫逾 7 亿人[①]。中国坚持改革开放,保持经济快速增长,不断出台有利于贫困地区和贫困人口发展的政策,为大规模减贫奠定了基础、提供了条件。坚持政府主导,把扶贫开发纳入国家总体发展战略,开展大规模专项扶贫行动,针对特定人群组织实施妇女儿童、残疾人、少数民族发展规划。坚持开发式扶贫方针,把发展作为解决贫困的根本途径,既扶贫又扶志,调动扶贫对象的积极性,提高其发展能力,发挥其主体作用。坚持动员全社会参与,发挥中国制度优势,构建了政府、社会、市场协同推进的大扶贫格局,形成了跨地区、跨部门、跨单位、全社会共同参与的多元主体的社会扶贫体系。先后实施"国家八七扶贫攻坚计划"《中国农村扶贫开发纲要 (2001～2010 年)》《中国农村扶贫开发纲要 (2011～2020 年)》,在加大对农村、农业、农民普惠政策支持的基础上,对贫困人口实施特惠政策,做到应扶尽扶、应保尽保[②]。

---

  [*] 唐丽霞,中国农业大学。
  [①] 《1978 年至 2014 年我国累计减贫逾 7 亿人》,《北京日报》2015 年 6 月 23 日。
  [②] 《携手消除贫困,促进共同发展——习近平在 2015 减贫与发展高层论坛的主旨演讲》,新华网,2015 年 10 月 16 日。

一 《中国农村扶贫开发纲要（2011～2020 年）》的主要内容

2011 年，中共中央、国务院印发《中国农村扶贫开发纲要（2011～2020）》（以下简称《纲要》），并发出通知，要求各地区各部门结合实际认真贯彻执行。《纲要》是今后一个时期中国扶贫开发工作的纲领性文件。《纲要》包括序言和内容。序言主要提及三点：一是回顾了扶贫事业取得的巨大成就；二是认清了扶贫开发的长期性和历史任务特点；三是明确深入推进扶贫开发的重大意义。与此同时，扶贫开发形势也发生了重大变化。《纲要》指出，"我国扶贫开发已经从以解决温饱问题为主要任务的阶段转入巩固温饱成果、加快脱贫致富、改善生态环境、提高发展能力、缩小发展差距的新阶段"。内容分为：总体要求、主要目标任务、对象与范围、专项扶贫、行业扶贫、社会扶贫、国际合作、政策保障、组织领导 9 个部分。以下将对主要内容解释如下。

（一）总体要求

《纲要》提出，"坚持开发式扶贫方针，实行扶贫开发和农村最低生活保障制度有效衔接"。其中，"把扶贫开发作为脱贫致富的主要途径，鼓励和帮助有劳动能力的扶贫对象通过自身努力摆脱贫困；把社会保障作为解决温饱问题的基本手段，逐步完善社会保障体系"。

最低生活保障，是指国家和社会为生活在最低保障线之下的社会成员提供满足最低生活需要的物质帮助的一种社会救助制度安排。中国农村最低生活保障制度始于 2007 年，目的是将家庭人均纯收入低于标准的所有农村居民纳入保障范围，以稳定、持久、有效地解决农村贫困人口温饱问题。习近平总书记在"十三五"规划建议说明里明确表示，到 2020 年，通过产业扶持，可以解决 3000 万人脱贫；通过转移就业，可以解决 1000 万人脱贫；通过易地搬迁，可以解决 1000 万人脱贫；还有 2000 多万完全或部分丧失劳动能力的贫困人口，可以通过全部纳入低保覆盖范围，实现社保政策兜底脱贫。

单靠扶贫开发不能解决低收入人群在转型过程中因权利缺失而造成的福利损失，因此需要重视社会保障制度的建设，实施低保等普惠性政策。扶贫机构不能只搞开发式扶贫，要兼顾建立社会安全保障网的建设，防止返贫现象的发生。扶贫开发和农村最低生活保障制度既有分工也有合作。社会保障是保障基本生存，扶贫开发的目标是在更高能力上进行扶贫开发、提高自我发展能力。在收入不平等的情况下，对贫困人口有针对性地开发性扶贫尤为重要。部分贫困人群没有开发脱贫能力，只能靠社保维持基本生活；部分人群既需要社保又要有扶贫开发支持；另一部分人只需要扶贫开发支持，有能力利用市场机制去赚钱和积累财产。扶贫开发和以农村最低生活保障制度为核心的社保制度要更好地有机衔接起来，形成扶贫开发的合力。

（二）主要目标任务

《纲要》的总体目标是：稳定实现扶贫对象不愁吃、不愁穿，保障其义务教育、基本医疗和住房。贫困地区农村居民人均纯收入增长幅度高于全国平均水平，基本公共服务主要领域指标接近全国平均水平，扭转发展差距扩大趋势，并明确了十二项主要任务，涵盖基础设施、饮水安全、计生、社保、教育、医疗卫生等领域。

"两不愁、三保障"的通俗表述实际上反映出我国扶贫形势的变化，从过去以解决温饱问题为核心向给予贫困人口更有尊严的生活转变。"两不愁、三保障"是多元的目标，不仅仅是提高收入，还包括保障教育、医疗、住房服务等，表明我国扶贫工作从过去相对狭义的开发性扶贫进入相对广泛的大扶贫领域。保障义务教育、基本医疗和住房是强调基本公共服务均等化的体现，未来中国经济发展将更加注重转变经济发展方式和统筹发展，实际上是缩小差距，使经济发展惠及包括低收入人群在内的所有人①。

提高扶贫标准以后，贫困人口的规模会有所扩大，对扶贫开发工作会

---

① 《解读〈中国农村扶贫开发纲要（2011～2020 年）〉》，新华网，2011 年 12 月 1 日，http://news. xinhuanet. com/politics/2011 - 12/01/c_111210074. htm。

提出新的要求。当前，发展又极不均衡，需要通过专项转移、资源税改革等财政手段，推进基本公共服务均等化的建立。

（三）对象与范围

《纲要》提出，要把连片特困地区作为新时期扶贫开发主战场。这些地区包括六盘山区、秦巴山区、武陵山区、乌蒙山区、滇桂黔石漠化片区、滇西边境山区、大兴安岭南麓山区、燕山－太行山区、吕梁山区、大别山区、罗霄山区等区域的连片特困地区和已明确实施特殊政策的西藏、四省（四川、云南、甘肃、青海）藏区、新疆南疆三地州。

中国扶贫工作启动时首先确立了18个贫困片区，随后定下592个贫困县，过去10年里又深入148200个贫困村，从片到点的30年扶贫工作，彻底改变了这些地区的贫困面貌。但是30多年来形成的区域发展差异格局，使得原来生态条件、交通条件、经济发展比较落后的地区还存在较大差距。在这种背景下，《纲要》提出把贫困程度比较深、相对连片的特困地区作为扶贫开发主战场，以此解决存在已久的区域发展差异问题。而且把连片特困地区作为扶贫开发主战场是"缩小范围、加大力度"，扶贫攻坚力度在这些地方将更大，扶贫开发工作也会更加有效。将加大在教育、卫生、文化、就业、社会保障等民生方面的支持力度，培育壮大特色优势产业，加快区域性重要基础设施建设步伐，加强生态建设和环境保护，着力解决制约发展的瓶颈问题，促进基本公共服务均等化，从根本上改变这些地区的落后面貌。

与此同时，《纲要》还提出把"在扶贫标准以下具备劳动能力的农村人口"作为扶贫工作主要对象，"做好连片特困地区以外重点县和贫困村的扶贫工作"。对于社会各界关心的国家扶贫开发工作重点县认定问题，《纲要》要求各省（区、市）"根据实际情况进行调整，实现重点县数量逐步减少"，同时"重点县减少的省份，国家的支持力度不减"。

（四）"三位一体"

在《纲要》中，中国未来10年"三位一体"的扶贫工作格局逐渐清晰，即专项扶贫、行业扶贫和社会扶贫。

专项扶贫包括易地扶贫搬迁、整村推进、以工代赈、产业扶贫、就业促进、扶贫试点、革命老区建设等。专项扶贫主要是指国家安排专门投入、各级扶贫部门组织实施，通过既定项目，直接帮助贫困乡村和贫困人口。

行业扶贫包括明确部门职责、发展特色产业、开展科技扶贫、完善基础设施、发展教育文化事业、改善公共卫生和人口服务管理、完善社会保障制度、重视能源和生态环境建设等。行业扶贫主要是指各行业部门履行行业管理职能，支持贫困地区和贫困人口发展的政策和项目，承担改善贫困地区发展环境、提高贫困人口发展能力的任务。

社会扶贫包括加强定点扶贫、推进东西部扶贫协作、发挥军队和武警部门的作用、动员企业和社会各界参与扶贫等。社会扶贫主要是指社会各界参与扶贫开发事业，从不同维度整合、扩大扶贫资源与力量，提高扶贫工作水平。

中国总体上进入以工促农、以城带乡发展的新阶段后，扶贫开发也逐步呈现专项扶贫、行业扶贫、社会扶贫"三位一体"的工作格局。在这样的背景下，专项扶贫、行业扶贫和社会扶贫构建了国家扶贫战略的完整体系，互为支撑，相互呼应，共同促进贫困地区发展，促进贫困人口脱贫致富。

（五）政策保障

任何一项政策都是对一个社会进行的权威性价值分配，包含一系列分配价值的决定和行动。而且扶贫政策的制定与执行并不是孤立无关的，而是存在于内外互动的有机系统中。扶贫战略和政策体系间的联动性、传导性和定向性共同构建了"大扶贫"格局与体系。

《纲要》提出，完善有利于贫困地区、扶贫对象的扶贫战略和政策体系。发挥专项扶贫、行业扶贫和社会扶贫的综合效益。实现开发扶贫与社会保障的有机结合。对扶贫工作可能产生较大影响的重大政策和项目，要进行贫困影响评估，并在财税支持、投资倾斜、金融服务、产业支持、土地使用、生态建设、人才保障、重点群体等方面做了详细的规定。

在科学发展、和谐发展战略思想指导下，强调中央和地方各级政府建立稳定的扶贫投入机制，政府扶贫投入要和财政收入同步增长；从改善国家宏观发展环境的高度提高对扶贫重要性的认识，并在各自的职能范围内履行扶贫责任，制定落实扶贫的政策，形成政府完整的扶贫政策体系。

（六）组织领导

由政府主导、依托庞大的科层体制构建扶贫工程，这种中国式的扶贫模式取得了举世瞩目的成绩。但是由于客观扶贫需求的变化以及科层体制反功能的固化，这种模式也遭遇到了社会上的一些质疑和诟病。然而置身真实的扶贫场域可以发现，迄今，甚至在不久的将来，政府主导的扶贫模式所拥有的庞大项目资源、规范稳定的执行系统都是必须存在而且难以替代的。

在组织领导方面，《纲要》主要突出了"一个强化"和"六个加强"，即强化扶贫责任开发，加强基层组织建设、加强扶贫机构队伍建设、加强扶贫资金使用管理、加强扶贫研究和宣传工作、加强扶贫统计与贫困监测和加强法制化建设。加强组织领导，是完成新一轮扶贫开发工作的重要前提和保证。全面建成小康社会，最艰巨、最繁重的任务在农村，特别是在贫困地区。要完成扶贫开发各项改革措施和重点工作，从根本上改变贫困地区面貌，确保实现扶贫目标，必须加强组织领导。加强组织领导，首先要落实领导责任，明确扶贫工作职责和县抓落实的管理体制。加强考核机制，是落实扶贫开发各项工作的"助推器"。基层组织建设和扶贫机构队伍建设是落实各项扶贫开发工作的重要组成部分，它们是扶贫开发工作的先锋力量，是党委和政府的参谋和助手。

二 《中国农村扶贫开发纲要（2011～2020 年）》的多维透视

中国的扶贫工作离不开扶贫政策的支持，并且需要各种政策的相互配合，共同增进人民的福利。扶贫政策就是党和人民为实现现阶段扶贫开发的路线和任务的行动准则，是解决贫困重要问题的方向、目标和行动的规则体系。随着 2020 年全面建成小康社会的节点不断迫近，扶贫也面临一场严峻的历史大考。从当前贫困形势看，"多、广、深"的贫困现状依然不容乐观。《中国农村扶贫开发纲要（2011～2020 年）》的制定与实施便是各种合力的产物，而其作为一种外部力量，能够积极促进深陷贫困陷阱中的个体实现跃迁性发展。正如马克思所言，"需要是同满足需要的手段一同发展的，并且是依靠这些手段发展的"，在这对辩证关系中实现自我完善和自身发展。扶贫政策的演进轨迹反映的正是扶贫历史与逻辑的过程。《韩非子·五蠹》中有这样一句话，"世异则事异，事异则备变"，扶贫政策的动态变化是其与环境相适应的表现。多维透视下的扶贫政策演进内含于扶贫的内在逻辑之中、处于历史的变化之中、行进在社会转型的裂变之中、呈现于全球减贫的视域之中。

（一）扶贫内在逻辑演变

1. 主体多元化

改革开放以前，我国农村扶贫采取的一直是政府负责的一元扶贫模式。改革开放以后，部分扶贫类国际非政府组织开始进入中国，在云南等地开展了扶贫项目。中国农村扶贫主体开始呈现多元化的态势[1]。从传统的单一政府主体线性叠加扶贫（见图 2-1）向国家、市场和社会多元主体耦合转型，形成相互构成联系密切的扶贫耦合场。在学理上看这似乎是一种必然趋势，然而在实践中能否走到这一步又与企业、社会组织的培育与发展息息相关。

美国的斯蒂芬·戈德史密斯和威廉·埃格斯在其合著的《网络化治理》中指出，网络化治理的特点有三个：一是参与主体的多元化，包括政府、市场、社会三个领域；二是机制的多元化，包括行政机制、市场机制、社会机制的综合运用；三是主体地位的平等性，因为采用网络化的治理结构，各组织之间以平等合作的方式达到共同的目标。长期以来，政府一直被看作扶贫任务的"代理人"，民众也不断赋予其越来越多的公共资源，直至成为强大无比的"利维坦"（Leviathan，《圣经》中象征邪恶的一种海怪）。然而在面临市场失灵政府失灵甚至志愿失灵[2]的情形下，人们渐渐承认契约主

---

[1] 康晓光：《NGO 扶贫行为研究》，中国经济出版社，2001。

[2] 志愿失灵是指个人或者集体自愿的非政府组织在其志愿活动运作过程中出现种种问题使得志愿活动无法正常进行的现象。主要表现为：一方面，志愿团体不断展开行动试图帮助弱势群体，社会各界亦给予一定的关注与支持；另一方面，受助群体仍不能有效地得到帮助或者某些群体得到过剩的帮助而另一些得不到帮助。

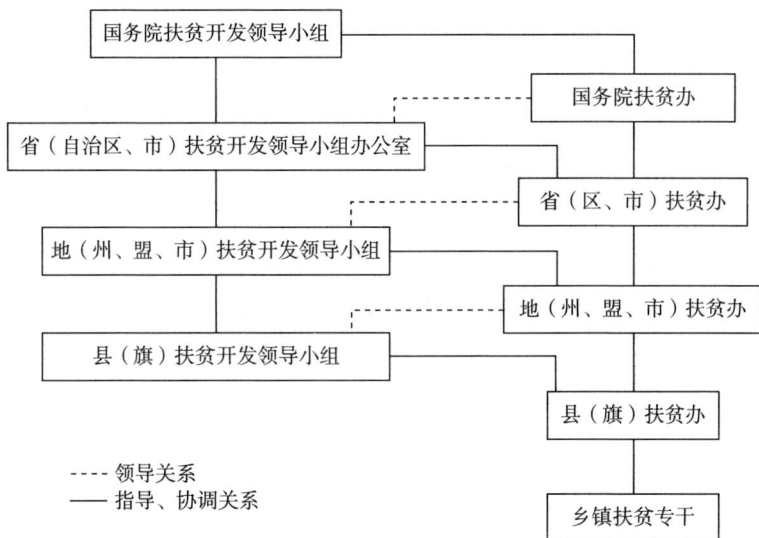

图 2-1 中国各级政府扶贫机构

义框架下专业分工取向的公共行政不足以回应多元、动态的社会需要①。在约束性的扶贫资源和不确定的环境下，任何单个行动者是不足以应对的，政府也需要依赖其他社会行为者。

贫困治理亦如此，作为对传统官僚制和市场化模式缺失的反思，以及对国际合作减贫问题的探索，贫困治理要求政府、企业和社会组织等多元主体参与，为实现消除贫困这一公共价值而采取联合行动。同样，这种多元参与有利于推进改革、创新管理，重构市场化背景下的贫困治理结构，促进企业、社会组织和公民的协同治理的形成。随着扶贫工作的深入开展，参与扶贫的组织和机构越来越多，除了政府各级扶贫机构、国家机关和企事业单位及国际非政府组织外，我国众多的社会团体、基金会和民办非企业单位也进入了扶贫的行列，使这种多元化的趋势更加明显。而且，随着时间的推移，多元化的特质也在演变，从各自扶贫的不相关多元化到以协同扶贫为基础的相关多元化再到以政府为核心的相关多元化②。

① 夏志强：《公共危机治理多元主体的功能耦合机制探析》，《中国行政管理》2009 年第 5 期，第 122～125 页。
② 赵清艳、栾海峰：《论我国农村扶贫主体多元化的逻辑演变》，《北京理工大学学报》（社会科学版）2010 年第 3 期，第 71～73 页。

《纲要》强调并突出社会扶贫，加强定点扶贫，推进东西部扶贫合作，发挥军队和武警部队的作用，以及动员企业和社会各界参与扶贫。"社会扶贫"这一提法第一次出现在正式文件之中是在 2011 年底中共中央、国务院发布的《中国农村扶贫开发纲要（2011～2020 年）》中。此后，中共中央办公厅、国务院扶贫办又就社会扶贫的机制创新问题先后于 2013 年底①、2014 年 5 月②发布文件，进行阐述，并提出要求③。从政府"一己之力"到全社会"共同面对"，中国从 2014 年开始，将每年的 10 月 17 日设为"扶贫日"。"1017"谐音为"邀您一起"，意在最广泛地动员全社会力量投入扶贫济困工作，实现从各部门"单打独斗"到"握拳出击"的目的。

2. 精准扶贫

在目标瞄准机制上，农村扶贫开发工作的目标瞄准机制在瞄准单元方面经历了以贫困县为主，向贫困县与贫困村并举，进而向连片特困地区与贫困县、村并举的转变；在瞄准对象方面经历了以农村贫困人口为主，向扶贫标准以下的全部农村人口的转变；在瞄准路径方面，经历了以自然资源开发为主，向自然资源开发与人力资源开发并举的转变。扶贫资源如何更好地瞄准贫困目标人群是一个世界性难题。俗语说，"十里不同风，百里不通俗"，这从一个侧面说明了中国国情的复杂性，扶贫工作也面临"一城一地"，甚至是"一城一地"之内也存在千差万别的现象，即"看真贫、扶真贫、真扶贫"④的精准扶贫。国际经验也表明，当贫困人口比例下降到 10% 以下时，扶贫方式就必须向微观层面转变。

精准扶贫研究主要集中于 20 世纪 70～90 年代的西方国家，作为社会发展干预理论的重要组成部分，在中国扶贫开发效果趋缓的背景下日益受到重视，《国家八七扶贫攻坚计划》明确将扶贫瞄准作为一项重要扶贫手段，此后将精准扶贫工作逐步具体细化，实现县级、村级精准扶贫。2013 年 11 月习近平总书记在湘西考察时，首次提出了"精准扶贫"的要求——扶贫

---

① 《关于创新机制扎实推进农村扶贫开发工作的意见》（中办发〔2013〕25 号）。
② 《创新扶贫开发社会参与机制实施方案》（国开办发〔2014〕31 号）。
③ 李晓辉、徐晓新、张秀兰等：《应对经济新常态与发展型社会政策 2.0 版——以社会扶贫机制创新为例》，《江苏社会科学》2015 年第 2 期。
④ 《习近平参加广西代表团的审议时的讲话》，2015 年 3 月 8 日。

要实事求是，因地制宜。要精准扶贫，切忌喊口号，也不要定好高骛远的目标。随后，中共中央办公厅印发的《关于创新机制扎实推进农村扶贫开发工作的意见的通知》，以及国务院机构出台的《关于印发〈建立精准扶贫工作机制实施方案〉的通知》和《关于印发〈扶贫开发建档立卡工作方案〉的通知》等文件，对精准扶贫工作模式的顶层设计、总体布局和工作机制等都做了详尽规划，推动了习近平总书记精准扶贫指示的全面落实，精准扶贫成为新时期扶贫工作重点内容。

精准扶贫的准确性是指利用精准扶贫的方法能够获得"真实"结果的能力，也就是说精准扶贫的瞄准对象与真实的贫困群体的一致程度。而精确性指精准扶贫的方法对同一样本测量的重复性，同一群体在同一种方法重复测量才能反映这种方法的精确性。精准扶贫就是要求实施精细化的扶贫方式，"从扶贫机制上由主要依赖经济增长的'涓滴效应'到更加注重'靶向性'对目标人群直接加以扶贫干预的动态调整"。

精准扶贫的主要内容包括以下几个方面。第一，精准化理念是精准扶贫思想的核心要义。扶贫工作贵在看真贫、扶真贫、真扶贫，少搞一些"盆景"，多搞一些惠及广大贫困人口的实事。第二，分批分类理念是精准扶贫思想的基础工具。习近平总书记在 2015 年详细论述了其分批分类扶贫理念，并概括为"四个一批"，即"通过扶持生产和就业发展一批，通过移民搬迁安置一批，通过低保政策兜底一批，通过医疗救助扶持一批"。第三，精神脱贫理念是精准扶贫思想的战略重点。扶贫先扶志，不论造成贫困有何种直接原因，精神贫困始终是主观上的首要根源。

精准扶贫的主要路径包括以下几个方面。第一，科学设计精准扶贫的工作流程，大致包括贫困户的精准识别、精准帮扶、动态管理和精准考核四个环节。克服两类误差：一类是存在弃真型误差，即符合条件的目标群体没有全部受益；另一类是存在存伪型误差，即不符合条件的人享受到了社会政策。第二，形成完整的精准扶贫政策体系。精准扶贫政策涉及金融支持、社会救助、产业发展等多个领域的公共政策过程，落实习近平总书记精准扶贫思想的主要抓手是要形成完整的精准扶贫政策体系①。

① 唐任伍：《习近平精准扶贫思想阐释》，《人民论坛》2015 年第 30 期。

　　《纲要》提出在扶贫标准以下具备劳动能力的农村人口为扶贫工作主要对象。建立健全扶贫对象识别机制，做好建档立卡工作，实行动态管理，确保扶贫对象得到有效扶持，逐步提高国家扶贫标准。各省、自治区、直辖市可根据当地实际情况制定高于国家扶贫标准的地区扶贫标准。巩固建档立卡成果，实施贫困人口动态管理，做到真扶贫、扶真贫。从贫困户实际出发，通过发展产业、易地搬迁、生态保护、教育扶贫、社保兜底等措施实施，"一户一策"，实施帮扶。全面落实扶贫责任，加强对地方各级政府扶贫工作成效考核，发挥驻村工作队的帮扶作用，推进社会力量包干帮扶，加快改变贫困地区面貌①。

　　同时《纲要》就连片特困地区扶贫问题，提出要把连片特困地区作为新时期扶贫开发主战场，并明确了具体的区域和相应的扶持政策措施。这些地区包括六盘山区、秦巴山区、武陵山区、乌蒙山区、滇桂黔石漠化片区、滇西边境山区、大兴安岭南麓山区、燕山－太行山区、吕梁山区、大别山区、罗霄山区等区域的连片特困地区和已明确实施特殊政策的西藏、四省（四川、云南、甘肃、青海）藏区、新疆南疆三地州。国家把扶贫工作重点放在连片特困地区，加大在教育、卫生、文化、就业、社会保障等民生方面的支持力度，培育壮大特色优势产业，加快区域性重要基础设施建设步伐，加强生态建设和环境保护，着力解决制约这些地区发展的瓶颈问题，促进基本公共服务均等化，从根本上改变这些地区的落后面貌。

　　3. 资源传递机制

　　中国扶贫政策是一种开发式扶贫，政府扶贫资金支出主要包括三大项：第一，主要用于进行生产性项目的贴息贷款；第二，用于改善生产条件项目如修建基础设施的以工代赈；第三，提供社会化服务项目的发展基金，又称财政扶贫基金，主要投入教育卫生等项目中②。近年来，随着国家财政收入的不断增加，财政扶贫资金投入力度逐步加大，有力地促进了贫困地

---

① 汪洋：《在国务院扶贫开发领导小组全体会议上的讲话》，2015 年 7 月 25 日。

② 方黎明、张秀兰：《中国农村扶贫的政策效应分析——基于能力贫困理论的考察》，《财经研究》2008 年第 33 期。

区的经济发展和民生改善。中国的扶贫在取得巨大成就的同时也面临一些问题。国家审计署 2013 年就财政扶贫资金审计结果公告上提到：一是有关单位虚报冒领扶贫资金或扶贫贷款，在申报环节和支出环节都存在此类问题；二是在项目组织和实施过程中，部分扶贫资金被挤占挪用；三是一些扶贫主管部门扶贫资金管理和使用不够规范；四是一些项目效益不佳，形成损失浪费；五是有些扶贫资金闲置，未能及时发挥效益。此外，还发现一些人员涉嫌贪污侵吞扶贫资金等问题。产生上述问题的原因是多方面的，既有制度层面也有管理层面的原因，主要包括三个方面：一是扶贫资金投入渠道分散，统筹管理不够；二是扶贫工作权责不够协调，相关监督管理缺失；三是个别人员法治观念淡薄，执行规定和制度不够严格。为从根本上提升财政扶贫资金的管理使用效益，审计建议：一是研究完善财政扶贫投入机制和支出结构；二是建立健全扶贫资金管理使用全过程的信息公开机制；三是强化扶贫工作绩效考核；四是加强财政扶贫资金监督检查[①]。

虽然我国扶贫瞄准单元经历了从县到村再到户的不断精确转变，但是在实际上，扶贫资源瞄准偏离的困境一直没有得到有效改善。一方面，扶贫资源瞄准与传递背后的治理和管理机制容易造成资源的使用与贫困人口的实际需求相脱离；另一方面，社会阶层分化和基层社会治理结构往往导致"精英捕获"，以上两个原因使我国扶贫瞄准机制面临治理困境[②]。

《纲要》中强化扶贫开发责任，坚持中央统筹、省负总责、县抓落实的管理体制，建立片为重点、工作到村、扶贫到户的工作机制，实行党政一把手负总责的扶贫开发工作责任制，加强扶贫资金使用管理。财政扶贫资金主要投向连片特困地区、重点县和贫困村，集中用于培育特色优势产业、提高扶贫对象发展能力和改善扶贫对象基本生产生活条件，逐步扩大直接扶持到户的资金规模。

---

① 审计署行政事业审计司：《19 个国家扶贫开发工作重点县财政扶贫资金审计结果公告答记者问》，2013 年 12 月 28 日，http://www.audit.gov.cn/n1992130/n1992150/n1992379/3423335.html。

② 李小云、唐丽霞、许汉泽：《论我国的扶贫治理：基于扶贫资源瞄准和传递的分析》，《吉林大学社会科学学报》2015 年第 4 期。

（二）扶贫历史演变

1. 历史的考察

中国农村扶贫开发工作的历史进程，大体可以划分为体制改革推动扶贫、专项计划推动扶贫开发、扶贫开发与社会救助相结合三个阶段，而专项计划推动扶贫开发阶段又可以划分为开创时期、攻坚时期和深化时期。①体制改革推动扶贫阶段。1982～1985 年，农村扶贫开发工作的主要特征是体制改革推动扶贫，即主要依靠推进农村经济体制改革，调动农民生产积极性，通过增产增收来缓解农村贫困问题。②专项计划推动扶贫开发阶段。1986～2006 年，农村扶贫开发工作的主要特征是专项计划推动扶贫开发，即把解决农村贫困人口温饱问题与对贫困地区进行全面开发有机地结合起来。③扶贫开发与社会救助相结合阶段。2007 年以后，农村扶贫开发工作的主要特征是社会救助与扶贫开发相结合，即在全国农村范围内建立最低生活保障制度，对没有发展能力的农村贫困人口的基本生存问题做了兜底性的制度安排，同时实行新的扶贫标准，对扶贫标准以下的全部农村人口实施扶贫政策。

中国共产党在推进农村扶贫开发工作的过程中，注重提高扶贫开发组织领导机构及人员的政策执行力，充分发挥扶贫开发多元主体的作用，合理规划扶贫开发的战略布局，建立协调高效的扶贫开发运行机制，加强扶贫开发统计监测工作，不断创新扶贫开发实践模式，走出了一条具有中国特色的扶贫开发之路①。

2. 扶贫的困境

（1）扶贫工作的内卷化

改革开放后，无论从绝对规模还是从相对规模上讲，我国贫困人口的规模是在稳步下降的，而步入 21 世纪，贫困发生率下降速度有所放慢。而与此同时，农村的财政投资与财政对农村的专项扶贫资金支出都是在稳步增加的，换言之，就是在人均拥有的扶贫资金不断增长的情况下，在农村经济增长过程中，一些人的脱贫却越来越困难了，扶贫投入边际递减，

---

① 韩广富：《中国共产党农村扶贫开发工作史纲的逻辑构建》，《理论导刊》2012 年第 6 期。

资金成本上升。这种在单位扶贫对象上资金投入的高度密集和单位劳动的边际报酬减少的现象，即"过密型增长"体现为扶贫工作的内卷化。在国家扶贫资源不断增加的情况下，农村扶贫工作的整个内部系统变得更加精细化和复杂化，但难以完全实现从"救济式"向"开发式"转变进而达到可持续发展的减贫目标，反而陷入难有实质性发展的刚性结构之中[1]。

造成农村扶贫工作内卷化的因素很多，就政策本身来讲，一方面，存在于内部的滞后性特点造成其难以及时调整纠偏，很多当初的国家级贫困县，已经成为全国实力雄厚的经济强县，早已摆脱了贫困的现实，依然戴着贫困县的帽子，享受着中央财政数量可观的转移支付资金。另一方面，政策落地过程的分异与失灵，农村的反贫实践始终面临"表达与实践相背离"的困境，扶贫制度的实际运作总是会在或长或短的过程中偏离预先设定的目标。例如，虽然扶贫项目的申请标准和审批程序越发严格，但是扶贫资金渗漏、挪用等现象仍然大量存在。再如，有学者明确指出，"尽管强调自下而上和赋权的参与式扶贫已经成为主流的话语，但是在扶贫实际活动中，自上而下的路径仍然是主要的操作模式"[2]。

（2）贫困陷阱的弹性门槛

目前农村扶贫中出现"脱贫"和"返贫"并存的两种逆向潮流[3]。研究表明，中国农村脱贫概率呈现明显的下降趋势，返贫概率呈上升趋势，返贫概率呈现较为明显的状态依赖特征，即越靠近贫困线的贫困家庭，其返贫概率越高[4]。脱贫人口返贫现象对于我国农村反贫困事业危害巨大。它一方面蚕食着我国反贫困的政策成果；另一方面对贫困人群的脱贫欲望和自信心造成沉重打击。一旦重陷贫困境地，不仅重新脱贫需要付出更大的代价，更重要的是，很多农民在经历了多次返贫后丧失了脱贫的信心，在

---

① 方劲：《中国农村扶贫工作"内卷化"困境及其治理》，《社会建设》2014 年第 2 期。

② 林雪霏：《扶贫场域内科层组织的制度弹性——基于广西 L 县扶贫实践的研究》，《公共管理学报》2014 年第 1 期。

③ 胡敏华：《我国农村扶贫的制度性陷阱：一个基于组织的分析框架》，《财贸研究》2005 年第 16 期。

④ 王朝明、姚毅：《中国城乡贫困动态演化的实证研究：1990～2005 年》，《数量经济技术经济研究》2010 年第 3 期。

思想上容易产生消极的自我暗示，甚至直接自暴自弃。从这些意义上来说，返贫问题的危害性比单纯的贫困更大。

传统的贫困陷阱理论会认为只有那些初始条件达到一定门槛值的人群，会在实践中向正确的方向调整自己的感知，从而使决策变得越来越"正确"，越来越趋近理性；而不满足条件的主体决策会变得越来越"错误"，越来越偏离理性。但是，由于行为主体心理状态的介入，贫困陷阱的门槛值不是一个刚性的界限，而是一个具有弹性的区间。其区间的可变范围取决于行为主体的心理状态。所谓持续贫困或贫困陷阱，在微观层面上其实是处于物质条件与心理状态较差的贫困主体，在行为选择时由外部环境因素与内部心理因素交互作用而陷入的恶性循环①。

（3）受益主体的高流动性

早在 60 多年前，著名的社会学家费孝通先生在其英文著作《被土地束缚的中国》中就提到中国发展的根本出路在于将农民从土地束缚中解放出来，毫无疑问，这一观点非常具有远见卓识。但是如今，与之相随，也产生了农村发展的"空心化"、农村结构的再复制和农村秩序失衡性现象，为农村治理带来新的问题②。贫困治理亦如此，这种空心化使得越来越多能人离开农村、农村生活，农村生产生活衰败、农村共同体意识受到极大冲击、农村舆论越来越无力、农村的社会边界和自然边界被打破、农民一致行动能力减弱、农村无生气等③，都增加了贫困治理的成本和难度。

城乡二元结构中的户籍制度、就业制度、社会保障制度等刚性制度壁垒仍然存在，基本公共服务尚未实现均等化，大量的流动人口依然存在。种种的结构性、制度性和职业性限制使得农村面临着有流动无发展的困境。不可否认，它促进了农村剩余劳动力的转移，实现生产要素的自由流动，丰富了农民的收入途径，但是，农民获得对等的发展机会以融入城市中的局面尚未打开，最终不得不再次返回农村，成为城乡的"两栖人"。当然这

① 叶初升、高考、刘亚飞：《贫困陷阱：资产匮乏与悲观心理的正反馈》，《上海财经大学学报》（哲学社会科学版）2015 年第 4 期。

② 徐勇：《挣脱土地束缚之后的乡村困境及应对——农村人口流动与乡村治理的一项相关性分析》，《华中师范大学学报》（人文社会科学版）2000 年第 39 期。

③ 贺雪峰：《论人口流动对村级治理的影响》，《学海》2002 年第 1 期。

并不影响他们成为扶贫工作的实际瞄准对象，但是，在客观上无疑给扶贫工作特别是开发式扶贫增加了难度，难以发挥开发式扶贫的减贫效益，进一步导致扶贫治理体系难以发挥应有的作用。

（三）社会转型的裂变

1. 经济增长与扶贫

经济增长是战胜贫困最根本和最重要的力量来源，如果没有经济增长，那么只能在零和游戏中进行再分配，但发展必须以公平为努力方向。随着整体经济的增长，贫困人口的收入逐步增长，绝对贫困人口的数量正在减少，经济增长对于贫困人口的减少具有扩散效应和"涓滴"（Trickle-down）机制。然而，经济增长的减贫成效在很大程度上取决于一个国家初始的不平等水平，伴随着经济增长的不平等状况的变化，高度不平等倾向于损害整体经济的增长，因为这种不平等往往存在长期的代际自我复制，从而形成"不平等陷阱"。穷人可能陷入贫困的循环，从而对贫困减少和经济增长均造成不利影响。更为甚者，正如赫希曼所描述的，如果一国的社会隧道效应很微弱的话，那么"先增长后分配"的发展战略就不大可能成功。即使最开始阶段的隧道效应很强，如果统治集团和政策制定者对于随时间变化而不断减小的这种效应不敏感的话，也可能阻碍经济发展的过程。

实证研究表明，1985～2003年中国的经济增长不是有利于穷人的增长，农村穷人在经济增长中的获益少于富人。对农村贫困变动的测量和分解表明，经济增长使农村居民收入增加，虽大幅度减少了贫困，但农村居民与城镇居民的收入差距不断拉大，收入不平等加剧，部分地抵消了经济增长的减贫成效[1]。2000～2007年的经济增长不具有穷人受益性，不同年份贫困减缓的经济增长弹性（收入每增长1%对贫困变动率的影响）在逐步下降，分配弹性（基尼系数每上升1个百分点对贫困变动率的影响）在逐步上升，这一时期的经济增长甚至表现为穷人受损。这也意味着，这一时期的经济

---

[1] 胡兵、赖景生、胡宝娣：《经济增长、收入分配与贫困缓解——基于中国农村贫困变动的实证分析》，《数量经济技术经济研究》2007年第24期。

增长不利于极端贫困人口的福利改善①。这种相对贫困水平的上升对经济增长具有负面效应——来自贫困深度产生的抑制作用，相对贫困水平每上升 1个百分点，以人均收入衡量的经济增长水平就会下降大约 0.07 个百分点②。

当然也应看到，在经济增长中农业部门增长的减贫效应，2000～2008年，农业部门的增长比其他部门具有较高的减贫效应。由于中国的贫困人口主要在农村，农村人口易受益的部门的增长会具有更显著的减贫作用，因此，以农业为主的第一产业部门的增长具有显著的减贫效果，同时农业部门的增长离不开市场驱动和公共投入③。而政府对农村教育、农业科研、农村基础设施的投资扶贫边际回报率较高，不仅能够推动农业增长，而且有助于缓解贫困④。

《纲要》在行业扶贫中明确提出发展特色产业、开展科技扶贫、完善基础设施、发展文化教育事业等，着力改善贫困地区发展环境，提高贫困人口自我发展能力的任务。

2. 社会转型与扶贫

社会转型是一个与现代化密切相关的概念，其内涵比现代化更丰富，是一个具有特定含义的社会学术语，意指社会从传统型社会向现代型社会的转变，或者说由传统社会向现代社会转型的过程⑤，传统与现代之间既相互关联又存在断裂，既是一种否定又是一种接续，犹如"蛇咬尾巴"，构成了正、反、合的逻辑圆圈。转型过程是一个"进"和"化"的过程，涉及生活诸多方面的深刻变化，形成一套新的现代社会结构和价值体系。同时，现代性不是一个单一的过程和结果，它自身充满了矛盾和悖论，从它产生开始，不断地对自身进行反思。现代性的反思总是同时具有"解构"和"重建"的双重取向。

虽然中国已经基本解决温饱问题，但转型进程中的种种社会现实、社

---

① 罗楚亮：《经济增长、收入差距与农村贫困》，《经济研究》2012 年第 2 期。
② 李永友、沈坤荣：《财政支出结构、相对贫困与经济增长》，《管理世界》2007 年第 11 期。
③ 李小云、于乐荣、齐顾波：《2000～2008 年中国经济增长对贫困减少的作用：一个全国和分区域的实证分析》，《中国农村经济》2010 年第 4 期。
④ 樊胜根、张林秀、张晓波：《中国农村公共投资在农村经济增长和反贫困中的作用》，《华南农业大学学报》（社会科学版）2003 年第 1 期。
⑤ 郑杭生：《转型中的中国社会和中国社会的转型》，首都师范大学出版社，1996。

会问题表明可持续发展仍然面临诸多挑战。正如美国物理学家"原子弹之父"罗伯特·奥本海默所言，"在讨论我们明天将如何生活时，首先应该思索我们明天是否仍将活着"。在发展主义扩张的语境下，如何寻求"安身立命"之"道"。现代社会的显著特征是高度的理性化逻辑，然而，恰恰是理性本身的发展逻辑为现代社会的发展带来了"风险"，贝克将这种现象称之为"不确定性"的回归。在文艺复兴与启蒙运动思潮的影响下，西方社会经历了从愚昧到理性的转变。马克思说："他们不承认任何外界的权威，不管这种权威怎么样。宗教、自然观、社会、国家制度，一切都受到最无情的批判；一切必须在理性的法庭面前为自己的存在作辩护或者放弃存在的权利。思维着的悟性成为衡量一切的唯一尺度。"在确定性成为现代文明特征、理性扩张的同时，现代社会不断出现环境问题、自然灾害、SARS、甲型H1N1等一系列相联系问题，人们不得不承认"不确定性重新回到社会中"，或者可以称之为风险社会的风险。正如亨廷顿在《变革社会中的政治秩序》中提到的"现代性产生稳定，但现代化却会引起不稳定"①。

农民的生计途径较为单一，主要依靠农业生产，由此必然导致生活不稳定。在自然灾害、疾病等其他变故面前，陷入贫困陷阱是一个反复出现的现象。而农业是一个经常被低估的产业，尤其是在贫困问题尚未完全解决又或继续加重的社会，由此导致农村劳动力价值被低估，农业政治地位不高。穷人在社会分工的体系中，与富人、精英等之间的能力差异通过货币化被人为放大。尤其是在新常态的背景下，农产品经常性波动，贫困户经营性收入增长不确定性增强。经济增速换挡，产业转型升级加快，企业经营困难增多，贫困人口工资性收入增长趋缓。因此，无论是在农村，还是在城市，始终要陷入弱势的包围中，于是就有了种种"二代"的说法。或者可以将其描述为社会结构趋于定型并固化的一种断裂社会。所谓"断裂社会"，是指在这个社会中存在一条主要的断裂带。这条主要断裂带是沿着上层与下层、贫与富、城与乡形成的。社会中的门槛加高，社会活力大大下降，阶层之间的对立情绪凸显，"仇富"与"嫌贫"的集体意识在蔓

---

① 〔美〕塞缪尔·亨廷顿：《变革社会中的政治秩序》，李盛平等译，华夏出版社，1988。

延，普遍的不平衡感为部分人的绝望感所取代①。"丰裕中的贫困"成为描述贫困现象的事实图景②。

《纲要》已经明确农村居民生存和温饱问题基本解决，现如今面临更多的是以收入不平等为特点的转型贫困。农民在经受自然灾害、金融风暴、生态恶化、市场风险和突发事件的打击时，其风险抵御能力普遍降低并威胁着自身的生计安全。转型期农户生计的转变及生活中不确定性因素的增加，使其生计安全水平下降。因此，需要从多个维度为农民巩固最后一道防线，建立生计安全监测、评估与预警机制，降低生计的脆弱性，提高抵御冲击的能力，在面临自然或社会风险的时候，能够维持农户生计、抵御风险和促进可持续发展。

（四）扶贫的国际合作

1. 脱域的扶贫

英国著名社会学家安东尼·吉登斯在其著作《现代性的后果》中，针对现代社会的系统特征，提出了"脱域"（Disembeding）问题，主要是指"社会关系从彼此互动的地域性关联中，从通过对不确定的时间的无限穿越而被重构的关联中'脱离出来'"。吉登斯用"脱域化"来形容农业社会向工业社会的转变，它所实现的是地理意义上的"脱域"。在信息技术以及网络社会的发展中，人类社会再一次进入"脱域化"进程。而这一次"脱域"，不仅彻底地打破了地域的限制，而且正在突破领域、族域的限制，特别是在政策问题建构方面③。相关群体可以实现异地的现场观众，营造共同体验，并生成思想平台，形成一种超越国家边界的新的力量。在贫困问题上不再是"当事人"与"旁观者"，而是直接生成对于贫困问题的公共关切，并期待贫困问题的政策化。

在国际合作方面，《纲要》在引进来的基础上，强调扶贫的"走出去"、

---

① 清华大学社会学系社会发展研究课题组：《"中等收入陷阱"还是"转型陷阱"》，《开放时代》2012 年第 3 期。

② 张新文：《我国农村反贫困战略中的社会政策转型研究——发展型社会政策的视角》，《公共管理学报》2010 年第 7 期。

③ 张康之、向玉琼：《网络空间中的政策问题建构》，《中国社会科学》2015 年第 2 期。

经验共享等多种方式。时下中国，伴随着中国对世界的开放，扶贫已经不仅仅是一个地理空间上的概念，它是一个全球化的概念，是融入世界结构中的工程。中国也由世界减贫工作中的局外人变成参与者，成为世界减贫工作的一方，从而获致哈贝马斯意义上的"对话者"或罗尔斯意义上的"虚拟对话者——正派的人民"（Decent Peoples）①。

中国减贫经验的国际交流也成为中国处理与外部世界关系的重要方面。作为发展中国家实现现代化和民族复兴的一种选择，中国模式能够有效回应当今世界面临的一些重大问题与挑战，为世界发展和全球治理问题的解决提供新的思考与启示。当今世界面临的一个主要难题是贫困与发展问题。过去的历史经验表明，很多发展中国家在某一阶段并不缺乏经济的快速增长，但由于缺乏必要的经济公平与社会正义，从而导致有"增长"而无"发展"，甚至出现严重的社会失序。通过人力资源合作及经验交流来推动发展中国家的减贫进程，体现了中国一贯倡导的"输血不如造血""授人以鱼"不如"授人以渔"的援助理念与合作精神。中国的努力为其他发展中国家创造了直接的经济机遇，与中国合作同样也为其他发展中国家学习中国丰富的发展知识和经验提供了新机会。中国在扶贫领域的成功经验，是中国展现软实力及国际话语权的重要方面。

2. 国际经验

不同收入阶段的国家在减贫实践中的经验教训，对于中国的减贫发展具有重要借鉴意义。

高收入国家的贫困特征不同于中等收入国家和低收入国家。美国的贫困特征可以概括为相对贫困、文化贫困②和数字贫困。相对完善的减贫措施主要包括以下四点：减轻福利依赖、提升贫困群体发展能力、提高贫困群体的社会资本和收敛贫富差距。

中等收入国家如哥伦比亚有两条贫困线：一条是极端贫困线；另一条是国家贫困线（2010 年前）。哥伦比亚的极端贫困发生率［其标准为 37.6

---

① 邓正来：《全球化时代的中国社会科学发展》，《社会科学战线》2009 年第 5 期。
② 美国学者奥斯卡·刘易斯将人类学的研究方法应用于贫困研究，认为贫困具有代际相传性，是一种亚文化。

美元/（人·月），平均消费每天 1.2 美元，即这个标准仅仅能够包含食物消费〕近年来一直在此标准之间徘徊。按照国际可比较的每天消费 1.25 美元的贫困线标准衡量，贫困发生率也都超过 10%，大体等于绝对贫困发生率。2010 年哥伦比亚制定并颁布实施了 2011～2014 年国家发展战略——共享繁荣。此战略有三个分目标：增加就业、减少贫困、更加安全。三者相互作用，共同促进民主、繁荣。其中，UNIDOS 意为哥伦比亚国家消除极端贫困战略，是国家发展战略（2011～2014 年）"共享繁荣"规划的一部分，其使命是在哥伦比亚促进一致行动以显著减少不平等和极端贫困，其目的是所有哥伦比亚人有相同的机会去建设一个平等的社会。哥伦比亚减贫战略中包括一系列减贫和社会发展项目，其中"家庭行动"（FA）项目在这些项目中处于核心地位。"家庭行动"项目始于 1999 年，是一项有条件的现金转移支付项目，以缓解哥伦比亚 1999 年经济危机冲击所带来的不利影响（10 年的减贫成果遭受损失、贫困家庭的生活状况显著恶化、失业率居高不下、经济增长不能有效带动减贫）为目的。哥伦比亚政府创造了社会支持网络，该网络包括三部分：在农村地区有条件的现金转移支付项目、创造就业计划和培训计划。

中等收入国家如马来西亚虽属较为富裕的发展中国家，正在向着 2020 年成为发达国家的目标迈进。然而，目前马来西亚仍然有部分人生活在贫困之中，其中生活在偏远山区原始森林中的土著人最为贫穷，改善农村状况是马来西亚政府 21 世纪主要任务。马来西亚（2011～2020 年）的发展目标是消除贫困、缩小差距，建成高收入、包容性和可持续国家。围绕这一目标，针对三类家庭实施不同的减贫政策：一是针对赤贫家庭直接进行现金转移支付并进行项目帮扶；二是针对普通贫困户通过妇女、家庭与社会发展部和农业部等部门进行项目帮扶；三是针对最低的低收入家庭实施包容性发展政策进行扶持。

3. 中国经验

近年来，随着新兴经济体国家对世界经济的支撑力和带动力日益增强，国际社会开始关注中国等新兴大国在全球治理领域发挥的积极作用。无论从内容还是进程上，由西方世界主导的全球治理体系都受到来自世界多极化的挑战。新兴经济体国家的发展经验和知识创新为全球治理提供了多样化的参考范本。就中国而言，基于历史原因及自身发展水平，长期以来，考虑到国际社会的压力，中国部分参与到全球治理进程当中，被动接受国际社会在解决全球性问题方面的规制，调整和改革国内相应的政策及制度。进入 21 世纪后，日益崛起的中国不但是全球化发展的重要组成部分，中国的国内治理经验也越来越受到国际社会广泛关注，被外界总结为"北京共识"和"中国模式"等，其中一些经验包括观念、规则和运行等对全球层面的治理方式都将产生深远影响。

中国对全球减贫的贡献绝不仅仅在于其自身贫困问题的解决，也不只是中国参与各种多边、双边减贫议程对其他发展中国家提供物资、人才等扶贫援助，更重要的是，从内容、方式到规范、理念等方面，中国国内减贫治理经验对贫困问题的全球治理产生了意义深远的影响。近年来，我国在扶贫开发实践中所创造的成功经验，得到世界银行、联合国开发计划署、世界粮食计划署等从事减贫事业的国际组织，以及发展中国家政府高级官员的肯定，国际社会开始从中国的国内治理模式中汲取有益经验，将其纳入到具体的减贫议程中。

（1）主权国家在贫困治理中的主导性不容忽视

尽管全球治理在很大程度上意味着突破传统的以主权国家为中心的治理范式，强调国际组织、跨国公司和社会团体等其他行为主体在全球治理过程中的重要作用，但是在反贫困治理中，主权国家应当发挥主导性作用。中国国内由政府主导的扶贫工作充分表明，政府作为强制性供给的主体、管理和使用公共资源的主体及社会经济发展的直接干预者，通过具体政策、选择经济与社会发展模式，可以有力影响国家减贫的进程和效果。

（2）充分整合国内各种社会力量参与减贫治理

现有的全球减贫治理议程更多地强调全球治理的广度，即体系层次上的各种不同类型单元之间的跨界治理，包括国际组织介入、政府间合作、各种多双边经验交流，缺少对治理方式在单元内部（尤其是国家行为体）进行深度拓展。全球治理所体现的显著的"全球性"意义经常掩盖单元内部的行为体参与基层治理的重要性。全球治理的结构是"蜘蛛网式"网络结构，它应是由全球层面、国家层面和次国家层面的多层次、多元的行为体相互作用共同构成的有机系统。这个过程是多元行为体通过多种方式的上下互动的管理过程，是"各种公共的或私人的个人及机构管理其共同事务的诸多方式的总和，它是一个调和冲突或不同利益并采取合作行动的持续的过程"。只有这样，才能进行卓有成效的部门信息交流和思想的沟通。

（3）通过发展解决贫困问题，尤其要加强基础条件的投入

世界银行在总结中国的成功经验时指出，中国的扶贫政策一直注重通过增加贫困人口的资产积累和资产转移来为他们提供机会，而不是单纯地"救济"。扶贫项目也致力于提高农村贫困家庭的创收能力。在农村地区，扶贫项目包括提供基础设施、农业及企业方面的投资，以及通过诸如建立学校等措施来支持人力资本的发展。可以说，旨在发展中减贫的开发式扶贫是中国减贫经验中最显著而富有成效的。

（4）立足国情，有效利用国际援助及对外援助的去意识形态化

中国在贫困治理中有效利用国际援助为世界提供了成功的范例。这首先体现在认知上，外援在中国建立起的是一种双向的"学习过程"。中国接受援助的过程一方面是中国了解国际规则、融入国际体制的过程；另一方面是国际社会了解中国发展模式的过程。中国通过消化吸收西方发展经验，结合自己的国情走出的发展道路对援助方的援助政策和措施产生了反作用力。

（五）小结

《中国农村扶贫开发纲要（2011～2020 年）》的出台，体现了新形势下的贫困治理的新动态与新方向，起到了承前启后的作用。作为一项政策，只有嵌入中国发展的大环境中才能获得落实，与相关政策之间有机联系起来，互为导向形成既不相同又关系密切的动态关系，产生持久互动效应，从而产生协调进化的效果，共同构成减少贫困的网络治理。

第三章 连片特困地区区域发展与扶贫攻坚（2011～2020 年）

陆汉文[*]

20 世纪 70 年代末以来，区域发展与扶贫开发的辩证关系构成了中国改革开放与现代化进程中一条或隐或显的逻辑红线。一般来说，两者既存在相互支撑、相互促进之处，也存在相互阻碍、相互制约的可能，国家宏观决策总是试图追求两者的最佳平衡。20 世纪 80～90 年代，国家实施倾斜政策，支持沿海地区率先发展，进而带动国家整体实力增长和全国扶贫开发，创造了"中国奇迹"，取得了举世瞩目的伟大成就。世纪之交，在国家总体实力和财政收入实现较大幅度提升以后，国家加大对中西部落后地区支持力度，并启动实施有益于农村人口、贫困人口的系列农业政策、社会政策和专项扶贫政策，推进了区域发展与扶贫开发关系的调整和再平衡，取得了新的辉煌成就。

2011 年 5 月，中共中央、国务院印发《中国农村扶贫开发纲要（2011～2020 年）》，确定了新一轮扶贫攻坚目标、任务和方略。与《国家八七扶贫攻坚计划》和《中国农村扶贫开发纲要（2001～2010 年）》将扶贫开发工作的空间重点明确为重点县、贫困村不同，《中国农村扶贫开发纲要（2011～2020 年）》（以下简称《纲要》）确定六盘山区、秦巴山区、武陵山区、乌蒙山区、滇桂黔石漠化区、滇西边境山区、大兴安岭南麓山区、燕

---

* 陆汉文，华中师范大学。

山－太行山区、吕梁山区、大别山区、罗霄山区等区域的集中连片特殊困难地区（以下视不同场合简称连片特困地区或片区）和已明确实施特殊政策的西藏、四省藏区、新疆南疆三地州为 2011～2020 年扶贫攻坚主战场（合称为 14 个连片特困地区），要求国务院各部门、地方各级政府"加大统筹协调力度，集中实施一批教育、卫生、文化、就业、社会保障等民生工程，大力改善生产生活条件，培育壮大一批特色优势产业，加快区域性重要基础设施建设步伐，加强生态建设和环境保护，着力解决制约发展的瓶颈问题，促进基本公共服务均等化，从根本上改变连片特困地区面貌"①。此后，国家编制实施连片特困地区 2011～2020 年区域发展与扶贫攻坚规划，制定出台相关支持政策和保障措施，形成了区域发展与扶贫攻坚有机结合的新战略，奏响了扶贫开发的新乐章。

一 宏观发展背景

连片特困地区区域发展与扶贫攻坚有机结合战略的提出，与国家总体发展格局的演变及扶贫开发形势的变化密切相关。

（一）国家总体发展格局的演变

改革开放以来，中国经济社会发展格局发生了深刻的变化。依据区域关系、城乡关系以及市场与政府的关系，可以将这种变化概括为三个阶段的更迭②。

一是市场力量和政府力量共同推进沿海等地区率先发展的阶段（大体为 20 世纪 70 年代末至 90 年代中后期）。中央政府采取支持有条件的沿海等地区率先发展起来的非均衡发展战略，给予沿海地区大量优惠政策，"珠三角地区""长三角地区"等改革开放前沿地带在市场力量的拉动下快速发展，进而带动国家整体经济实力大幅提高。1979～1997 年，国内生产总值

---

① 《中国农村扶贫开发纲要（2011～2020 年）》，人民出版社，2011。
② 共济：《全国连片特困地区区域发展与扶贫攻坚规划研究》，人民出版社，2013，第 10～12 页。

年均实际增长9.8%。这一阶段取得成功的直接原因在于，全球经济持续繁荣，全球化浪潮汹涌澎湃，中国具有稳定的政治社会环境，具有劳动力等方面比较优势，给予沿海地区利用外资的优惠政策，在吸引国际投资和发展外向型经济上取得了巨大成就。

二是市场力量继续推进先富地区快速发展，政府力量开始扶持中西部等落后地区跟进发展的阶段（大体为20世纪90年代中后期至2007年前后）。经过改革开放20年发展，中国不同地区之间和城乡之间发展差距扩大，东部地区与其他地区GDP之比由1978年的0.71：1上升到1997年的1.15：1，城乡居民收入比由1986年的2.13：1上升到1997年的2.46：1。中央政府提出并实施西部大开发等战略举措，加大对落后地区的支持力度，出台了一系列惠农政策。1998～2007年，东部地区与其他地区GDP之比由1.19：1上升到1.23：1，城乡居民收入比由2.51：1上升到3.33：1①。地区之间、城乡之间的收入差距进一步拉大，但地区差距拉大的速度较第一阶段有所减缓。政府支持落后地区发展的努力取得一定效果，但未能扭转差距持续拉大的趋势。其主要原因在于，这一阶段全球化进一步深入推进，中国外向型经济仍然拥有巨大发展空间，国际市场的蓬勃动力继续推进沿海等地区利用区位优势快速发展，但是制约农民增收和农业现代化的一些深层次问题仍然没有解决。

三是市场力量向中西部等落后地区转移资源并与政府力量共同构成扶贫开发合力的阶段（大体自2008年开始）。一方面，以2008年美国爆发次贷危机为标志，全球特别是欧美诸国消费市场出现萎缩和调整，世界贸易格局和经济形势开始发生深刻变化。另一方面，经过30多年的快速发展，中国城乡居民收入和消费水平逐渐上升，劳动力成本增加，资源与环境问题也日益突出。这些变化致使中国以劳动密集型产品为主要内容的外向型经济遭遇巨大挑战，经济发展进入"新常态"。在这种背景下，缩小贫富差距，扩大国内需求，调整经济结构，转变发展方式，开始成为国民经济持续发展的内在要求和根本途径，逐步上升为国家发展的战略举措，市场力

---

① 国家统计局国民经济综合统计司编《新中国六十年统计资料汇编》，中国统计出版社，2010。根据GDP分省数据和城乡居民家庭人均的收入数据计算得出。

量中也孕育出有利于落后地区加快发展的因素，从而呈现与政府力量合力推进扶贫开发的总体趋势。

（二）农村扶贫开发形势的变化

自 20 世纪 80 年代中期开始，中国贫困人口就呈现集中连片分布的特征，形成了 18 个集中连片贫困地区：东部的沂蒙山区、闽西南及闽东北地区；中部的努鲁尔虎山区、太行山区、吕梁山区、秦岭大巴山区、武陵山区、大别山区、井冈山区和赣南地区；西部的定西干旱地区、西海固地区、陕北地区、西藏地区、滇东南地区、横断山区、九万大山地区、乌蒙山区、桂西北地区①。地理位置偏远，基础设施落后，农业生产条件差，教育和医疗水平低，人口素质低，是这些地区贫困的共同原因②。然而，在相当长时间内，由于国家经济实力有限并在总体战略上把沿海地区的率先发展摆在优先位置，扶贫开发工作能够利用的资源严重不足，没有能力以这些集中连片贫困地区为整体进行大规模基础设施建设和人力资本投资③。在此前提下，开发式扶贫工作选择以县为重点加以推进，并逐渐形成重点县、贫困村、贫困户等工作层次，以便集中有限扶贫资源帮扶最困难的人口④。

在重点县、贫困村、贫困户等层次开展扶贫开发工作，有助于瞄准最困难的群体，但也存在明显的局限性。首先是基础设施和产业发展问题具有明显的区域性。例如，贫困地区不仅存在乡村道路通达通畅问题和县域第二、第三产业发展滞后问题，而且存在交通运输主通道等级低、综合交通运输网络未形成、跨县市资源优势产业未形成聚集效应及相应市场体系不健全等区域性问题。这类区域性问题严重制约了集中连片贫困地区的整体发展，使县乡村层面的扶贫开发流于狭窄空间中的小修小补，难以形成气候。其次是公共管理和社会问题具有突出的跨行政区划特征。全国贫困

---

① 张磊：《中国扶贫开发政策演变：1949～2005 年》，中国财政经济出版社，2005，第 76～77 页。
② 姜义华等：《中国的贫困地区类型及开发》，旅游教育出版社，1989，第 30～37 页。
③ 共济：《全国连片特困地区区域发展与扶贫攻坚规划研究》，人民出版社，2013，第 13 页。
④ 张磊：《中国扶贫开发政策演变：1949～2005 年》，中国财政经济出版社，2005，第 171～172 页。

县大多位于远离中心城市的跨省（自治区、直辖市）交界地带。它们一方面因为偏远落后而无法有效融入所在省份的公共治理体系；另一方面又因为行政分割而无法同邻近省份具有相同或相近经济、社会、文化特征的县市实现发展规划、环境保护、文化建设等领域的有效合作。概言之，仅在重点县、贫困村、贫困户等层次开展扶贫开发，无法从根本上解决导致贫困人口集中连片分布的共性问题和区域性问题。这正是长期以来国家扶贫开发重点县、贫困村、贫困户存在越扶越贫现象的一个重要原因①。

21世纪以来，国家总体经济实力和政府财政能力大大增强，工业反哺农业、城市反哺农村、相对发达地区反哺贫困地区的时机逐渐趋于成熟，不同渠道的支农资源、扶贫资源大量增加。2008年以后，沿海先富地区企业为应对国际市场萎缩和出口困难的局面，越来越意识到把眼光转向国内市场的重要性，对开发落后地区市场、资源和参与投资发展表现出更加浓厚的兴趣，资本和技术呈现向落后地区转移的潜在趋势，市场经济显露出包容性发展的可能空间。这就开创了扶贫开发的历史机遇期，国家具备以集中连片贫困地区为单元谋划和开展大规模、高强度扶贫攻坚战的实力，市场具有推进集中连片贫困地区扶贫开发的需求和动力。扶贫开发以集中连片贫困地区为单元，一方面能够涵盖重点县、贫困村、贫困户等具体工作层次，推进扶贫资源到县进村入户；另一方面能够容纳交通、水利、能源等领域区域性基础设施建设和跨县市、跨行政区划产业支持，形成区域发展与扶贫开发相促进、政府力量与市场力量相协同的新型扶贫格局②。

二　连片特困地区自然条件与贫困状况

连片特困地区大多位于中国中西部山区，总体上与国家层面及大区域层面的政治经济文化中心联系较少，是全国自然地理中的高地和经济版图上的凹地。

---

① 共济：《全国连片特困地区区域发展与扶贫攻坚规划研究》，人民出版社，2013，第15～16页。

② 陆汉文、曹洪民：《扶贫开发历史机遇期与战略创新》，《江汉论坛》2014年第5期。

（一）连片特困地区的划分

《纲要》所确定的 14 个连片特困地区共包含 680 个县级单位。西藏、四省藏区和新疆南疆三地州 3 个片区共包含 175 个县级单位。其中西藏包含自治区内所有 74 个县级单位，四省藏区包含云南、四川、甘肃、青海省的 10 个藏族自治州所辖 75 个县级单位和其他市州的 2 个藏族自治县，新疆南疆三地州包含克孜勒苏柯尔克孜自治州、喀什地区、和田地区所有 24 个县级单位（见表 3-1）。这些县都是根据国家关于藏区和新疆的相关支持政策确定的，属于《纲要》实施前即已明确实施特殊政策的连片特困地区。

表 3-1　西藏、四省藏区、新疆南疆三地州
3 个连片特困地区的覆盖范围

片区名称	包含的县（市、区）	涉及省级行政区划
西藏（74）	拉萨市城关区、林周县、当雄县、尼木县、曲水县、堆龙德庆县、达孜县、墨竹工卡县、昌都县、江达县、贡觉县、类乌齐县、丁青县、察雅县、八宿县、左贡县、芒康县、洛隆县、边坝县、乃东县、扎囊县、贡嘎县、桑日县、琼结县、曲松县、措美县、洛扎县、加查县、隆子县、错那县、浪卡子县、日喀则市、南木林县、江孜县、定日县、萨迦县、拉孜县、昂仁县、谢通门县、白朗县、仁布县、康马县、定结县、仲巴县、亚东县、吉隆县、聂拉木县、萨嘎县、岗巴县、那曲县、嘉黎县、比如县、聂荣县、安多县、申扎县、索县、班戈县、巴青县、尼玛县、双湖办事处、普兰县、札达县、噶尔县、日土县、革吉县、改则县、措勤县、芝县、工布江达县、米林县、墨脱县、波密县、察隅县、朗县	西藏
四省藏区（77）	香格里拉县、德钦县、维西傈僳族自治县、汶川县、理县、茂县、松潘县、九寨沟县、金川县、小金县、黑水县、马尔康县、壤塘县、阿坝县、若尔盖县、红原县、康定县、泸定县、丹巴县、九龙县、雅江县、道孚县、炉霍县、甘孜县、新龙县、德格县、白玉县、石渠县、色达县、理塘县、巴塘县、乡城县、稻城县、得荣县、木里藏族自治县、天祝藏族自治县、合作市、临潭县、卓尼县、舟曲县、迭部县、玛曲县、碌曲县、夏河县、门源回族自治县、祁连县、海晏县、刚察县、同仁县、尖扎县、泽库县、河南蒙古族自治县、共和县、同德县、贵德县、兴海县、贵南县、玛沁县、班玛县、甘德县、达日县、久治县、玛多县、玉树市、杂多县、称多县、治多县、囊谦县、曲麻莱县、格尔木市、德令哈市、乌兰县、都兰县、天峻县、冷湖行委、大柴旦行委、茫崖行委	云南、四川、甘肃、青海

片区名称	包含的县（市、区）	涉及省级行政区划
新疆南疆三地州（24）	阿图什市、阿克陶县、阿合奇县、乌恰县、喀什市、疏附县、疏勒县、英吉沙县、泽普县、莎车县、叶城县、麦盖提县、岳普湖县、伽师县、巴楚县、塔什库尔干塔吉克自治县、和田市、和田县、墨玉县、皮山县、洛浦县、策勒县、于田县、民丰县	新疆

注：片区名称后面括号内的数字为该片区所包含的县级单位的数量。

资料来源：国务院扶贫开发领导小组办公室：《集中连片特殊困难地区资料汇编》，2011，第14～15页。

六盘山区、秦巴山区、武陵山区、乌蒙山区、滇桂黔石漠化区、滇西边境山区、大兴安岭南麓山区、燕山－太行山区、吕梁山区、大别山区、罗霄山区11个片区是在制定《纲要》过程中确定下来的。2011年7月，国务院扶贫开发领导小组在《关于下发集中连片特殊困难地区分县名单的通知》中明确了这11个片区所包含的505个县级单位（以下简称片区县）的名单（见表3-2）。

表3-2　六盘山区等11个连片特困地区的覆盖范围

片区名称	包含的县（市、区）	涉及省级行政区划
六盘山区（61）	扶风县、陇县、千阳县、麟游县、永寿县、长武县、淳化县、永登县、皋兰县、榆中县、靖远县、会宁县、景泰县、清水县、秦安县、甘谷县、武山县、张家川回族自治县、北道区、古浪县、崆峒区、泾川县、灵台县、庄浪县、静宁县、庆城县、环县、华池县、合水县、正宁县、宁县、镇原县、安定区、通渭县、陇西县、渭源县、临洮县、漳县、岷县、临夏市、临夏县、康乐县、永靖县、广河县、和政县、东乡族自治县、积石山自治县、湟中县、湟源县、民和回族土族自治县、乐都县、互助土族自治县、化隆回族自治县、循化撒拉族自治县、同心县、原州区、西吉县、隆德县、泾源县、彭阳县、海原县	陕西、甘肃、青海、宁夏
秦巴山区（75）	嵩县、汝阳县、洛宁县、栾川县、鲁山县、卢氏县、南召县、内乡县、镇平县、淅川县、郧县、郧西县、竹山县、竹溪县、房县、丹江口市、保康县、城口县、云阳县、奉节县、巫山县、巫溪县、北川羌族自治县、平武县、元坝区、朝天区、旺苍县、青川县、剑阁县、苍溪县、仪陇县、宣汉县、万源市、巴州区、通江县、南江县、平昌县、周至县、太白县、南郑县、城固县、洋县、西乡县、勉县、宁强县、略阳县、镇巴县、留坝县、佛坪	河南、湖北、重庆、四川、陕西、甘肃

续表

片区名称	包含的县（市、区）	涉及省级行政区划
	县、汉滨区、汉阴县、石泉县、宁陕县、紫阳县、岚皋县、平利县、镇坪县、旬阳县、白河县、商州区、洛南县、丹凤县、商南县、山阳县、镇安县、柞水县、武都区、成县、文县、宕昌县、康县、西和县、礼县、徽县、两当县	
武陵山区 （64）	秭归县、长阳土家族自治县、五峰土家族自治县、恩施市、利川市、建始县、巴东县、宣恩县、咸丰县、来凤县、鹤峰县、新邵县、邵阳县、隆回县、洞口县、绥宁县、新宁县、城步苗族自治县、武冈市、石门县、慈利县、桑植县、安化县、中方县、沅陵县、辰溪县、溆浦县、会同县、麻阳苗族自治县、新晃侗族自治县、芷江侗族自治县、靖州苗族侗族自治县、通道侗族自治县、新化县、涟源市、泸溪县、凤凰县、保靖县、古丈县、永顺县、龙山县、花垣县、丰都县、石柱土家族自治县、秀山土家族苗族自治县、酉阳土家族苗族自治县、彭水苗族土家族自治县、黔江区、武隆县、正安县、道真仡佬族苗族自治县、务川仡佬族苗族自治县、凤冈县、湄潭县、铜仁市、江口县、玉屏侗族自治县、石阡县、思南县、印江土家族苗族自治县、德江县、沿河土家族自治县、松桃苗族自治县、万山特区	湖北、湖南、重庆、贵州
乌蒙山区 （38）	叙永县、古蔺县、沐川县、马边彝族自治县、普格县、布拖县、金阳县、昭觉县、喜德县、越西县、美姑县、雷波县、屏山县、桐梓县、习水县、赤水市、七星区、大方县、黔西县、织金县、纳雍县、威宁彝族回族苗族自治县、赫章县、禄劝彝族苗族自治县、寻甸回族彝族自治县、会泽县、宣威市、昭阳区、鲁甸县、巧家县、盐津县、大关县、永善县、绥江县、镇雄县、彝良县、威信县、武定县	四川、贵州、云南
滇桂黔石漠化区 （80）	融安县、融水苗族自治县、三江侗族自治县、龙胜各族自治县、资源县、隆安县、马山县、上林县、田阳县、德保县、靖西县、那坡县、凌云县、乐业县、田林县、西林县、隆林各族自治县、凤山县、东兰县、罗城仡佬族自治县、环江毛南族自治县、巴马瑶族自治县、都安瑶族自治县、大化瑶族自治县、忻城县、宁明县、龙州县、大新县、天等县、六枝特区、水城县、西秀区、平坝县、普定县、镇宁布依族苗族自治县、关岭布依族苗族自治县、紫云苗族布依族自治县、兴仁县、普安县、晴隆县、贞丰县、望谟县、册亨县、安龙县、黄平县、施秉县、三穗县、镇远县、岑巩县、天柱县、锦屏县、剑河县、台江县、黎平县、榕江县、从江县、雷山县、麻江县、丹寨县、荔波县、贵定县、独山县、平塘县、罗甸县、长顺县、龙里县、惠水县、三都水族自治县、瓮安县、师宗县、罗平县、屏边苗族自治县、泸西县、砚山县、西畴县、麻栗坡县、马关县、丘北县、广南县、富宁县	广西、贵州、云南

续表

片区名称	包含的县（市、区）	涉及省级行政区划
滇西边境山区 （56）	隆阳区、施甸县、龙陵县、昌宁县、玉龙纳西族自治县、永胜县、宁蒗彝族自治县、宁洱哈尼族彝族自治县、墨江哈尼族自治县、景东彝族自治县、景谷傣族彝族自治县、镇沅彝族哈尼族拉祜族自治县、江城哈尼族彝族自治县、孟连傣族拉祜族佤族自治县、澜沧拉祜族自治县、西盟佤族自治县、临翔区、凤庆县、云县、永德县、镇康县、双江拉祜族佤族布朗族傣族自治县、耿马傣族佤族自治县、沧源佤族自治县、双柏县、牟定县、南华县、姚安县、大姚县、永仁县、石屏县、元阳县、红河县、金平苗族瑶族傣族自治县、绿春县、勐海县、勐腊县、漾濞彝族自治县、祥云县、宾川县、弥渡县、南涧彝族自治县、巍山彝族回族自治县、永平县、云龙县、洱源县、剑川县、鹤庆县、潞西市、梁河县、盈江县、陇川县、泸水县、福贡县、贡山独龙族怒族自治县、兰坪白族普米族自治县	云南
大兴安岭南麓山区 （19）	阿尔山市、科尔沁右翼前旗、科尔沁右翼中旗、扎赉特旗、突泉县、镇赉县、通榆县、大安市、龙江县、泰来县、甘南县、富裕县、克东县、拜泉县、明水县、青冈县、望奎县、兰西县、林甸县	内蒙古、吉林、黑龙江
燕山－太行山区 （33）	涞水县、阜平县、唐县、涞源县、望都县、易县、曲阳县、顺平县、宣化县、张北县、康保县、沽源县、尚义县、蔚县、阳原县、怀安县、万全县、承德县、平泉县、隆化县、丰宁满族自治县、围场满族蒙古族自治县、阳高县、天镇县、广灵县、灵丘县、浑源县、大同县、五台县、繁峙县、化德县、商都县、兴和县	河北、山西、内蒙古
吕梁山区 （20）	静乐县、神池县、五寨县、岢岚县、吉县、大宁县、隰县、永和县、汾西县、兴县、临县、石楼县、岚县、横山县、绥德县、米脂县、佳县、吴堡县、清涧县、子洲县	山西、陕西
大别山区 （36）	潜山县、太湖县、宿松县、望江县、岳西县、临泉县、阜南县、颍上县、寿县、霍邱县、金寨县、利辛县、光山县、新县、固始县、淮滨县、商城县、潢川县、新蔡县、兰考县、民权县、宁陵县、柘城县、商水县、沈丘县、郸城县、淮阳县、太康县、孝昌县、大悟县、团风县、红安县、罗田县、英山县、蕲春县、麻城市	安徽、河南、湖北
罗霄山区 （23）	莲花县、赣县、上犹县、安远县、宁都县、于都县、兴国县、会昌县、寻乌县、石城县、瑞金市、南康市、遂川县、万安县、永新县、井冈山市、乐安县、茶陵县、炎陵县、宜章县、汝城县、桂东县、安仁县	江西、湖南

资料来源：国务院扶贫开发领导小组办公室：《集中连片特殊困难地区资料汇编》，2011，第7～13页。

　　11个片区的确定遵循以下四项原则。一是"集中连片"原则。根据自然地理特征，将地理相连、贫困程度较深的县（以下简称深度贫困县）

相对集中的区域划分为一个片区（按标志性自然地理特征给片区命名），分散的深度贫困县不划入片区。二是"以县为单位"原则。片区划分以县为基本单位，保持片区内各县级单位行政区划的完整，一个县要么全部进入某个片区，要么不进入片区，排除一个县的部分乡镇进入片区的情形和一个县的不同乡镇分别进入不同片区的情形。三是"突出重点"原则。片区划分以西部地区为重点，兼顾中部地区，不涉及东部地区；在甄别县级单位时，对革命老区、民族地区、边境地区予以倾斜和照顾。四是"片区跨省"原则。国家确定的连片特困地区一般为跨省片区，省内集中连片贫困地区原则上由各省自行划分并给予支持（11 个片区中滇西边境片区是唯一不跨省的特殊情况——深度贫困县数量多、少数民族聚集且与多个国家接壤）①。

按照上述原则，确定 11 个片区及其具体范围的基本方法为：分县统计中西部地区各县 2007～2009 年县域人均地区生产总值、县域人均财政一般预算收入和县域农村居民人均纯收入，分别计算各县三项指标 2007～2009 年三年的平均值作为该指标的测量值；以西部地区所有县三项指标测量值的算术平均值（人均地区生产总值为 13539.5 元、人均财政一般预算收入为 599.7 元、农村居民人均纯收入 3642 元）为衡量标准，将中西部各县中三项指标测量值均低于该标准的县筛选出来，形成深度贫困县初步名单；运用增加权重赋值的方法，对并非三项指标均低于衡量标准的一些革命老区县、少数民族地区县和边境地区县等给予倾斜照顾，将其纳入深度贫困县范围；根据"集中连片""片区跨省"原则，剔除不符合这两项原则的深度贫困县，形成片区县名单并明确片区范围②。

（二）连片特困地区地理特征和资源环境

14 个连片特困地区土地面积为 392 平方公里，地形以山地、丘陵为主，生态环境脆弱，生态地位重要（见表 3－3）。680 个片区县中，有

---

① 共济：《全国连片特困地区区域发展与扶贫攻坚规划研究》，人民出版社，2013，第 18 页。

② 共济：《全国连片特困地区区域发展与扶贫攻坚规划研究》，人民出版社，2013，第 19 页。国务院扶贫办：《全国扶贫开发工作重点区域监测报告（2012）》，2013。

504 个山区县和 86 个丘陵县（全国山区县和丘陵县总数分别为 896 个和
534 个），山区县占片区县总数的 74.1%，山区县和丘陵县合计占片区县
总数的 86.8%；有 448 个县属于地质灾害重点防治县，占片区县的比例
为 65.9%；有 661 个县属于有一种以上地方病的病区县，占片区县的比
例为 97.2%[①]。全国 25 个国家重点生态功能区中，有 20 个涉及连片特困
地区（占全国的 80.0%），这些功能区覆盖的 436 个县中有 269 个县是片
区县（占全国的 61.7%）[②]。

表 3-3 连片特困地区地理特征与自然条件

片区名称	土地面积（平方公里）	森林覆盖率（%）	地质灾害重点防治县（个）	地方病病区县（个）					国家重点生态功能区县（个）			
				克山病	大骨节病	碘缺乏或高碘	氟中毒	砷中毒或高砷	水源涵养型	水土保持型	防风固沙型	生物多样性维护型
六盘山区	15.27	20.3	46	22	28	59	44	2	5	15	0	0
秦巴山区	21.83	56.8	73	14	26	64	35	13	0	3	0	40
武陵山区	16.07	56.0	48	1	0	55	23	0	0	4	0	25
乌蒙山区	10.68	41.2	40	6	0	45	24	0	0	0	0	0
滇桂黔石漠化区	19.93	54.9	72	10	0	80	18	2	4	26	0	1
滇西边境山区	19.20	63.7	54	18	1	56	9	6	0	0	0	9
大兴安岭南麓山区	11.20	22.5		9	0	19	16	2	2	0	2	0
燕山－太行山区	9.32	34.1	11	0	0	33	28	0	0	0	6	0
吕梁山区	3.61	21.2	13	5	6	20	15	0	0	17	0	0
大别山区	6.70	35.4	12	0	0	34	27	7	0	12	0	0

---

① 根据《中国县（市）社会经济统计年鉴（2012）》，2012 年所列山区县、丘陵县名单和
《全国扶贫开发重点区域监测报告（2012）》（国务院扶贫办内部资料，2013 年）所列片区
县名单统计。

② 根据《全国主体功能区规划——构建高效、协调、可持续的国土空间开发格局》所列国家
重点生态功能区名录和《全国扶贫开发重点区域监测报告（2012）》（国务院扶贫办内部资
料，2013 年）所列片区县名单统计。

续表

片区名称	土地面积（平方公里）	森林覆盖率（%）	地质灾害重点防治县（个）	地方病病区县（个）					国家重点生态功能区县（个）			
				克山病	大骨节病	碘缺乏或高碘	氟中毒	砷中毒或高砷	水源涵养型	水土保持型	防风固沙型	生物多样性维护型
罗霄山区	5.21	73.2	14	0	0	22	11	0	8	0	0	0
西藏	120.21	-	16	1	39	73	7	0	0	0	0	8
四省藏区	88.72	14.4	43	4	21	74	17	9	35	0	0	29
新疆南疆三地州	44.08	3.0	6	0	0	23	19	6	0	0	18	0
合计	392.02	-	448	98	137	657	293	49	54	77	26	112

注：①"-"表示缺该数据；②森林覆盖率为 2010 年数据；③克山病病区县包括克山病控制县和未控制县，大骨节病病区县包括大骨节病控制县和未控制县，碘缺乏指碘缺乏病工作县，高碘指高碘县，氟中毒病区县包括水型和煤型氟中毒控制县、未控制县，砷中毒病区县包括水型和煤型砷中毒病区县，高砷包括水型和煤型高砷县；④部分县同时属于多种地方病病区，故各类地方病病区县数量之和大于一种以上地方病病区县数量；⑤一个县只能以一种主要生态功能进入国家重点生态功能区，故各类国家重点生态功能县的数量之和等于片区的国家重点生态功能县总数量。

资料来源：国务院扶贫开发领导小组办公室：《集中连片特殊困难地区资料汇编》，2011，第 109～131 页。国务院扶贫开发领导小组办公室：《13 个片区分县统计资料（2010）》，2012，第 1 页。

与地理特征及地形地貌相关，连片特困地区具有丰富的特色资源。一是矿产资源。六盘山区煤炭、石油、天然气等能源资源丰富，秦巴山区天然气蕴藏量大，武陵山区锰、锑、汞、石膏、铝等矿产储量居全国前列，乌蒙山区煤、磷、铝、锰、铁、铅、锌、硫等和滇西边境山区有色金属富集，滇桂黔石漠化区锰、铝土、锑、锡、铅锌、磷、煤炭、重晶石等储藏量大，燕山－太行山区石墨、膨润土、煤炭、钒钛等较多，吕梁山区煤炭、煤层气、岩盐、铁等资源丰富，罗霄山区钨和稀土、钽铌等稀有金属储量大。二是水能资源。武陵山区、乌蒙山区、滇桂黔石漠化区、滇西边境山区和西藏、四省藏区等片区集中了全国绝大部分水能资源，开发潜力巨大。三是旅游资源。一些片区地理景观独特，如武陵山区、滇桂黔石漠化区、西藏等；一些片区森林覆盖率高、生态资源丰富，如秦巴山区、滇西边境山区、罗霄山区等；一些片区文化积淀深厚，如滇西边境山区、燕山－太行山区等。四是特色生物和农业资源。大多数片区都具有丰富的中药材资源，柑橘、甘蔗、苹果、红枣、茶叶、核桃、油茶等具有较大市场需求的经济作物也大量集中于片区。

（三）连片特困地区经济社会发展水平和贫困状况

尽管具有丰富的特色资源，但因为地处偏远、交通不便、信息闭塞等条件限制，连片特困地区经济社会发展明显落后于全国总体水平。680 个片区县中，有 431 个国家扶贫开发工作重点县、183 个革命老区县、370 个少数民族县、54 个边境县①。2010 年，有统计数据的 13 个连片特困地区（缺西藏数据）中，人均地区生产总值最高的片区为四省藏区（16347.2 元），是全国平均水平的 54.5%；人均地区生产总值最低的片区为乌蒙山区（7090.1 元），仅相当于全国平均水平的 23.6%。农村居民人均纯收入最高的片区为大别山区（4170.6 元），是全国平均水平的 70.5%；农村居民人均纯收入最低的片区为大兴安岭南麓山区（2791.1 元），仅相当于全国平均水平的 47.2%（见表 3 - 4）。2011 年，有统计数据的 11 个片区（缺西藏、四省藏区、新疆南疆三地州）中，贫困发生率最低的片区为大别山区，贫困发生率为 20.7%，高出全国平均水平 8 个百分点；贫困发生率最高的片区为乌蒙山区，贫困发生率为 38.2%，高出全国平均水平近 26 个百分点②。

生产生活条件差和社会事业发展滞后既是连片特困地区贫困的原因，也是其贫困的结果。2010 年，乌蒙山区、滇桂黔石漠化区、滇西边境山区通水泥／沥青路行政村比重不足 40%；除滇桂黔石漠化区外，其余片区通电行政村比重均未达到 100%；秦巴山区、武陵山区、乌蒙山区、燕山 - 太行山区、吕梁山区、罗霄山区、四省藏区通广播电视行政村比重不足 90%；13 个片区通宽带网络行政村比重均不到 70%，其中四省藏区、新疆南疆三地州通宽带网络行政村比重不足 30%；秦巴山区、武陵山区、大别山区、罗霄山区饮用入户管道水的行政村比重不足 50%，其中大别山区饮用入户管道水的行政村比重仅为 29.0%；武陵山区、四省藏区、新疆南疆三地州有卫生室的行政村比重不到 70%，其中新疆南疆三地州有卫生室的行政村比

---

① 国务院扶贫办：《集中连片特殊困难地区资料汇编》，内部资料，2011 年 8 月。
② 国家统计局：《统计信息专报（48）》，2012 年 4 月，第 4 页。

表3-4 连片特困地区经济社会发展水平与贫困状况

片区名称	总人口（万人）	城镇化率（%）	人均地区生产总值（元）	人均地方一般财政预算收入（元）	农村居民人均纯收入（元）	贫困发生率（%）	通水泥/沥青路行政村比重（%）	通电行政村比重（%）	通广播电视行政村比重（%）	通宽带网络行政村比重（%）	饮用入户管道水的行政村比重（%）	有卫生室的行政村比重（%）	学前3年教育毛入学率（%）	高中阶段教育毛入学率（%）	参加新农合人口比重（%）	参加新农保人口比重（%）
六盘山区	2103.4	25.5	7761.4	303.3	3154.5	35.0	62.8	99.9	93.5	50.5	54.6	81.8	59.5	69.2	88.7	20.2
秦巴山区	3543.5	30.4	9923.1	438.3	3753.7	27.6	61.9	95.9	87.5	47.3	48.8	77.2	70.1	71.9	89.7	16.1
武陵山区	3414.1	28.0	8713.5	521.7	3287.7	26.3	60.6	94.2	83.2	38.8	38.2	67.9	72.8	72.5	87.9	14.7
乌蒙山区	2300.2	24.0	7090.1	460.7	3194.1	38.2	31.7	93.0	82.6	30.1	51.9	74.3	44.1	51.0	88.3	3.9
滇桂黔石漠化区	2900.5	24.7	8233.1	536.1	3292.5	31.5	38.9	100.0	94.9	40.6	58.8	74.7	55.9	57.8	86.6	6.5
滇西边境山区	1526.4	27.0	9052.9	581.6	3120.0	31.6	31.0	97.0	97.9	42.8	75.0	96.7	54.3	56.7	92.4	18.7
大兴安岭南麓山区	706.3	34.1	10317.8	468.6	2791.1	24.1	71.8	99.9	98.4	52.8	50.5	83.6	62.3	77.1	76.8	11.4
燕山-太行山区	1095.8	28.9	11837.8	495.0	3364.7	24.3	88.1	96.6	83.9	63.8	53.3	86.1	84.8	74.8	90.9	19.6
吕梁山区	403.3	31.3	9330.8	410.0	3351.2	30.5	64.5	97.4	77.9	45.7	52.9	78.7	68.7	69.9	87.6	16.8
大别山区	4444.3	30.5	8918.0	298.0	4170.6	20.7	91.6	99.9	96.4	61.2	29.0	84.9	64.6	67.8	90.9	15.6
罗霄山区	1116.6	30.7	9478.7	675.2	3297.3	22.0	88.8	98.8	88.2	65.2	49.6	89.5	77.2	65.4	89.5	14.4
四省藏区	524.5	-	16347.2	957.0	3279.3	-	43.7	78.5	74.8	25.9	53.5	58.6	46.9	53.3	84.0	30.1
新疆南疆三地州	651.7	-	7565.0	439.9	3332.5	-	67.1	95.1	93.0	24.2	78.4	45.8	69.2	45.7	91.0	35.3

注：①贫困发生率为2010年数据，其余均为2011年数据；②城镇化率为城镇（市和镇）常住人口占全部人口的百分比；③"-"表示缺该数据；④缺西藏数据。

资料来源：城镇化率引自共济《全国连片特困地区区域发展与扶贫攻坚规划研究》，人民出版社，2013，第25页。贫困发生率引自国家统计局《统计信息专报（48）》，2012，第4页。其余数据源自国务院扶贫办《13个片区分县统计资料（2010）》，内部资料，2012，第1～5页。

重只有45.8%；13个片区高中阶段教育毛入学率①均不足80%，其中乌蒙山区、滇桂黔石漠化区、滇西边境山区、四省藏区、新疆南疆三地州高中阶段教育毛入学率不足50%；参加新型农村合作医疗人口比重最高的片区滇西边境山区也只有92.4%的参合率；参加新型农村社会养老保险的人口比重均不足40%，其中乌蒙山区、滇桂黔石漠化区的参保率不到10%。

患病人口多和自然灾害发生率高是连片特困地区贫困问题的突出特征。2011年，在13个片区（缺西藏数据）的农村居民中，身体健康的人口占84.1%，身有残疾的人口占3.1%，患大病或慢性病的人口占10.3%；有82.5%的行政村发生过旱灾，有10.5%的行政村发生过水灾②。

三 连片特困地区区域发展与扶贫攻坚规划

2011年7月，国务院决定由国务院扶贫办和国家发展改革委联合编制连片特困地区区域发展与扶贫攻坚规划（以下简称片区规划）。10月，作为先行探索编制完成的第一个片区规划——《武陵山片区区域发展与扶贫攻坚规划（2011～2020年）》经国务院批准实施。11月24日，国务院扶贫办和国家发展改革委联合印发《关于抓紧做好连片特困地区区域发展与扶贫攻坚规划编制工作的通知》。11月29～30日，中央扶贫开发工作会议召开，会议强调了编制片区规划的重要性，提出了规划编制工作的总体要求。12月1日，国务院扶贫办和国家发展改革委联合召开连片特困地区区域发展与扶贫攻坚规划编制工作部署会议。2012年2～12月，国务院分7批次批复了乌蒙山区、秦巴山区、滇桂黔石漠化区、六盘山区、滇西边境山区、大兴安岭南麓山区、燕山－太行山区、吕梁山区、大别山区、罗霄山区10个片区的区域发展与扶贫攻坚规划③。这些规划均由"序言"和"基本情况"

---

① 高等教育毛入学率是指高等教育在学人数与适龄人口之比。适龄人口是指18～22岁年龄段的人口数。

② 国务院扶贫办：《全国扶贫开发工作重点区域监测报告（2012年）》，内部资料，2013年1月。

③ 国家援藏援建战略中已明确实施特殊政策的西藏、四省藏区、新疆南疆三地州3个片区不另行编制国家层面的片区区域发展与扶贫攻坚规划，由相关省（自治区）政府组织编制省级实施规划，并与其他11个片区的省级实施规划纳入同样的管理体系。

"总体要求""空间布局""基础设施建设""产业发展""改善农村基本生产生活条件""就业与农村人力资源开发""社会事业发展与公共服务""生态建设和环境保护""改革创新""政策支持""组织实施"12 章构成，其中"序言"和前三章（"基本情况""总体要求""空间布局"）涉及的是总体思路，中间六章（"基础设施建设""产业发展""改善农村基本生产生活条件""就业与农村人力资源开发""社会事业发展与公共服务""生态建设和环境保护"）为具体建设内容，后三章（"改革创新""政策支持""组织实施"）属于保障措施[①]。

（一）总体思路

"区域发展带动扶贫开发、扶贫开发促进区域发展"是片区规划的基本思路，是扶贫开发历史机遇期区域发展与扶贫开发有机结合战略的具体体现。前已述及，区域发展与扶贫开发既存在相互促进的可能，也存在相互制约的因素。在扶贫开发历史机遇期，不论客观发展形势，还是国家宏观政策取向，都出现了大量有助于强化区域发展与扶贫开发正向关系、抑制其负向关系的因素，区域发展与扶贫开发的关系因而主要表现为"区域发展带动扶贫开发、扶贫开发促进区域发展"这种特定关系。因此，把"区域发展带动扶贫开发、扶贫开发促进区域发展"作为规划连片特困地区2011～2020 年扶贫开发攻坚战的基本思路，是该历史时期扶贫开发形势的内在需要[②]。将扶贫开发与区域发展割裂开来，不利于解决贫困人口面临的共性问题，不利于从根本上改变贫困地区发展面貌，容易陷入治标不治本、越扶越贫的被动局面。

按照"区域发展带动扶贫开发、扶贫开发促进区域发展"的基本思路，每个片区规划从本区域地理特征与资源环境、基础设施、社会事业、人力资本、产业水平、生态环境等角度分析了本片区贫困落后的根源，明确了需要协调处理的重大矛盾关系（如加快发展与扶贫攻坚的关系、经济发展

---

① 共济：《全国连片特困地区区域发展与扶贫攻坚规划研究》，人民出版社，2013，第 1～9 页。
② 陆汉文、曹洪民：《扶贫开发历史机遇期与战略创新》，《江汉论坛》2014 年第 5 期。

与生态环境保护的关系、市场调节与政府引导的关系、自力更生与国家支持的关系等），进而根据国家总体发展要求、资源禀赋与区位条件、市场需求及其变动趋势、扶贫攻坚需要与"老少边穷"地区特殊性、可持续发展要求等因素，提出了区域发展与扶贫开发的战略定位和发展目标；根据自然条件、经济活动及其空间关系、扶贫开发需要、政策可行性等因素确定了区域发展与扶贫开发的空间布局，包括功能分区、空间结构和城镇布局；把以综合交通运输通道建设为依托，加强与周边重要经济区（国家优先开发和重点开发的城市化地区）和重要城市的合作与联系，发挥片区中心城市、县城及其他重点城镇、产业集聚区辐射带动作用，作为扶贫开发的战略举措①。片区战略定位、发展目标和空间布局是片区规划基本思路的展开，体现了区域发展和扶贫开发在有机统一基础上的大扶贫观。

（二）建设任务

根据区域发展与扶贫开发需要，片区规划安排了"基础设施建设""产业发展""改善农村基本生产生活条件""就业与农村人力资源开发""社会事业发展与公共服务""生态建设和环境保护"六大建设任务，其中"基础设施建设""产业发展""生态建设和环境保护"侧重解决区域发展问题，"改善农村基本生产生活条件""就业与农村人力资源开发""社会事业发展与公共服务"侧重解决扶贫开发问题②。这些建设任务是片区规划基本思路的具体化，是片区战略定位、发展目标和空间布局的具体化和项目化。

基础设施建设主要包括交通、水利、能源、通信信息化、城镇基础设施等内容。基础设施落后是连片特困地区难以将特色资源转变为富民产业、难以吸引投资及观念落后等深层问题的瓶颈制约因素。基础设施建设具体体现为规划文本中以专栏明确提出的交通运输主通道建设方案和交通、水利、能源等领域重点建设项目，它们着眼于改善区域发展基础条件和宏观环境，是缩小连片特困地区与相对发达地区发展差距，推进连片特困地区

---

① 国务院扶贫办外资中心：《连片特困地区区域发展与扶贫攻坚规划资料汇编》（合订本），内部资料，2012 年 12 月。

② 共济：《全国连片特困地区区域发展与扶贫攻坚规划研究》，人民出版社，2013，第 8～9 页。

融入不同区域共同发展格局的关键举措。

产业发展包括农业、工业、服务业发展和产业结构调整、产业化扶贫等内容。产业发展是贫困地区和贫困人口脱贫致富的基本途径。片区规划立足本区域资源禀赋和比较优势，遵循市场经济规律和可持续发展要求，提出了产业发展的基本方向、重点建设环节，明确了特色优势产业，确定了一批具体产业发展项目，强调了推进产业扶贫的关键举措。总体来看，所有片区都应该将农业作为基础产业加以夯实，大做特色文章，延伸产业链条，提升农产品附加值。多数片区具有矿产或能源资源优势，将资源开发与生态环境保护相结合，深入推进精深加工，使资源优势转化为产业优势，培育形成带动区域发展和扶贫开发的特色支柱产业，是这些片区加快工业发展的关键。大多数片区具有发展旅游业的巨大潜力（如以少数民族文化、红色文化、历史文化等为依托的文化旅游，以地理景观、生态资源为依托的观光休闲游等），加强旅游资源开发和旅游设施建设，创新旅游产品，建立健全旅游扶贫机制，对连片特困地区扶贫攻坚具有重大意义。

改善农村基本生产生活条件包括村庄建设、农业生产条件、农村生活条件、扶贫搬迁等内容。片区规划从中国城镇化进程的大背景出发，按照城乡统筹、因地制宜、分类指导原则，明确了不同贫困地区的村镇发展方向和农村小型基础设施建设重点。这是一项具体内容细、投资规模小、工作头绪多、惠农和扶贫效果突出的建设任务，创新组织实施与全过程管理体制机制是顺利实现规划建设任务目标的关键。

就业与农村人力资源开发主要包括就业促进与农村劳动力转移、农村劳动力素质提高两方面内容。2010 年以来，工资性收入占中国农村居民人均纯收入的比重稳定在 40% 以上，非农就业状况是影响中国农村扶贫对象脱贫进程的关键力量。片区规划把转移就业摆在优先位置，从贫困地区实际情况出发，明确了不同片区转移就业的重点区域（如在片区内就业还是到沿海地区或周边工业化城市重点区域就业）、重点行业，提出了完善就业服务的具体措施以及转移就业培训等重点工程。提高农业经营收入是实现农村繁荣和发展的基础，片区规划遵循农业现代化、专业化、社会化基本规律，着眼于培养新型农民、职业农民，就农村实用技术人才培训、乡土人才培养等进行了部署，为提高贫困地区农业经营收入指明了方向。

社会事业发展与公共服务包括教育、医疗卫生、科技文化体育、社会保障等内容。这部分内容以改善民生和提高人力资本质量为出发点和落脚点，将建立健全基本公共服务体系和促进基本公共服务均等化视为基本实现途径。提高教育、医疗、文化等公共服务水平，改善民生，属于减缓多维贫困的题中应有之义。提高人力资本质量，特别是提高新生代人口人力资本质量，则属于通过能力建设减缓贫困尤其是遏制贫困代际传递的基本途径。

生态建设和环境保护包括重要生态功能区建设（水土保持区建设、水源涵养区建设、生物多样性保护区建设等）、生态建设（水土流失治理、沙化土地治理、生态文明示范工程建设等）、环境保护（城乡环境保护、水环境保护、工业污染治理等）、防灾减灾。片区规划坚持以生态建设和环境保护为前提推进区域发展与扶贫攻坚，明确了有针对性生态建设措施和严格的环境保护措施，提出了建立健全生态补偿措施，探索生态建设与区域发展、扶贫攻坚共赢机制的思路。

（三）保障措施

为保障规划总体思路的实现和各项建设任务的顺利完成，片区规划确定了体制机制改革创新、重大支持政策、具体组织实施三个层次的保障措施。

机制改革创新包括体制改革、扶贫机制创新和协作开放机制创新。体制改革涉及行政体制改革、经济体制改革、社会事业领域改革、土地制度改革、户籍制度改革等领域。其基本思路是：转变政府职能，更好发挥政府引导作用，让市场机制在资源配置中发挥基础性、决定性作用，让社会的活力充分呈现，让农民的土地财产权利、自由流动权利等基本权利得到充分保障，构建政府、市场、社会协同推进的大扶贫开发格局。扶贫机制创新涉及扶贫瞄准机制、扶贫项目监管机制、扶贫投融资机制等内容，其基本思路是：通过机制创新，保障扶贫工作有资源，保障扶贫资源精准传递和贫困人口精准受益，保障扶贫项目长期稳定发挥作用。协作开放机制创新涉及片区内不同行政区划的协作发展机制、片区与周边工业化城镇重点区域的合作发展机制、面向全球市场和经济体系的开放发展机制。其基本思路为：顺应经济市场化和一体化发展趋势，充分发挥自身特色和比较优势，让资源的市场价值得到充分实现，走错位发展、对接发展、互补发展等互利共赢之路。

重大支持政策主要包括财政政策、税收政策、金融政策、投资政策、产业政策、土地政策、生态与资源补偿政策、帮扶政策、人才政策等。这些政策是以集中力量解决最困难地区、最困难群体、最迫切需要解决的问题为出发点，依据、借鉴《中国农村扶贫开发纲要（2011~2020 年）》《中共中央、国务院关于深入实施西部大开发战略的若干意见》等重要文件和国务院针对具体区域制定出台的相关政策意见（如《国务院关于支持云南省加快建设面向西南开放重要桥头堡的意见》等）或批准实施的相关规划（如《陕甘宁革命老区振兴规划》等），充分考虑不同片区实际情况和政策需求而设计出来的。不同片区的支持政策总体上保持一致，但也根据自身具体情况而有侧重点或支持力度的不同，是差异化扶持政策的有机组合。需要指出的是，在片区规划编制过程中或印发以后，国务院有关部门还制定出台了一些具体意见，对片区规划中的支持政策进行了完善和强化。例如，国土资源部 2012 年 8 月印发了《关于支持集中连片特殊困难地区区域发展与扶贫攻坚的若干意见》，提出了 18 条有关土地、矿产资源等方面的重要政策措施。这些部门政策是片区支持政策的重要组成部分。

具体组织实施包括规划实施、规划管理、监测评估三个环节。片区规划明确了各级政府和有关行业部门的职责，提出了建立跨省协调机制、加强基层组织保障、完善考核评价体系、编制落实省及县级实施规划、开展规划实施监测和中期评估、终期评估等具体要求。

四 连片特困地区区域发展与扶贫攻坚进展

2012 年底，连片特困地区区域发展与扶贫攻坚规划全面进入实施阶段。2014 年底，片区规划实施情况的首次全面监测工作完成。2015 年初，片区规划实施的中期评估工作提上日程。本节根据截至成稿时（2015 年 2 月）的信息对连片特困地区区域发展与扶贫攻坚进展加以简要介绍。

（一）片区规划实施的工作合力

经过 2～3 年的探索，初步形成了由国务院扶贫办和国家发展改革委、片区联系单位、相关职能部门、地方党委政府和片区居民合力推进片区规划实施的工作机制。

1. 国务院扶贫办和国家发展改革委的指导和综合协调作用

两家机构根据片区规划要求共同（或以国务院扶贫开发领导小组名义）承担片区规划实施的牵头指导、综合协调、监督检查等职责。这种"双牵头体制"对于保障规划实施过程中区域发展项目和扶贫开发项目协调推进、真正实现区域发展与扶贫开发有机统一具有重要作用。例如，2014 年 3 月，国务院扶贫办和国家发展改革委共同组织相关省（自治区、直辖市）对片区重大基础设施项目（指跨县以上行政区域的基础设施项目）和十项重点工作项目（指中共中央办公厅、国务院办公厅《关于创新机制扎实推进农村扶贫开发工作的意见》所列村级道路畅通工作、饮水安全工作、农村电力保障工作、危房改造工作、特色产业增收工作、乡村旅游扶贫工作、教育扶贫工作、卫生和计划生育工作、文化建设工作、贫困村信息化工作等扶贫开发重点工作）进展情况进行梳理和分析，在此基础上印发了《关于加快推进片区规划所涉及"十项重点工作"项目实施的函》《关于加快推进集中连片特殊困难地区重大基础设施项目建设的通知》，促进了相关突出问题的解决。

2. 片区联系单位的协调督促作用

片区规划确定国务院有关部门分别担任不同片区扶贫攻坚工作的联系单位，承担调查研究、督促指导规划实施、加强与片区各省（自治区、直辖市）及国家相关部门联系沟通等职责①。这项制度安排有助于有关行业部门落实支持政策和协同推进片区规划实施，有助于督促地方政府深入落实

---

① 各片区联系单位为：武陵山区－国家民委；乌蒙山区－国土资源部；秦巴山区－铁道部（2013 年后分拆为国家铁路局和中国铁路总公司）、科技部；滇桂黔石漠化区－水利部、国家林业局；六盘山区－交通运输部；滇西边境山区－教育部；大兴安岭南麓山区－农业部；燕山－太行山区－工业和信息化部；吕梁山区－卫生部；大别山区－住房和城乡建设部；罗霄山区－民政部。

片区规划和协调片区不同行政区划（特别是不同省级行政区）合作实施片区规划。例如，所有联系单位均与对口片区省（自治区、直辖市）建立了部省协作机制；部分联系单位建立了部际联席会议制度；一些联系单位向片区市、县派驻挂职干部，具体指导规划实施，推进跨县、跨市、跨省协作。此外，联系单位制度还显著提高了相关部门对贫困问题的重视程度，进而有效调动了相关部门开展行业扶贫的积极性。

3. 国家职能部门和有关单位的协同支持作用

交通运输部、水利部、农业部等部门衔接片区规划编制了《集中连片特困地区交通建设扶贫规划纲要（2011～2020年）》《全国水利扶贫规划》《农业行业扶贫开发规划（2011～2020年）》等行业扶贫规划。教育部、工业和信息化部、国土资源部等部门出台了专门支持措施，包括《教育部、国家发展改革委、财政部、人力资源社会保障部、国务院扶贫办关于实施面向贫困地区定向招生专项计划的通知》《工业和信息化部关于全国工业和信息化系统支持集中连片特殊困难地区发展的意见》《国土资源部关于支持集中连片特殊困难地区区域发展与扶贫攻坚的若干意见》等。全国妇联、中国残联和共青团中央等单位也结合自身优势积极支持片区扶贫开发，例如，全国妇联在片区分期开展妇女参与扶贫开发能力建设等。

4. 地方党委政府和片区居民的主体作用

首先是编制实施省、县两级实施规划，将片区规划建设任务转变成可操作、有资金保障的具体项目。其次是将具体项目任务落实到具体责任单位、责任人，并充分发挥项目受益人的主体作用，逐年推动项目建设。最后是强化片区规划实施体制机制。例如，湖南、甘肃、贵州、湖北、陕西、四川等省建立了由省级主要领导任组长的片区区域发展与扶贫攻坚领导小组，湖北、云南等省建立主要领导挂钩联系片区机制，安徽、河南、湖北三省政协主要领导轮流召集大别山片区区域发展与扶贫攻坚联席会议，四川、陕西等省将片区规划项目落实情况纳入省政府目标考核等，这些措施充分利用了中国特色公共治理体制的运行规律，对于保障规划最终落地生根具有重大作用。

（二）片区规划实施的监测评估

片区规划要求"建立连片特困地区规划监测信息系统，开展规划实施监测，监测结果用作规划中期调整和绩效考核的依据"；"在规划实施的中期阶段，组织对规划实施情况进行中期评估，提出规划调整意见。在规划实施期满时，组织开展规划实施情况的终期评估"。

2013 年 8 月，国务院扶贫办、国家发展改革委、国家统计局联合下发《关于印发片区规划实施监测和评估工作方案的通知》，明确监测评估对象为 14 个连片特困地区所涉及的省（自治区、直辖市）以及片区规划覆盖的县；监测评估工作由国务院扶贫办和国家发展改革委共同组织开展，片区联系单位、国家统计局等部门参加；监测工作每年连续开展，评估工作在 2015 年（中期评估）和 2020 年（终期开展）；监测评估内容包括规划目标实现程度、主要任务完成情况、重大项目推进和政策落实情况等。

2013 年，国务院扶贫办和国家发展改革委选择武陵山区和乌蒙山区开展了片区规划实施监测试点工作，形成两个片区的监测结果，积累了监测工作经验。2014 年，14 个片区区域发展与扶贫攻坚监测工作全面展开，当年底汇编完成的监测评估报告记录分析了 2013 年全国连片特困地区区域发展与扶贫攻坚总体情况（总报告）和各个片区的单独情况（14 个片区分报告）。

（三）片区规划实施的初步成效

《〈连片特困地区区域发展与扶贫攻坚规划〉实施监测报告（2013）》和 14 个片区监测分报告结果显示，片区规划实施取得初步成效。

1. 主要发展指标的变化

2012～2013 年，片区名义 GDP 年均增长率为 14.9%，明显高于全国同期增长速度。2013 年，14 个片区农村居民人均纯收入为 5583 元，较 2012 年增长 15.4%，高出全国农村居民人均纯收入增幅（12.4%）3 个百分点；片区贫困人口总数为 4141 万人，比 2012 年减少 926 万人，降幅为 18.3%，比当年全国贫困人口的总体降幅（16.7%）高 1.6 个百分点（见表 3-5）。

表 3 – 5　连片特困地区主要发展指标监测结果

片　　区	名义 GDP 年均增长率（%）	农村居民人均纯收入		贫困人口		
		2013 年收入（元）	2013 年增长率（%）	2013 年数量（万人）	2013 年减少量（万人）	2013 年减少幅度（%）
六盘山区	15.4	4704	11.8	439	93	17.5
秦巴山区	13.2	5802	15.9	559	125	18.3
武陵山区	13.2	5517	21	543	128	19.1
乌蒙山区	15.4	4963	13.5	507	157	23.6
滇桂黔石漠区	17.8	5507	15.3	574	111	16.2
滇西边境山区	18.5	5628	18.4	274	61	18.2
大兴安岭南麓山区	13.5	6104	15.1	85	23	21.3
燕山 – 太行山区	10.9	5218	14.2	165	27	14.1
吕梁山区	12.9	5043	14.5	76	11	12.6
大别山区	12.2	6574	14.9	477	89	15.7
罗霄山区	14.7	5702	12.2	149	26	14.9
西藏	15.2	6578	15	72	13	15.3
四省藏区	20.2	4771	12.9	117	44	27.3
新疆南疆三地州	17.75	5298	14.5	104	18	14.8
合计	14.9	5583	15.4	4141	926	18.3

注：名义 GDP 年均增长率是指 2012 年和 2013 年两年的平均年增长率。

资料来源：中国扶贫发展中心《〈连片特困地区区域发展与扶贫攻坚规划〉实施监测报告（2013）》，2014 年 10 月。

2. 跨县以上基础设施重大项目建设

片区重大项目由交通、水利、能源三类组成，其中交通类重大项目包括铁路、公路、桥梁、航运、机场 5 种；水利类重大项目包括重点水库、病险水库除险加固、引提水工程、重点灌区、重点江河治理、城镇防洪工程、骨干水源工程 7 种；能源类重大项目包括水电站建设、电网建设、新能源建设、重点油气储备与油气管道建设、煤炭开发项目、农村能源建设 6 种。截至 2014 年 3 月底，除西藏、四省藏区、新疆南疆三地州外 11 个片区已经完成建设的重大项目占规划建设重大项目总数的比例为 8.5%，处于施工状态的重大项目比例为 34.9%，处于前期调研阶段的重大项目比例为 34.4%，尚未开展前期工作的重大项目比例为 22.2%（见表 3 – 6）。分类来看，交通类重大项目已完工的比例最高（10.8%），水利类重大项目已完工及已正施工项目的比例最高（45.9%），能源类重大项目尚未开展前期工作的比例最高（28.1%）。

表 3-6　11 个连片特困地区规划跨县级行政区域以上重大项目进展情况

进展情况		交通类		水利类		能源类		合计	
		数量（项）	比例（%）	数量（项）	比例（%）	数量（项）	比例（%）	数量（项）	比例（%）
重大项目总数		1394	100.0	501	100.0	335	100.0	2230	100.0
其中	已完工	151	10.8	13	2.6	26	7.8	190	8.5
	已开工未完成	435	31.2	217	43.3	126	37.6	778	34.9
	正开展前期工作	488	35.0	190	37.9	89	26.6	767	34.4
	尚未开展前期工作	320	23.0	81	16.2	94	28.1	495	22.2

注：数据截至 2014 年 3 月底。

资料来源：中国扶贫发展中心：《〈连片特困地区区域发展与扶贫攻坚规划〉实施监测报告（2013）》，2014 年 10 月。

3. 扶贫开发十项重点工作进展

截至 2014 年 3 月底，14 个片区十项重点工作已完成投资 17786 亿元，占"十二五"期间规划总投资的 28.7%（见表 3-7）。分类来看，危房改造工作完成情况最好，已完成投资占规划投资一半以上（52.0%）；饮水安全工作完成情况次之，已完成投资占规划投资的 47.4%；其余重点工作已完成投资占规划投资的比例均低于 40%，其中排名最后的文化建设工作已完成投资占规划投资的比重只有 7.8%。从资金来源看，财政投入在十项重点工作中发挥了支柱作用，占总投入的比重为 70.7%；饮水安全、教育扶贫、文化建设三项重点工作的财政投入比例更是高达 90.0% 以上。

表 3-7　连片特困地区十项重点工作具体项目完成投资情况

类别	已完成投资总额（亿元）	已完成投资中的财政投入（亿元）	已完成投资占规划投资比例（%）	已完成投资中财政投入所占比例（%）
道路畅通（村级道路）	2733	2394	37.7	87.6
饮水安全	1063	1023	47.4	96.2

续表

类别	已完成 投资总额 （亿元）	已完成投资中的 财政投入 （亿元）	已完成投资 占规划投资比例 （％）	已完成投资中 财政投入所占比例 （％）
农村电力保障	1371	760	20.3	55.4
危房改造	2077	738	52.0	35.5
特色产业增收	6431	4480	36.2	69.7
乡村旅游扶贫	1136	512	13.6	45.1
教育扶贫	2228	2130	22.2	95.6
卫生和计划生育	317	260	17.2	82.0
文化建设	224	205	7.8	91.5
贫困村信息化	206	73	22.1	35.4
合计	17786	12576	28.7	70.7

注：数据截至 2014 年 3 月底。

资料来源：中国扶贫发展中心：《〈连片特困地区区域发展与扶贫攻坚规划〉实施监测报告（2013）》，2014 年 10 月。

五　总体评价

2011～2020 年是中国全面建成小康社会和实现第一个百年奋斗目标的关键时期、决战时期，也是扶贫开发工作重要性空前提升的历史机遇期。将连片特困地区作为该历史时期扶贫攻坚主战场，将"区域发展带动扶贫开发、扶贫开发促进区域发展"作为连片特困地区扶贫攻坚基本思路，编制实施片区规划，抓住了扶贫开发的基本矛盾，符合国家总体发展形势的需要，是改革开放以来中国农村扶贫开发战略的重大创新①。

片区规划印发以后，规划范围内 2 亿多人口积极发挥扶贫开发主体作用，地方党委、政府深入落实规划建设任务并强化工作体制机制，片区联系单位主动协调、大力推动规划实施，农业、水利、交通、国土资源和教育等部门出台具体支持措施，社会各方面力量向片区汇集，全国范围内很快形成了一个关注和开展片区扶贫开发的热潮。初步监测结果表明，在规

① 陆汉文、曹洪民：《扶贫开发历史机遇期与战略创新》，《江汉论坛》2014 年第 5 期。

划实施的较短时间内，片区扶贫开发已经取得明显成效：扶贫投入大幅增加，重大项目建设引人注目，道路畅通、饮水安全等十项重点工作加快推进，扶贫开发主要绩效指标优于全国总体水平。

片区规划实施也面临不少深层次挑战。首先，在具体实践中处理好区域发展与扶贫开发的辩证统一关系并非易事。例如，如何帮助连片特困地区内最困难的地区、最困难的群体率先实现加快发展，如何避免片区内不同区域和不同人群发展差距拉大，依然面临一些具体困难，包括识别和瞄准扶贫对象的困难、找到针对扶贫对象的有效帮扶措施的困难等。此外，如何处理好政府力量和市场力量的关系、资源开发与扶贫攻坚的关系、生态环境保护与扶贫开发的关系等，也面临不少掣肘之力。总的来说，在具备战略层面有利条件的情况下，连片特困地区扶贫开发的实际效果，主要取决于各级政府特别是地方政府深入贯彻落实扶贫攻坚战略思想的意志、能力以及持之以恒的细致工作。

第四章　扶贫改革机制创新与精准扶贫

唐丽霞[*]

一　贫困县考核机制

（一）对贫困县考核的必要性

对贫困县的考核是落实国家扶贫政策的重要保障机制，对扶贫县扶贫工作的考核不仅能够对贫困县年度的扶贫工作进行总结，同时也能够对贫困县相关工作的不足和缺陷进行纠正。对贫困县的考核更是实施扶贫监管的重要手段，以考核机制为基础，也将形成对贫困县的激励机制。

2014 年底中共中央组织部、国务院扶贫办联合印发了《关于改进贫困县党政领导班子和领导干部经济社会发展实绩考核工作的意见》，对贫困县党政领导班子和领导干部经济社会发展实绩考核工作的目标、内容和组织领导等，提出了原则性的要求。而这里提出的对贫困县的考核机制与以往的考核机制有很大的差异，本次提出的考核方案更加充分考虑了贫困县的特殊性，同时也将会在更大程度上调动地方领导干部做好扶贫工作的积极性。

对贫困县的考核机制进行改革，主要基于以下三个方面的考虑。

第一，改革贫困县考核机制是实现新时期国家扶贫工作战略，实现扶

＊　唐丽霞，中国农业大学。

贫工作目标的客观需要。以往对贫困县的考核办法使得扶贫工作仅仅是扶贫工作部门的任务，扶贫工作并不会成为县级领导班子和主要部门的共同任务，因而扶贫工作的力度和效果也相对较差。

第二，改革贫困县考核机制是落实国家扶贫开发管理体制的需要，更是实现精准扶贫的客观要求。如果不改革贫困县考核机制，那么地方政府的主要领导仍将以追求 GDP 为中心，扶贫工作仍是"说起来重要，而做起来不重要"的工作。贫困县考核机制的改变也是落实精准扶贫工作机制的基础；精准扶贫要求对贫困人口进行精准识别，对贫困原因进行精准分析，对贫困人口进行精准帮扶；精准扶贫将在客观上大大增加扶贫工作任务，这就要求扶贫工作者要投入更多的精力，而以往的扶贫工作考核机制难以有效激励扶贫工作人员及其所在地方的党政领导班子的工作主动性，所以改革贫困县考核机制也是势在必行。

第三，改革贫困县考核机制有助于贫困县提升科学发展水平，有助于贫困县领导干部树立正确的政绩观，有利于贫困县治理体系的完善。改革后的贫困县考核机制，将鼓励贫困县的党政领导依据地方的实际确定发展目标，通过实现经济、社会、政治和生态的和谐发展来推进扶贫工作；抛弃以 GDP 为核心的考核机制，将有助于党政干部形成更加系统和全面的政绩观，避免因一味追求经济成果而牺牲地方的长远利益；改革贫困县的考核机制也意味着地方政府对贫困的治理将更加系统，扶贫工作中的多元主体也会更加显著，鼓励社会扶贫、专项扶贫、产业扶贫等方式的有机结合。

（二）改革贫困县考核机制的主要思路

以往，针对贫困县的考核并没有与其他一般县的考核区分开来，而贫困县多数都处于生态脆弱区、生态涵养区和水源保护区等，在一定程度上导致其在客观上丧失了部分领域的经济发展空间。如果继续套用一般地区的考核指标和权重，就会导致对贫困县的不公平。具体说来，改革后的贫困县考核办法将突出以下几个方面的内容。

第一，从贫困县的客观实际出发来考核其经济社会发展成绩，考核其扶贫成果，要在结合贫困县地区特殊性和主体功能定位的基础上对贫困县进行考核。用来考核其他区县的指标不能简单地搬来套用，不能将扶贫工作简化为经济发展。

第二，贫困县考核要强化发展导向。所谓的发展导向有两个含义：其一，要注重发展的质量，发展成果的取得一定是以低能源和低生态为代价，一定是高社会效益的；其二，要注意转变发展方式，以追求科学发展为目标，不一定都要实现工业强县，而是依托自身的有利条件来发展现代农业、旅游业和服务业等，要解决好制约发展的各种因素。

第三，优化设置贫困县的考核指标。增加贫困县优势特色产业的考核指标与权重，弱化贫困县国民生产总值、工业总产值、社会固定资产投资等方面的考核指标和权重，以此引导贫困县通过发掘地方特色来积累发展优势，实现差异竞争。开发区和生态脆弱区要取消 GDP 指标的考核。

第四，把扶贫开发工作成果作为经济社会发展成果考核的重要内容。把提高贫困人口生活水平、减少贫困人口数量和改善贫困地区生产生活条件作为考核评价扶贫开发成效的主要指标，着力考核通过精准扶贫、扶贫资金使用、扶贫项目实施、扶贫产业发展，增强贫困地区发展内生动力和活力，带动贫困群众持续稳定增收的情况。

第五，注重与扶贫工作紧密相关的民生和社会事业改善情况的考核。要考核贫困县的基础设施建设、教育、卫生医疗、公共文化服务和公共行政服务等，要尽快避免贫困人口因教育和社会保障缺失而出现的返贫现象。

第六，重视对生态环境保护的考核。针对贫困地区多属水系源头区、生态涵养保护区的实际，加大生态文明建设的考核力度，提高生态效益、资源消耗、环境损害等指标的权重，引导贫困县正确处理经济发展、资源开发与环境保护的关系，促进经济社会发展与人口资源环境相协调。

第七，将党的建设纳入考核工作。党是扶贫工作的领导者，在扶贫开发工作中，围绕土地征占、矿产开发、扶贫资金使用和重大工程建设等，要落实党员干部的责任意识，严格党风廉政建设，做好党员联系服务群众工作，加强党的基层组织建设。要以党的建设考核推动扶贫开发工作，以扶贫开发的实际成效检验党建工作的成效。

第八，优化考核评价办法。实行分类考核制度，将功能定位、资源多寡和发展基础相近的一些县放在一起进行考核，新的考核既注重对同类型贫困县的横向比较，也要注意贫困县与自身的历史状况进行纵向比较；新考核重视贫困县在原有基础上的进步与发展，既要关注贫困县在客观层面所取得的实际效果，也要看领导干部的主观重视和努力程度；将群众的感受和满意度作为扶贫考核的重要手段，群众得到的实惠作为考核的重要依据。

第九，加强考核结果的应用。将贫困县的考核结果与领导干部的年度考核、综合考评挂钩，作为领导干部综合评价和选拔任用的重要依据。对于务实工作，扶贫成绩突出的干部，要优先提拔和重用；对于不认真、不负责和不踏实的干部，则要进行筛选和调用。要选派得力的干部到贫困县进行工作，为贫困县配置结构合理、能力突出的领导干部班子。在统筹分配财政专项扶贫资金和社会扶贫资金的基础上，给予考核优秀的贫困县更多的项目和资金支持。扶贫考核的结果也将是实行领导问责的重要依据，对于不负责、不重视扶贫工作的地区，要对相关的领导干部进行约谈、提醒和督促；对于那些造成国家财政资金严重流失，群众利益严重受损和生态环境恶化的领导干部，要进行终身追责。

第十，加强扶贫工作考核的组织领导。在各省（自治区、直辖市）党委的统一领导下，由组织部门组织实施考核，同时充分发挥扶贫、发改、统计等部门的功能，为考核提供坚实的事实和数据基础。对其他贫困地区和落后地区党政领导班子和领导干部的考核，也可参照对国家贫困县考核的要求，结合实际进行改进完善。对承担扶贫协作任务的地区和单位领导班子和领导干部的考核，也要把完成扶贫开发任务作为衡量实绩的重要内容。考核工作的组织领导是考核工作落实的关键，没有得力的组织保障，考核就会流于形式，对贫困县考核的改革也就难以取得实效。

二　精准扶贫工作机制

通过对贫困户和贫困村精准识别、精准帮扶、精准管理和精准考核，引导各类扶贫资源优化配置，实现扶贫到村到户，逐步构建精准扶贫工作的长效机制，为科学扶贫奠定坚实基础。2015 年，精准扶贫工作机制得到进一步充实和完善，演化为精准扶贫、精准脱贫工作机制，具体内容包括六个方面的基本要求，即扶贫对象精准、项目安排精准、资金使用精准、措施到户精准、因村派人精准、脱贫成效精准。实施精准扶贫、精准脱贫的主要途径是分类施策，即发展生产脱贫一批、易地扶贫搬迁脱贫一批、生态补偿脱贫一批、发展教育脱贫一批、社会保障兜底一批。下面从政策设计来主要介绍精准扶贫工作机制四个方面的具体内容。

（一）精准扶贫工作的四方面内涵

1. 精准识别

精准扶贫理念的提出就是要解决以往扶贫工作中存在的非国家贫困县与集中连片区域贫困人口、贫困村识别不清的问题，而从现实情况看，要识别贫困村相对简单，而要精准识别贫困人口并不是一件容易的事情。从整体情况看，我国的贫困人口基本解决了生活与温饱问题，也就是绝对贫困人口的数量已经大大减少，但是与此相对应的是相对贫困人口仍大量存在，而且相对贫困人口之间的收入差距并不明显。所以这就导致超越绝对贫困人口基础上的相对贫困人口识别变得相当困难。精准识别强调要通过民主、科学和透明的程序来将贫困户识别出来，这里的重点就是相对贫困群体中的贫困户识别。要在已确定的贫困规模下，识别出最贫困、最需要扶持的人。

2. 精准帮扶

所谓精准帮扶是针对以往"一刀切""大而全"的帮扶内容、方式而设计的。与集中连片扶贫开发必须重视片区贫困的独特性和差异性，制定具有地方适应性和有效性的扶贫攻坚战略的原理一致。精准扶贫下的帮扶将充分考虑贫困村和贫困户的实际致贫原因。在此基础上设计具有针对性的帮扶措施和手段，在帮扶中要确定贫困村的帮扶人和贫困户的帮扶人，在可以动员的人力、物力和财力范围内集中力量帮助贫困村和贫困户脱贫致富。精准帮扶重视贫困村与贫困户的特殊现实，在尊重当地实际情况的基础上开展扶贫工作，这也是对以往重视整体而不重视个性的扶贫工作方法的发展与优化。

3. 精准管理

精准管理首先意味着所有贫困户和贫困村的信息都将运用信息化的手

段进行管理，同时通过贫困户关键指标的统计与对比分析，发现导致农户发展能力不足或是贫困状况恶化的关键因素。精准管理还意味着对建档立卡农户的扶持将是动态化的，当信息系统监测发现农户已经脱离贫困状态时就可以将该农户调出贫困户范畴，而一些新的农户则可以再次进入。精准管理也是对扶贫部门的监督与管理，其主要目的是推动其各项工作的进展，对扶贫资金与项目等工作进行督促和提醒。当然，从目前的制度设计看，精准管理中对建档立卡户动态管理调整的 3 年周期还是过长了，这个仍需要调整。

4. 精准考核

通过贫困人口信息系统的监测，上级扶贫部门能够清晰和准确地发现下级扶贫部门在贫困户、贫困人口识别工作方面的准确性与认真态度，能够及时查看扶贫资金和项目的使用与落实情况，对地方干部的考核也将主要依靠扶贫工作的内容和指标来完成。也就是说，在精准扶贫的制度框架下，针对扶贫工作的考核将更加具体、细致和深入。精准考核的建立，将改变以往农村扶贫考核的形式化问题，通过量化考核，精准评价不同层级扶贫部门的工作成效，同时结合驻村扶贫工作队，精准扶贫也将建立与驻村干部未来发展相结合的激励机制，以此充分调动驻村干部扶贫工作的积极性，保持扶贫工作的必要压力和动力。

（二）精准扶贫的重点工作内容

1. 建档立卡与信息化建设

根据国务院扶贫办制定的《扶贫开发建档立卡工作方案》，各级扶贫工作部门和工作人员应明确贫困户、贫困村识别标准、方法和程序，由国务院扶贫办负责省级相关人员培训、督促检查、考核评估等工作；各省（区、市）根据国家统计局确定的分省（区、市）和分片区贫困人口规模，按照《扶贫开发建档立卡工作方案》中确定的贫困人口、贫困村规模分解和控制办法，负责将贫困人口、贫困村规模逐级向下分解到村到户，并负责市县两级相关人员培训、专项督查等工作；县负责贫困户、贫困村确定，并组织乡（镇）村两级做好建档立卡工作。2014 年 10 月底前完成建档立卡工作，相关数据录入电脑，联网运行，并实现动态管理，每年更新。

与建档立卡工作同时开展的还有扶贫开发的信息化系统建设。国务院扶贫办制定和组织实施全国扶贫开发信息化建设规划和建设方案，制定标准规范，整合办内原有信息系统，建设统一的应用软件系统。各省（区、市）、市（区）、县（区）负责设备购置、人员配备、数据采集和更新等工作。通过信息化建设，引导各项资源向贫困户和贫困村精准配置，提高针对性和有效性。

2. 建立驻村干部帮扶制度

各省（自治区、直辖市）要做好扶贫干部的选派工作，要让每个贫困村都有扶贫干部队伍，每个贫困户都有帮扶的联系人。在驻村扶贫干部的选择上，要充分动员党政机关、人民团体、民主党派、企事业单位等，选派有较高政治素质、能力较强、特别是有培养前途的中青年干部，参加驻村帮扶工作，并明确职责分工、帮扶项目、考核办法和问责制度等。

驻村扶贫干部要协助村干部做好贫困人口识别，分析致贫原因，制订帮扶方案和协调扶贫资源等工作，帮助贫困村和贫困人口选择切实可行的脱贫出路，以实现他们的脱贫致富。此外，驻村扶贫干部还应监督和督促贯彻好国家的各项强农惠农政策，调动村庄和村民参与扶贫开发工作的积极性。为了让驻村干部的工作更加具有规范性和持续性，各省（自治区、直辖市）应该建立健全针对驻村干部的激励机制，对驻村干部的评价和考核，依据其结果差异，进行差异化处理，奖励优秀，问责和退出不力者。

3. 培育扶贫开发的品牌项目

在过去多年的扶贫开发过程中，不少省区都根据自己的地方实际，创造和维护了具有良好社会效益和生态效益的扶贫项目，而这些项目也成为扶贫工作中的品牌项目，如宁夏和陕西的扶贫搬迁，如"雨露计划"和农民工的阳光培训工程，如小额信贷的金融扶贫等。在未来，国家相关部委仍将大力完善"雨露计划"的实施政策与规划，加大职业教育的补贴力度，提高贫困人口的就业技能和创业能力，以阻隔贫困的代际传递；继续加大对农民工、农村实用技能人才和致富带头人培训。

扶贫、财政和金融部门，要继续完善扶贫小额信贷政策，对于那些具有创业热情，同时还具备一定创业基础和技能的贫困户，要给予小额信贷的支持。同时，相关部门也应继续加强对扶贫信贷资金的监管，以确保扶贫信贷资金真正惠及贫困户并保证资金效率。各地改革和扶贫部门要继续做好扶贫搬迁的规划和扶持工作。扶贫搬迁的对象，主要是那些生态脆弱、发展基础薄弱、就地脱贫成本高和难度大的贫困户。搬迁扶贫工作，要结合新型城镇化发展战略和新型农村社区建设工作，让贫困农户脱离致富困难的旧环境。需要注意的是，扶贫搬迁一定要做好"搬得出、稳得住"，搬迁不仅要解决贫困户的住房问题，同时也应解决教育、就业、医疗、社会适应和社会保障等农户的切实需求。

4. 提高扶贫的精准性和有效性

提高扶贫工作的精准性与有效性应包括两个方面内容：其一是要提高政府扶贫部门扶贫工作的精准性与有效性；其二是要提高社会力量参与扶贫工作的精准性与有效性。扶贫部门要将扶贫措施与扶贫开发建档立卡紧密衔接，具体的扶贫工作要坚持因地制宜、分类指导、突出重点、注重实效的原则，在培育扶贫开发品牌项目的同时，继续做好整村推进、互助资金、产业扶贫、科技扶贫等专项扶贫工作。各行业部门，要组织实施好村级道路畅通、饮水安全、农村电力保障、危房改造、特色产业增收、乡村旅游扶贫、教育卫生和计划生育、文化建设、贫困村信息化等扶贫重点工作。

扶贫精准性和有效性的实现，也要求我们要做好扶贫工作的信息化建设。这方面的重要内容就是搭建社会扶贫信息服务平台，让社会力量参与扶贫并获得信息平台的支持，也能够有效地与扶贫对象进行对接。国务院扶贫办统筹建设中国扶贫网，将贫困户、贫困村的需求信息与社会各界的扶贫资源、帮扶意愿进行有效对接，互联共享，实现社会扶贫资源的精准化配置。完善社会扶贫帮扶形式。鼓励引导各级定点扶贫单位、参加扶贫协作的东部省市、军队和武警部队及民主党派、工商联、无党派人士、各类企业、社会组织、个人等社会扶贫参与主体，到贫困地区开展形式多样的扶贫帮扶活动，努力做到帮扶重心下移到贫困村、帮扶对象明确到贫困户，帮扶措施到位有效，帮扶效果可持续，实现社会帮扶的精准化、科学化。

三　干部驻村帮扶机制

按照国务院扶贫办对扶贫创新工作的要求，在各省（自治区、直辖市）

现有扶贫工作基础上，应普遍建立驻村工作队（组）制度。可分期分批安排，确保每个贫困村都有驻村工作队（组），每个贫困户都有帮扶责任人。把驻村入户扶贫作为培养锻炼干部特别是青年干部的重要渠道。驻村工作队（组）要协助基层组织贯彻落实党和政府各项强农惠农富农政策，积极参与扶贫开发各项工作，帮助贫困村、贫困户脱贫致富。落实保障措施，建立激励机制，实现驻村帮扶长期化、制度化。

（一）干部驻村帮扶工作的主要内容

从扶贫工作的历史看，驻村帮扶工作机制也有历史基础，以往扶贫工作中采用的领导联系点、单位包村和干部包户的工作机制，正是当前干部驻村帮扶机制的前身。而新设计的干部驻村帮扶机制，更加注重常态化、长期化和规范化，干部驻村不仅是扶贫工作的需要，而且成为干部培养与锻炼的一种途径。干部驻村帮扶是社会主义制度的客观要求，也是体现干部为人民服务的重要手段。驻村干部扶贫工作，不仅能够有效缓解当前乡村治理困境给扶贫带来的不利影响，而且有利于矫正现有扶贫工作中的瞄准偏离和目标异化等情况。从该机制的要求看，驻村干部重点要做好以下四个方面的工作。

1. 协助村干部做好贫困人口识别

为什么说驻村干部能够协助村干部进行贫困人口识别工作呢？这是因为，驻村干部对贫困人口的识别有着更加明晰的标准，他们也更加愿意按照严格的程序来进行贫困人口识别。在村干部数量相对有限的情况下，驻村干部有效缓解了贫困人口识别中的人力短缺问题。因为驻村干部与村民之间不受血缘、姻缘、亲缘等关系的影响，因而能够更加公平和公正地进行贫困户的评选和识别。同时，驻村干部的存在也是对村干部贫困人口识别工作的监督与指导，这也有利于精准识别贫困人口。

2. 做好致贫原因的分析工作

这是驻村干部要做好的第二项工作。贫困人口的识别是驻村扶贫工作的第一步，在此基础上，还需要确定不同贫困人口出现贫困的具体原因。贫困类型的多样性意味着致贫的原因也会是因户而异的，因此有针对性地分析每个贫困户的贫困原因才能为后面的精准帮扶提供依据，才能将扶贫资金和项目用在刀刃上。致贫原因的分析看似简单，实则是一个费时费力的工作，驻村干部只有切实了解了贫困户的生计与家庭情况后，才能够准确定位贫困户致贫的主要原因。

3. 制定帮扶方案

在贫困人口识别和致贫原因分析结束后，第三项工作就是有针对性地制订脱贫帮扶的计划。驻村干部可以按照致贫原因的不同类型，将贫困户划分几个类型，依据不同类型的主要致贫原因来制定帮扶手段。例如，因大病致贫的，就要通过给予低保和大病救助来帮助其脱贫；对于教育负担过重，就要通过助学金发放和生源地贷款协调等来解决；对于缺少收入来源的，则要通过扶持其发展适当产业来解决。帮扶的具体内容，可以是基础设施建设，也可以是经济发展项目的论证与确定，还可以是对贫困人口的实用培训。

4. 协调整合扶贫资源

因为多数驻村扶贫干部来自党政机关和企事业单位，他们不仅能够更好承接来自财政部门和社会力量的扶贫资金、项目，同时还能够更好地动员自己所在单位筹集和整合扶贫资源。此外，驻村干部还能够利用自己的社会资本动员更多的社会力量参与自己所驻村的扶贫事业，争取更多的扶贫项目。驻村扶贫干部的存在，也能够在一定程度上抑制扶贫资金被截留、挪用的情况，有助于提高扶贫工作的精准性和有效性。

（二）干部驻村帮扶的地方实践总结

一些地方将驻村帮扶干部的工作进行了形象的总结，即"一宣四帮"和做好"六大员"。具体内容是，驻村干部要做好国家方针政策的宣传，帮助推动经济发展，帮助改善民生，帮助维护基层社会稳定和帮助基层组织建设；做好实情调查员、政策宣传员、矛盾调解员、为农民服务的办事员、村级民主政治建设监督员和村级组织建设监督员。干部驻村帮扶机制不仅是对政府在扶贫工作中主导责任的强化，同时也是希望通过大量干部的下乡帮扶实现最大限度地调动社会扶贫资源。通过对四川、贵州、湖北、广西等地干部驻村帮扶机制实践的总结，我们发现，干部驻村帮扶机制主要包含六个方面的内容。

1. 长效的驻村干部选拔机制

为了保证驻村干部能够"下得去、待得住"，不少地方都将驻村干部的帮扶工作变成了后备干部的培养与选拔过程，更是党员干部群众路线教育的重要机制。通过选派政治上过硬，能力突出，工作热情高和业务精通的扶贫干部，国家和各级政府的扶贫政策将得以贯彻；通过将驻村扶贫转变成干部成长所必需的基层经历，可以让更多的干部主动要求驻村扶贫，这样就形成了驻村扶贫的长效机制。

2. 构建激励保障机制

要从三个层面形成对驻村干部的保障机制。首先，要形成政治保障机制。对于那些在驻村扶贫工作中成绩突出的，要在选拔晋升方面优先考虑；对于务实奉献扶贫工作且能力显著的，要将其列为后备干部培养对象。其次，要设立驻村扶贫干部经济保障机制。对于参与驻村扶贫工作的干部，要对其提供必要的工作补助，如交通补助、通信补助等，以减少其后顾之忧。最后，要给予驻村扶贫干部工作经费的保障。驻村干部的扶贫要保障一定的工作经费，不然就会给贫困村带来经济负担。这里的工作经费不仅是驻村干部扶贫工作的必要开支，而且可以在一定程度上调动村干部配合扶贫工作的积极性。

3. 建立驻村干部的检查考核机制

为了督促驻村干部的扶贫工作，要严肃驻村扶贫的纪律，明确驻村干部每个月驻村工作的时间。各级党委的组织部门要做好驻村干部的监督、管理和考核工作，加强扶贫工作培训，严格扶贫工作纪律。可以建立驻村扶贫工作督导组，对驻村干部的工作采取明察暗访、电话抽查、实地督察和专项督察等方式进行管理和指导。

4. 强化对驻村干部的培训工作

扶贫工作尽管是公共管理事务，但要做好这项工作需要一定的专业性知识和技能。因此，在驻村扶贫干部进村之前，一定要做好扶贫政策、扶贫项目、基层党建等相关知识的培训。通过培训，驻村干部不仅能够掌握必要的工作基础技能，而且增强了他们的责任感和工作信心。培训工作也将是驻村扶贫干部交流工作经验的重要平台，问题可以在这里得以解决，优秀的经验也可以在这里被学习和传播。这样的培训可以针对驻村干部，同样也需要针对贫困农户。

5. 做好驻村扶贫干部的宣传交流机制

首先，要形成驻村干部帮扶扶贫的浓厚舆论氛围，组织相关媒体对驻村干部扶贫开发的事例进行报道，展示驻村干部的扶贫工作风采和成效，对他们的工作是种激励。其次，要树立和宣传驻村扶贫工作的典型。树立和宣传典型，不仅是对优秀工作机制的传递和分享，也是为了在扶贫干部中间形成"比学赶超"的扶贫环境。对驻村扶贫干部及其工作的宣传，也是对其工作的关注和支持，将会构成其工作动力的重要组成部分。

6. 实现产业扶贫发展

驻村干部的重要工作之一是通过选择、培育和引导适合当地产业发展项目而实现贫困农户增收和农村发展。但在现实层面，要达到这样的目标并不容易，好的产业发展项目，不仅要有技术、产业和市场等方面信息的支撑，而且要得到贫困户和贫困村的认可。驻村干部一方面要做好关于产业项目自身的相关工作；另一方面必须做好群众的思想工作，做好引导与示范工作。当然，产业项目推动扶贫也是有一定风险的，所以产业项目需要谨慎选择。

四　财政专项资金管理机制

财政专项扶贫资金，是国家实施扶贫开发战略的重要资金保障，财政专项扶贫资金的管理就成为影响扶贫工作效果的重要因素。以往关于扶贫瞄准和扶贫目标偏离的重要研究，都将研究焦点汇聚到专项扶贫资金管理方面，他们从扶贫资金的筹集、分配、管理和传递等多个方面展开研究，并提出了优化改革的政策建议。当前，中国扶贫工作已经进入攻坚的关键时期，改革财政专项扶贫资金管理机制已成为实现扶贫工作既定目标、保障贫困人口 2020 年全面脱贫的重要基础。从国家政策的总体设计和扶贫工作的现实要求看，财政专项扶贫资金的改革主要集中在以下几个方面。

（一）加大财政专项扶贫资金投入力度

各级政府要逐步增加财政专项扶贫资金投入，在中央财政专项扶贫资金不断增加的基础上，省级财政应建立与中央财政专项扶贫资金相配套的扶贫资金增长机制，其他层级的地方政府应该合理安排财政专项扶贫资金，为扶贫工作提供切实可靠的资金保障。需要注意的是，以往财政专项扶贫资金所要求的地方财政配套资金应根据地方财政的实际能力设定，对于经济基础薄弱的贫困县，要避免配套资金带来的财政压力。

（二）加大资金管理改革力度，增强资金使用的针对性和实效性，强化扶贫资金分配的结果导向性

扶贫项目资金要到村到户，切实使资金直接用于扶贫对象。财政扶贫资金的使用要与精准扶贫工作机制相结合，要准确瞄准贫困村和贫困户，以贫困县扶贫工作考核结果作为财政专项扶贫资金分配的重要依据。此外，把资金分配与工作考核、资金使用绩效评价结果相结合，探索以奖代补等竞争性分配办法。国务院扶贫办将会指导地方开展竞争性分配扶贫资金的试点，创新采用包干制等办法，将扶贫资金分配与扶贫效果、目标任务等结合起来。充分发挥财政专项扶贫资金分配的激励机制，对于扶贫效果差异显著的地方，在财政扶贫资金的分配上也应有所体现。兼顾公平是财政专项扶贫资金分配的基本原则，但是不可均等化分配扶贫资金，避免撒胡椒面的做法。

（三）简化资金拨付流程，加快扶贫资金拨付

除保留小部分扶贫项目的审批权外，扶贫项目审批权限原则上下放到县，用好盘活结余结转资金。中央财政上一年度提前下达的资金，省级财政应于每年 3 月底前下达完毕。其余资金，除少量须省级审批的项目以外，省级财政应于中央财政下达后 2 个月内下达完毕（以发文时间为准，下同）。县级政府要科学设计扶贫项目，做好扶贫项目可行性研究，加强扶贫项目库建设，及时把上级安排的资金落实到具体项目，项目原则上应在一年内实施完毕。财政扶贫资金拨付的简化，并不是对相关机构和部门财政资金使用与管理方面监管责任的懈怠；相反，在扶贫项目审批权主要放置在县级财政后，省市级财政更应该强化对资金使用的监督、评估和抽查工作，以减少因县级财政工作疏漏而带来的扶贫工作损失。县级政府应把年

度项目安排计划及项目实施方案报上级资金使用管理相关部门备案，作为上级考核、检查的依据，备案层级及具体要求由各地自主确定。对项目审批权限下放到县的资金，中央、省、市相关部门要及时清理有关规定，不得以任何名义限制县级政府自主确定资金扶持项目。

（四）提高扶贫精准度，整合扶贫资源实现大扶贫

扶贫资金的使用要与精准扶贫工作对接，扶贫资金的分配要与建档立卡工作相衔接，扶贫资金的使用方式要充分激发扶贫对象的内生发展动力，要以增强扶贫对象的自我发展能力为导向。为了提高扶贫措施的有效性和可行性，要针对不同村和不同农户具体情况制定和实施帮扶办法，实现产业扶贫到村，生活条件改善和致富能力提升到户，让扶贫对象切实得到扶贫的实惠，让广大贫困村和贫困户切实分享经济社会发展的成果。以扶贫攻坚规划和重大扶贫项目为平台，整合扶贫和相关涉农资金，集中解决突出贫困问题。以贫困县考核改革为契机，通过将扶贫工作上升为"一号工程"，充分发挥地方党政领导协调和整合各类扶贫资源的优势，使扶贫资金和各类涉农资金在统筹和系统设计后发挥合力。国务院扶贫办等部门将指导地方扶贫资金整合实施方案，以实现扶贫领域的集中力量办大事。

（五）积极探索政府购买公共服务等有效做法，提升社会扶贫能力

政府是扶贫工作的重要主体，也是社会扶贫工作的引导者与组织者。扶贫工作的复杂性和扶贫任务的艰巨性意味着仅有政府主体来承担扶贫开发工作是不够的。政府改革的重要内容之一就是政府购买公共服务，扶贫工作也是公共服务的重要内容，因此在政府公共服务和行政管理体制改革的背景下，地方政府应积极探索财政扶贫资金购买公共服务的实践办法，引导社会力量以适当方式参与扶贫开发工作。扶贫开发工作中，凡适合采取市场化方式提供且市场化方式更具效率的、社会力量能够承担的扶贫工作和扶贫项目或者其环节，如规划编制、项目评估、项目实施、项目验收、第三方监督等，可采取委托、承包、采购等方式，通过公开、透明、规范的程序交给社会力量承担。社会扶贫力量的进入不仅是对政府单主体扶贫工作的有力补充，同时也会形成对政府扶贫工作中违规和不当行为的监督。

（六）创新扶贫资金使用机制，放大资金扶贫效应

创新扶贫资金的使用方式，首先要求扶贫部门对扶贫资金有个清晰的认知，即扶贫资金是用于扶贫开发工作的专项资金，扶贫工作的公益性和公共性意味着，扶贫资金不能过分追求经济效益，不然就会排斥贫困户和贫困村对扶贫资金的使用。同时，扶贫资金的有限性也意味着，仅仅依赖扶贫资金对扶贫工作的投入是不够的，在注重社会效益和公共价值的使用过程中，对扶贫资金效果的关注也在客观上成为一种必然。近年来，中央财政支农资金领域已经出现了新的改革，改革的重要内容就是变扶持资金的无偿使用为有偿、有期限使用。积极创新资金使用机制，也意味着我们将转变以往扶贫资金无偿使用带来的低效与低质量，将财政扶贫资金作为一个杠杆，以撬动多方资金参与扶贫开发工作，充分发挥财政专项扶贫资金的放大效应。扶贫资金使用方式的创新，将会释放一个信号，那就是扶贫开发工作不仅允许民间资本投入，而且民间资金也将会从投入中获得自己的收益。我们鼓励和引导金融资本、社会资金投入扶贫开发，但也应做好对这些资本介入扶贫工作的甄别与筛选，因为贫困者在资本面前的弱势地位是难以改变的，在允许资本参与扶贫的情况下，我们更应加强对贫困村、贫困户权益的保障。继续做好扶贫贷款贴息工作，扶贫贷款贴息工作可与贫困村互助资金组织进行对接，利用村庄社会的关系网络与内部约束机制提升资金申请和使用的透明度；不同地区要根据本地扶贫贴息贷款的实际需求，自主扩大扶贫贷款贴息规模，扶贫贷款不仅可以用于生产，同时也可以用于生活性救急所需。在防范风险的前提下，稳步推进贫困村资金互助组织发展，支持开展扶贫小额信用贷款，努力满足扶贫对象生产和发展的资金需求。

（七）改革和完善扶贫资金监管

随着扶贫项目审批权主要下放到县级政府，各地要建立起与这一改变相适合的工作机制，要将以往的工作重心从直接负责扶贫项目和资金的分配转变到对扶贫资金和项目的监管上。事权与财权的匹配，让地方在扶贫工作中有更大的自主空间，但这也意味着地方责任被无形加强。省、市两级政府主要负责资金和项目监管，县级政府负责组织实施好扶贫项目，各

级人大常委会要加强对资金审计结果的监督，管好用好资金，相关的审计部门要加强对扶贫项目和资金的审计工作。对于扶贫领域的违法违纪行为，要依据相关法律法规进行严肃处理。坚持和完善资金项目公告公示制度，要将中央、省、市级财政专项扶贫资金的相关政策和使用情况及时公开。县级政府要在本地政府门户网站或主要媒体公告公示资金安排和项目建设等情况，并继续坚持和完善行政村公告公示制度。公告公示内容应包括项目名称、资金来源、资金规模、实施地点、建设内容、实施期限、预期目标、项目实施结果、实施单位及责任人、举报电话等。地方各级政府要把财政专项扶贫资金作为监管的重点，建立常态化、多元化的监督检查机制。财政部、审计署以及其他资金使用管理相关部门要加强对各地监管职责落实情况的追踪问效，适时组织开展财政专项扶贫资金绩效监督。各级政府相关部门要完善业务流程设计，实行全程监管。要进一步发挥社会监督作用，探索通过购买服务方式引入第三方监督，并通过加强制度设计保障第三方的独立性。要利用好乡镇财政、村基层组织就地就近监管优势，引导扶贫对象积极主动参与资金项目管理，建立健全举报受理、反馈机制，让扶贫对象成为维护自己权益、监督资金使用和项目建设的重要力量。

五　金融服务机制

做好扶贫开发金融服务工作，满足扶贫对象发展生产的资金需求，对于促进贫困地区经济社会的发展和全面建成小康社会目标的实现具有重要意义。按照中央关于金融服务扶贫工作的总体安排，我们能够确定金融服务扶贫的目标：针对贫困地区的信贷投入总量不断增加，贫困地区企业融资结构不断优化，金融扶贫开发的组织体系不断完善，金融服务水平明显提升，金融机构对贫困乡镇和贫困村的覆盖面不断扩大。新改革的扶贫开发金融服务主要瞄准 14 个集中连片贫困区和 832 个扶贫开发工作重点县。

（一）扶贫开发金融服务机制的原则

1. 开发式扶贫原则

金融服务，要坚持以产业发展为引领，通过完善相关服务，促进贫困地区和贫困人口提升自我发展能力，增强贫困地区"造血"功能，充分发挥其发展生产经营的主动性和创造性，增加农民收入，实现脱贫致富。

2. 商业可持续原则

金融服务在本质上仍然是一种市场化的运作方式，所以金融服务的可持续性就显得尤为关键。坚持市场化和政策扶持相结合，以市场化为导向，以政策扶持为支撑，充分发挥市场配置资源的决定性作用，健全激励约束机制，在有效防范金融风险的前提下，引导金融资源向贫困地区倾斜。金融服务的改善和提升是以金融业务发展和安全为前提的，离开这个前提，就无从谈起金融服务的优化。

3. 因地制宜原则

金融服务支持扶贫开发，仍需要遵循金融工作规律，金融服务的提供情况和服务程度是与贫困地区、贫困村产业发展、资金需求可行性相统一的。因此，金融扶贫应立足贫困地区实际，根据不同县域的产业特点、资源禀赋和经济社会发展趋势，结合不同主体的差异化金融需求，创新扶贫开发金融服务方式，让贫困地区农业、农村和农民得到更高效、更实惠的金融服务。

4. 突出重点原则

在金融资源有限的情况下，对于不同区域、不同产业和不同行业，金融服务的先后次序也是不同的。金融服务要切实发挥其杠杆作用，就要加强与贫困地区区域发展规划和相关产业扶贫规划的衔接，将服务的重点放置在贫困地区基础设施建设、主导优势产业和特色产品发展方面；要关注贫困人口尤其是创业青年的金融产品和服务需求，破除制约金融服务的体制机制障碍，努力寻求重点领域新突破。

（二）扶贫开发金融服务的重点支持领域

1. 支持贫困地区基础设施建设

基础设施建设是实现脱贫致富目标和实施其他扶贫战略的基础，而从目前的情况看，多数集中连片贫困区和国家级贫困县基础设施（水、电和路等）覆盖率还不足 90%。因此，金融服务应加大对贫困地区道路交通、饮水安全、电力保障、危房改造、农田水利、信息网络等基础设施建设的金融支持力度，积极支持贫困地区新农村和小城镇建设，增强贫困地区经济社会发展后劲。

2. 推动经济发展和产业结构升级

多数贫困地区农户的收入依靠单一的农业生产，而随着农业产业链的不断延伸和农业多功能性的开发，转变贫困地区的经济发展方式和产业结构已成为紧迫任务。积极做好对贫困地区特色农业、农副产品加工、旅游、民族文化产业等特色优势产业的金融支持，不断完善承接产业转移和新兴产业发展的配套金融服务，促进贫困地区产业协调发展，保障金融服务成果的大众分享空间。

3. 促进就业创业和贫困户脱贫致富

金融服务对扶贫开发的贡献不仅表现在支撑县域产业的发展和经济结构调整，同时也体现在对个体和微型企业的支持。对于那些有创业意愿、创业能力和创业基础的贫困农户、农村青年致富带头人、大学生村官、妇女、进城务工人员、返乡农民工、残疾人等群体，要加大金融支持，在可行的情况下，金融机构甚至可以帮助其优化内部金融管理制度和方案；对于能够吸纳贫困人口就业的劳动密集型企业、小型微型企业及服务业，也应加大信贷支持力度；此外，金融还能够发挥提升贫困人口人力资本的功能，加大金融对职业教育、继续教育、技术培训的服务与支持，提升贫困人口的知识、技能和就业创业能力。

4. 支持生态建设和环境保护

贫困地区自然生态的特殊性和国家对于这类地区的功能定位意味着，生态建设与环境保护是扶贫开发工作的一个底线，扶贫工作不能以生态恶化和环境破坏为代价。而生态建设和环境保护工作的艰巨性也期待更多的金融服务，这就要求我们在推动贫困地区产业发展和经济成长的同时，一定要实现经济发展与生态环境的和谐。因此，金融服务在提供服务时，有一个重要的选择标准就是产业或是项目是否经过环评，是否是环境友好型和能源低消耗的。因此，我们建议金融应服务好贫困地区重要生态功能区、生态文明示范工程、生态移民等项目建设工作，扶持地方发展特色生态经济和循环经济，实现贫困地区经济社会和生态环境的可持续发展。

（三）扶贫开发金融服务机制改革的重点工作

1. 进一步发挥政策性、商业性和合作性金融的互补优势

充分发挥农业发展银行的政策优势，积极探索和改进服务方式，加大对贫困地区信贷支持力度。鼓励国家开发银行结合自身业务特点，合理调剂信贷资源，支持贫困地区基础设施建设和新型城镇化发展。继续深化中国农业银行"三农金融事业部"改革，强化县事业部"一级经营"能力，提升对贫困地区的综合服务水平。强化中国邮政储蓄银行贫困地区县以下机构网点功能建设，积极拓展小额贷款业务，探索资金回流贫困地区的合理途径。注重发挥农村信用社贫困地区支农主力军作用，继续保持县域法人地位稳定，下沉经营管理重心，真正做到贴近农民、扎根农村、做实县域。鼓励其他商业银行创新信贷管理体制，适当放宽基层机构信贷审批权限，增加贫困地区信贷投放。积极培育村镇银行等新型农村金融机构，规范发展小额贷款公司，支持民间资本在贫困地区优先设立金融机构，有效增加对贫困地区信贷供给。继续规范发展贫困村资金互助组织，在管理民主、运行规范、带动力强的农民合作社基础上培育发展新型农村合作金融组织。

2. 完善扶贫贴息贷款政策，加大扶贫贴息贷款投放

充分发挥中央财政贴息资金的杠杆作用，支持各地根据自身实际需求增加财政扶贫贷款贴息资金规模。完善扶贫贴息贷款管理实施办法，依照建档立卡认定的贫困户，改进项目库建设、扶贫企业和项目认定机制，合理确定贷款贴息额度。优化扶贫贴息贷款流程，支持金融机构积极参与发放扶贫贴息贷款。加强对扶贫贴息贷款执行情况统计和考核，建立相应的激励约束机制。

3. 优化金融机构网点布局，提高金融服务覆盖面

积极支持和鼓励银行、证券、保险机构在贫困地区设立分支机构，进一步向社区、乡镇延伸服务网点。优先办理金融机构在贫困地区开设分支机构网点的申请，加快金融服务网点建设。各金融机构要合理规划网点布局，加大在金融机构空白乡镇规划设置物理网点的工作力度，统筹增设正常营业的固定网点、定时服务的简易服务网点（或固定网点）和多种物理

机具，并在确保安全的前提下，开展流动服务车、背包银行等流动服务。严格控制现有贫困地区网点撤并，扩大网点覆盖面，积极推动金融机构网点服务升级。加大贫困地区新型农村金融机构组建工作力度，严格执行新型农村金融机构东西挂钩、城乡挂钩、发达地区和欠发达地区挂钩的政策要求，鼓励延伸服务网络。

4. 继续改善农村支付环境，提升金融服务便利度

加快推进贫困地区支付服务基础设施建设，逐步扩展和延伸支付清算网络的辐射范围，支持贫困地区符合条件的农村信用社、村镇银行等银行业金融机构以经济、便捷的方式接入人民银行跨行支付系统，畅通清算渠道，构建城乡一体的支付结算网络。大力推广非现金支付工具，优化银行卡受理环境，提高使用率，稳妥推进网上支付、移动支付等新型电子支付方式。进一步深化银行卡助农取款和农民工银行卡特色服务，切实满足贫困地区农民各项支农补贴发放、小额取现、转账、余额查询等基本服务需求。鼓励金融机构柜面业务合作，促进资源共享，加速城乡资金融通。积极引导金融机构和支付机构参与农村支付服务环境建设，扩大支付服务主体，提升服务水平，推动贫困地区农村支付服务环境改善工作向纵深推进。

5. 加快推进农村信用体系建设，推广农村小额贷款

深入开展"信用户""信用村""信用乡（镇）""农村青年信用示范户"创建活动，不断提高贫困地区各类经济主体的信用意识，营造良好农村信用环境。稳步推进农户、家庭农场、农民合作社、农村企业等经济主体电子信用档案建设，多渠道整合社会信用信息，完善信用评价与共享机制。促进信用体系建设与农户小额信贷有效结合，鼓励金融机构创新农户小额信用贷款运作模式，提高贫困地区低收入农户的申贷获得率，切实发挥农村信用体系在提升贫困地区农户信用等级、降低金融机构支农成本和风险、增加农村经济活力等方面的重要作用。积极探索多元化贷款担保方式和专属信贷产品，大力推进农村青年创业小额贷款和妇女小额担保贷款工作。

6. 创新金融产品和服务方式，支持贫困地区发展现代农业

各银行业金融机构要创新组织、产品和服务，积极探索开发适合贫困

地区现代农业发展特点的贷款专项产品和服务模式。大力发展大型农机具、林权抵押、仓单和应收账款质押等信贷业务，重点加大对管理规范、操作合规的家庭农场、专业大户、农民合作社、产业化龙头企业和农村残疾人扶贫基地等经营组织的支持力度。稳妥开展农村土地承包经营权抵押贷款和慎重稳妥推进农民住房财产权抵押贷款工作，进一步拓展抵押担保物范围。结合农户、农场、农民合作社、农业产业化龙头企业之间相互合作、互惠互利的生产经营组织形式新需求，健全"企业 + 农民合作社 + 农户""企业 + 家庭农场""家庭农场 + 农民合作社"等农业产业链金融服务模式，提高农业金融服务集约化水平。

7. 大力发展多层次资本市场，拓宽贫困地区多元化融资渠道

进一步优化主板、中小企业板、创业板市场的制度安排，支持符合条件的贫困地区企业首次公开发行股票并上市，鼓励已上市企业通过公开增发、定向增发、配股等方式进行再融资，支持已上市企业利用资本市场进行并购重组实现整体上市。鼓励证券交易所、保荐机构加强对贫困地区具有自主创新能力、发展前景好的企业的上市辅导培育工作。加大私募股权投资基金、风险投资基金等产品创新力度，充分利用全国中小企业股份转让系统和区域性股权市场挂牌、股份转让功能，促进贫困地区企业融资发展。鼓励和支持符合条件的贫困地区企业通过发行企业（公司）债券、短期融资券、中期票据、中小企业集合票据及由证券交易所备案的中小企业私募债券等多种债务融资工具，扩大直接融资的规模和比重。

8. 积极发展农村保险市场，构建贫困地区风险保障网络

贫困地区各保险机构要认真按照《农业保险条例》（国务院令第 629号）的要求，创新农业保险险种，提高保险服务质量，保障投保农户的合法权益。鼓励保险机构在贫困地区设立基层服务网点，进一步提高贫困地区保险密度和深度。鼓励发展特色农业保险、扶贫小额保险，扩大特色种养业险种。积极探索发展涉农信贷保证保险，提高金融机构放贷积极性。加大农业保险支持力度，扩大农业保险覆盖面。支持探索建立适合贫困地区特点的农业保险大灾风险分散机制，完善多种形式的农业保险。拓宽保险资金运用范围，进一步发挥保险对贫困地区经济结构调整和转型升级的

积极作用。

9. 加大贫困地区金融知识宣传培训力度

加强对贫困地区县以下农村信用社、邮储银行、新型农村金融机构及小额信贷组织的信贷业务骨干进行小额信贷业务和技术培训，提升金融服务水平。对贫困地区基层干部进行农村金融改革、小额信贷、农业保险、资本市场及合作经济等方面的宣传培训，提高运用金融杠杆发展贫困地区经济的意识和能力。各相关部门、各级共青团组织、金融机构、行业组织、中国金融教育发展基金会等社会团体要加强协同配合，充分发挥"金融惠民工程""送金融知识下乡"等项目的作用，积极开展对贫困地区特定群体的专项金融教育培训。鼓励涉农金融机构加强与地方政府部门及共青团组织的协调合作，创新开展贫困地区金融教育培训，使农民学会用金融致富，当好诚信客户。

10. 加强贫困地区金融消费权益保护工作

各金融机构要重视贫困地区金融消费权益保护工作，加强对金融产品和服务的信息披露和风险提示，依法合规向贫困地区金融消费者提供服务。公平对待贫困地区金融消费者，严格执行国家关于金融服务收费的各项规定，切实提供人性化、便利化的金融服务。各金融机构要完善投诉受理、处理工作机制，切实维护贫困地区金融消费者的合法权益。各相关部门要统筹安排金融知识普及活动，建立金融知识普及工作长效机制，提高贫困地区金融消费者风险识别和自我保护的意识和能力。

六　扶贫开发社会参与机制

广泛动员全社会力量共同参与扶贫开发，是我国扶贫开发事业的成功经验，是中国特色扶贫开发道路的重要特征。改革开放以来，各级党政机关、军队和武警部队、国有企事业单位等率先开展定点扶贫，东部发达地区与西部贫困地区结对扶贫协作，对推动社会扶贫发挥了重要引领作用。民营企业、社会组织和个人通过多种方式积极参与扶贫开发，社会扶贫日益显示出巨大发展潜力。但还存在组织动员不够、政策支持不足、体制机制不完善等问题。为了应对新时期扶贫工作的需要，我们也对扶贫开发的社会参与机制进行了创新和改革。

（一）扶贫开发社会参与机制改革的原则

1. 坚持政府引导

政府是扶贫开发工作的主导者，其在扶贫工作中具有不可替代的作用，也是各类型扶贫工作开展和实施的组织者。社会力量参与扶贫开发工作，也是需要政府的引导。各级政府应健全组织动员机制，搭建社会参与平台，完善政策支撑体系，营造良好社会氛围。

2. 坚持多元主体

既然是社会扶贫，那自然要强调多元主体参与扶贫开发工作的重要意义。政府单一主体会出现扶贫领域的政府失灵，过分依赖市场主体则会出现扶贫的市场失灵，而一味强调社会组织扶贫，则会出现扶贫的志愿失灵，因此我们提倡的社会扶贫大格局一定是政府、市场和社会组织合力扶贫的局面。扶贫开发的社会参与要充分发挥各类市场主体、社会组织和社会各界作用，多种形式推进，形成强大合力。

3. 坚持群众参与，尊重群众的主体精神

在扶贫工作的失败案例中，扶贫主体往往忽视被帮扶对象的首创精神和主体意志，导致很多扶贫措施没能取得应有的效果。在扶贫工作中，地方支持也是影响扶贫绩效的重要因素，因此扶贫工作不仅是扶贫主体单方面意志和行动的落实，更是帮扶双方互动的过程。充分尊重帮扶双方意愿，促进交流互动，激发贫困群众内生动力，充分调动社会各方面力量参与扶贫的积极性。

4. 坚持精准扶贫，落实扶贫实效

社会扶贫资金尽管不是财政资金直接投入，但也同样需要关注扶贫效果，只有社会扶贫取得应有的效果，社会扶贫主体才能获得正向激励，而被扶贫对象也才能积极响应社会扶贫工作并提供正面评价。要实现社会扶贫的精准效果，就需要推动社会扶贫资源动员的规范化、扶贫资源配置的精准化和扶贫资源使用的专业化，一定要把扶贫资金用在切实需要的地方，要扎扎实实地开展扶贫工作，真正让贫困群众得实惠。

（二）创新扶贫开发社会参与机制的重点工作

1. 培育多元社会扶贫主体

第一，大力倡导民营企业扶贫。鼓励民营企业积极承担社会责任，充分激发市场活力，发挥资金、技术、市场、管理等优势，通过资源开发、产业培育、市场开拓、村企共建等多种形式到贫困地区投资兴业、培训技能、吸纳就业、捐资助贫，参与扶贫开发，发挥辐射和带动作用。2015 年 10 月 17 日，全国工商联、国务院扶贫办和中国光彩会在京联合举行"万企帮万村"精准扶贫行动启动仪式。"万企帮万村"行动以民营企业为帮扶方，以建档立卡的贫困村为帮扶对象，以签约结对、村企共建为主要形式，力争 3~5 年时间，动员全国一万家以上民营企业参与，帮助一万个贫困村加快脱贫进程。

第二，积极引导社会组织扶贫。支持社会团体、基金会、民办非企业单位等各类组织积极从事扶贫开发事业。地方各级政府和有关部门要对社会组织开展扶贫活动提供信息服务、业务指导，鼓励其参与社会扶贫资源动员、配置和使用等环节，建设充满活力的社会组织参与扶贫机制。加强国际减贫交流合作。2014 年，国务院将 10 月 17 日设立为"扶贫日"，为广泛动员社会各方面力量参与扶贫开发搭建了制度平台。

第三，广泛动员个人扶贫。积极倡导"我为人人、人人为我"的全民公益理念，开展丰富多样的体验走访等社会实践活动，畅通社会各阶层交流交融、互帮互助的渠道。引导广大社会成员和港澳同胞、台湾同胞、华侨及海外人士，通过爱心捐赠、志愿服务、结对帮扶等多种形式参与扶贫。

第四，深化定点扶贫工作。承担定点扶贫任务的单位要发挥各自优势，多渠道筹措帮扶资源，创新帮扶形式，帮助协调解决定点扶贫地区经济社会发展中的突出问题，做到帮扶重心下移，措施到位有效，直接帮扶到县到村。定期选派优秀中青年干部挂职扶贫、驻村帮扶。定点扶贫单位负责同志要高度重视本单位定点扶贫工作，深入开展调研，加强对定点扶贫工作的组织领导。

第五，强化东西部扶贫协作。协作双方要强化协调联系机制，继续坚持开展市县结对、部门对口帮扶。注重发挥市场机制作用，按照优势互补、互利共赢、长期合作、共同发展的原则，通过政府引导、企业协作、社会帮扶、人才交流、职业培训等多种形式深化全方位扶贫协作，推动产业转型升级，促进贫困地区加快发展，带动贫困群众脱贫致富。协作双方建立定期联系机制，加大协作支持力度。加强东西部地区党政干部、专业技术人才双向挂职交流，引导人才向西部艰苦边远地区流动。各省（区、市）要根据实际情况，在本地区组织开展区域性结对帮扶工作。

2. 创新社会力量参与扶贫开发的方式

第一，开展扶贫志愿行动。鼓励和支持青年学生、专业技术人才、退休人员和社会各界人士参与扶贫志愿者行动，建立扶贫志愿者组织，构建贫困地区扶贫志愿者服务网络。组织和支持各类志愿者参与扶贫调研、支教支医、文化下乡、科技推广等扶贫活动。

第二，打造扶贫公益品牌。继续发挥"光彩事业""希望工程""母亲水窖""幸福工程""母亲健康快车""贫困地区儿童营养改善""春蕾计划""集善工程""爱心包裹""扶贫志愿者行动计划"等扶贫公益品牌效应，积极引导社会各方面资源向贫困地区聚集，动员社会各方面力量参与"雨露计划"、扶贫小额信贷和易地扶贫搬迁等扶贫开发重点项目，不断打造针对贫困地区留守妇女、儿童、老人、残疾人等特殊群体的一对一结对、手拉手帮扶等扶贫公益新品牌。

第三，构建信息服务平台。以贫困村、贫困户建档立卡信息为基础，结合集中连片特殊困难地区区域发展与扶贫攻坚规划，按照科学扶贫、精准扶贫的要求，制定不同层次、不同类别的社会扶贫项目规划，为社会扶贫提供准确的需求信息，推进扶贫资源供给与扶贫需求的有效对接，进一步提高社会扶贫资源配置与使用效率。

第四，推进政府购买服务。加快推进面向社会购买服务，支持参与社会扶贫的各类主体通过公开竞争的方式，积极参加政府面向社会购买服务工作，政府部门择优确定扶贫项目和具体实施机构，支持社会组织承担扶贫项目的实施。

（三）做好社会扶贫的保障工作

为了切实保障社会力量参与扶贫开发工作，国家和各级地方政府、扶贫主管部门应建立相应的配套保障措施。具体内容包括：全面落实企业扶贫捐赠税前扣除、各类市场主体到贫困地区投资兴业等相关支持政策；以国务院扶贫开发领导小组名义定期开展社会扶贫表彰，让积极参与社会扶贫的各类主体在政治上有荣誉、事业上有发展、社会上受尊重；把扶贫纳入基本国情教育范畴，大力弘扬社会主义核心价值观，创新扶贫宣传形式，加强社会扶贫先进事迹报道，为社会扶贫营造浓厚的舆论氛围；地方各级政府和有关部门要适应社会扶贫体制机制改革创新需要，深入调查研究，强化服务意识，搭建社会参与平台，提高社会扶贫工作的管理服务能力；国务院各部门和有关单位要密切合作，加强协调动员，按照职能分工落实相关政策，推进各项工作（扶贫部门要加强社会扶贫工作的组织指导和协调服务；财政、税务、金融部门要落实财税和金融支持政策措施；人力资源社会保障部门要落实挂职扶贫干部、驻村帮扶干部和专业技术人员相关待遇；民政部门要将扶贫济困作为促进慈善事业发展的重点领域，支持社会组织加强自身能力建设，提高管理和服务水平；工会、共青团、妇联、残联、工商联要发挥各自优势积极参与扶贫工作）。另外，还要注意加强扶贫领域国际交流合作。

第五章　扶贫改革试验区建设

王小林 [*]

2013 年 1 月，国务院扶贫开发领导小组决定在辽宁、浙江、广东 3 个省份设立扶贫改革试验区，探索扶贫开发的新模式，加快扶贫开发制度创新，不断完善国家扶贫战略和政策体系。

一　扶贫改革试验区设立的背景

（一）东部地区先富起来

按照邓小平同志对中国改革开放和发展的战略构想，让一部分地区、一部分人先富起来，带动和帮助其他地区、其他人，逐步达到共同富裕的目标。沿海和东部地区率先进行改革开放，东部地区先发展起来。到 2000 年，东部地区人均 GDP 达到甚至超过了 1 万元，而中部地区和西部地区则相对滞后，特别是青海、宁夏、西藏人均 GDP 都低于 300 元（见表 5 - 1）。中国的贫困人口主要分布在中西部地区，加之巨大的发展差距，使得中央必须集中财力重点扶持中部和西部地区的贫困人口。

表 5 - 1　2000 年中国东、中、西部地区分省人均 GDP

单位：元

东部地区	人均 GDP	中部地区	人均 GDP	西部地区	人均 GDP
辽宁	11177	山西	1846	内蒙古	1539

---

* 王小林，中国国际扶贫中心。

续表

东部地区	人均GDP	中部地区	人均GDP	西部地区	人均GDP
江苏	11765	吉林	1952	广西	2080
浙江	13415	黑龙江	3151	重庆	1791
福建	11194	安徽	2902	四川	3928
山东	9326	江西	2003	贵州	1030
广东	12736	河南	5053	云南	2011
		湖北	3545	西藏	118
		湖南	3551	陕西	1804
				甘肃	1053
				青海	264
				宁夏	295
				新疆	1364

资料来源：《中国统计年鉴2014》。

到2000年，中央决定调整扶贫开发的事权划分，中央主要负责中部和西部地区的减贫，东部6省因其自身发展速度快，财政实力较强，其减贫责任主要由地方自己负责。这样，中国扶贫开发的政策体系实质上就演化为两大类型：一类是由中央主导的中部和西部地区的扶贫开发；另一类是由东部6省地方主导的扶贫开发。

（二）东部地区率先消除绝对贫困

在《中国农村扶贫开发纲要（2001～2010）》实施的10年间，东部地区根据区域经济社会发展的特征，以及贫困的变化，积极探索符合本区域发展规划的扶贫开发道路和模式。这个时期中部和西部地区仍以绝对贫困为主，东部地区则基本消除了绝对贫困，进入逐步以缓解相对贫困为主的阶段。

按照2010年不变价格计算，以及农村居民人均纯收入为2300元的国家扶贫标准来衡量，到2013年，东部6省除辽宁省外，都消除了绝对贫困（见表5－2）。这标志着东部地区的扶贫开发已经完全由消除绝对贫困转向缩小发展差距，缓解相对贫困的新阶段。

表 5 - 2 2013 年东部 6 省农村贫困人口数量及贫困发生率

地　区	贫困人口数量（万人）	贫困发生率（%）
辽宁	126	5.4
江苏	95	2.0
浙江	72	1.9
福建	73	2.6
山东	264	3.7
广东	115	1.7
全国	8249	8.5

资料来源：《中国统计年鉴 2014》。

（三）为全国扶贫开发创新探索经验

东部地区工业化快速发展，城市化和信息化水平也在不断提高。东部地区无论是在产业发展、基础设施、金融服务方面，还是在人力资本开发方面都处于相对领先的地位。预计中国到 2020 年全面建成小康社会，扶贫工作将全面转向缓解相对贫困的新阶段。这样，东部地区在扶贫开发方面的改革创新，可为中西部地区下一步的扶贫开发提供经验，从而整体上提升中国扶贫开发的能力。

基于上述背景，2013 年 1 月国务院扶贫开发领导小组印发《关于设立扶贫改革试验区的意见》，确定在辽宁阜新、浙江丽水、广东清远设立扶贫改革试验区。其总体要求是：全面落实《中国农村扶贫开发纲要（2011～2020 年)》，立足新阶段扶贫开发的新形势、新要求，坚持创新扶贫方式和组织形式，着力提高扶贫开发决策水平和实施能力；坚持开发式扶贫方针，着力提升贫困地区、扶贫对象自我发展能力；坚持扶贫开发和农村最低生活保障制度有效衔接，着力完善低保维持生存、扶贫促进发展的制度基础；坚持基本公共服务资源向贫困地区、扶贫对象倾斜，着力构建改革发展成果的共享机制。

二　扶贫改革试验区的目标和任务

（一）目标

扶贫改革试验区要紧紧围绕新阶段扶贫开发总体目标，努力探索消除城乡二元体制、推进城乡一体化的新思路，努力探索突破扶贫开发体制机制障碍的新途径，努力探索缩小发展差距、实现共同富裕的新模式，形成工业化、信息化、城镇化、农业现代化与扶贫开发的有机结合、良性互动、共同发展的新格局，在新一轮扶贫开发攻坚战中充分发挥引领带动作用。

（二）原则

《关于设立扶贫改革试验区的意见》规定了扶贫改革试验区的三项原则。

1. 注重前瞻性

扶贫改革试验区建设要准确把握贫困地区经济社会发展的新特点、新趋势和扶贫开发的新要求，适当超前研究和谋划扶贫开发具体工作内容、实践载体、组织形式等，努力提高工作的预见性、系统性、主动性，为深入推进扶贫开发探索具有实践意义的新做法、新经验。

2. 突出创新点

扶贫改革试验区建设要紧紧抓住重点领域和重点环节，勇于实践、勇于变革、勇于创新，把改革试验精神贯彻到扶贫开发的全过程，着力在强化政策主导作用、改革收入分配体制、完善市场机制、培育参与扶贫开发的多元化主体、创新扶贫开发多种实现形式、丰富和拓展大扶贫格局等方面进行探索实践。

3. 坚持参与式

扶贫改革试验区建设要尊重扶贫对象的主体地位，充分发挥贫困地区、扶贫对象的主动性和创造性，有效激发其内在发展动力，着力加强农村基层组织建设，大力培育农村专业合作组织，支持发展农业产业化经营，创新集约经营的各类组织载体，引导农村社会组织发展并发挥作用，积极开展金融扶贫，使扶贫改革试验成为贫困地区与扶贫对象全面参与、自我发展的实践过程。

（三）重点内容

《关于设立扶贫改革试验区的意见》规定了扶贫改革试验区的六项重点内容。

1. 创新扶贫体制机制，统筹解决农村贫困

坚持以区域发展带动扶贫开发、以扶贫开发促进区域发展，统筹区域发展与扶贫开发，破除城乡二元结构，探索城乡规划、产业布局、基础设施、公共服务、社会管理与扶贫开发密切结合的机制。深化土地管理制度改革，完善土地流转机制和扶贫搬迁机制，加快小城镇建设，切实保障农民分享土地增值收益，探索解决城镇化进程中的扶贫问题。

2. 创新扶贫政策措施，强化民生优先导向

探索金融、土地、人才等方面优惠和特殊政策，大力促进贫困地区县域经济发展。创新贫困地区教育培训机制，增强扶贫对象自我发展能力。有针对性地培育对扶贫对象就业吸纳能力强、增收效果明显的产业，探索形成多元主体引领、多种形式带动、多层次发展的扶贫产业体系。推动公共资源进一步向贫困地区、扶贫对象倾斜，切实加强养老、医疗、低保等社会保障体系建设。

3. 创新贫困监测机制，健全扶贫工作体系

从实际出发建立扶贫标准动态调整机制，充分利用现代化手段，加强对贫困发生的动态监测、识别和统计工作，建立科学的扶贫对象瞄准机制，完善扶贫政策措施到户到人的工作体系，积极探索建立重大政策、项目的贫困影响评估监测机制。

4. 创新社会扶贫模式，完善大扶贫格局

探索建立社会各方面力量参与扶贫开发的组织、动员和激励机制，引导和支持各类市场主体到贫困地区投资兴业、开发资源，实现共赢发展，努力营造全社会参与扶贫开发的良好氛围。根据不同地区经济社会发展水平，推动区域协作，统筹城乡发展，创新扶贫组织形式，进一步健全扶贫帮困工作体系，促进完善大扶贫格局，探索建立先富帮后富的具体实现

途径。

5. 创新生态建设理念，探索生态扶贫路子

按照生态产业化、经济化、市场化的发展思路，推动贫困地区生态优势向产业发展和扶贫开发优势转变。推进绿色发展、低碳发展、循环发展，完善生态补偿机制，构建生态建设与扶贫开发良性互动机制，探索扶贫可持续发展道路。

6. 创新扶贫理论体系，推进扶贫制度建设

总结借鉴国内外减贫理论与实践，深入研究扶贫开发进程中的新情况新问题，不断推进理论创新和实践创新。适应社会主义市场经济要求，创新扶贫组织领导体系，进一步改进和完善扶贫管理体制、工作机制和考核激励机制，加快地方扶贫立法，推动扶贫工作走上法制轨道。

三　扶贫改革试验区设立的效果

（一）辽宁阜新扶贫改革试验区

阜新市是国务院扶贫开发领导小组批准设立的三个"全国扶贫改革试验区"之一，是辽宁省发展最落后的地区之一。经济总量小、产业水平低、资源枯竭、生态脆弱。全市常住人口有 182 万人，其中少数民族人口有 29.8 万人，按省定标准，贫困人口达 19.2 万人。所辖阜蒙、彰武两县都是全国重要商品粮基地和畜牧业基地，但基础设施薄弱，公共服务滞后，农业产业化水平低，发展生产资金不足，农业经营体制不活是制约其发展和减贫的瓶颈因素。因此，辽宁省将阜新扶贫改革试验区的主要任务定位为以下五个方面：全面提升产业化扶贫水平，统筹推进城乡社会发展，形成完整生态扶贫产业链，实现基本公共服务均等化，全力保障和改善民生。

2014 年 7 月国务院扶贫开发领导小组专家咨询委员会主任委员范小建等同志对辽宁省扶贫开发的调研报告显示，扶贫改革试验区设立一年来，阜新加快扶贫开发体制机制创新，在以下几个方面取得了一定成效。

1. 创新农业生产经营体制

阜新人均耕地为 6.7 亩，居全省第一位。近年来，农村青壮劳动力大量

外出务工，老弱病残滞留，谁来种地、怎样种好地的矛盾已十分突出。创新农业生产经营体系，通过土地的适度规模经营，实现集约化、规模化，无疑是阜新农村经济发展和贫困人口脱贫致富的一条有效途径。

2014 年，全市土地流转面积达 156 万亩，占家庭承包面积的 30%，比 2013 年增长 83.5%；种粮大户 230 户，比 2013 年增加 215 户；家庭农场 82 个，比 2013 年增长 36.67%；合作社 2890 家，比 2013 年增长 21.73%，带动农户 15 万户，比 2013 年增长 185.71%；农业企业 20 家，比 2013 年增长 185.71%。围绕怎么种好地和发展现代农业来创新农业生产经营体系，是形势发展的需要，也是对政府加强引导提出的新要求。

在省委、省政府的大力支持下，阜新市于 2013 年底启动实施了 "200 万亩现代农业示范带建设工程"。计划利用 4 年时间，覆盖两县五区 47 个乡镇、455 个行政村、85.7 万人。安排部分财政投资项目直接投向符合条件的新型生产经营主体，并以此带动周边农户的发展，是他们进行的一种尝试。

阜新丰泽农业有限责任公司于 2010 年 5 月在阜蒙县富荣镇成立，采用 "公司 + 基地 + 农户" 的经营管理模式，将小农户组织起来，现已成为树莓产品生产、加工、储存、销售一体化的农业产业化龙头企业，共种植树莓 1015 亩，带动当地贫困农户 520 户。2013 年，市扶贫办将该企业申报成为省级扶贫龙头企业。2014 年，将该企业树莓基地确定为省产业扶贫示范项目，可获省财政专项扶贫资金 100 万元。市农业部门结合沈阜 200 万亩现代农业示范带建设，帮助企业解决水、电、路、井、架材等基础设施建设。

阜蒙县于寺镇关营子村通过土地集约化和规模化经营，借助 "集团帮村" 扶贫开发项目的实施，采取承包、代耕和入股三种方式，共流转耕地 2 万亩，一部分土地向大户集中，一部分土地实现了合作社经营。土地流转之后，一些强壮劳力就近或外出打工，促进了劳动力转移；大棚种植、畜牧养殖（羊）以及烤烟种植的合作经营，吸纳全村 390 户的劳动力，日均工资在 100 元以上，目前全村农民人均纯收入达到 2 万元。

2. 构建多层次农村金融体系

阜新扶贫改革试验区力求合理利用多个金融主体的资金，引导金融资本投向扶贫开发，建立面向贫困户、新型农业经营组织、龙头企业等主体的多层次的支农惠农金融服务体系和信用体系。设计了 "互助资金和小额信贷瞄准贫困户，'政银保'服务于新型农业经营组织和龙头企业"的金融服务模式。

一是互助资金。阜新市彰武县火石岭子村共有农户 756 户、社员 2676 人，其中建档立卡贫困户 165 户、526 人。2013 年成立扶贫资金互助社，县扶贫局投入 20 万元，入社社员 74 户，除少数村干部外，其余都是贫困户，有 40 户从互助社借款受益。到 2014 年，在县扶贫局进一步支持下，本金扩大到 55 万元，互助社社员发展到 98 户，发放借款 59 万元，户均借款 5000 元，主要发展特色养殖项目。借款和回收由理事会负责，除实行农户担保，还采取林权证、种粮补贴存折抵押等形式，账务由乡经管站代管，资金存储于乡信用社。这种抵押形式和分权管理的体制保证了互助资金的安全运营。

二是小额信贷。阜蒙县农户自立服务中心是由中国扶贫基金会与扶贫办共同设立的小额信贷机构，注册于 2008 年 12 月。5 年来，向全县 15249 户农户，发放小额贷款 15249 笔，累计 12341.75 万元，户均贷款 8000 元，贷款回收率 100%。截至 2013 年，覆盖了全县 35 个乡镇和 70% 的行政村。2013 年发放小额贷款 3580.25 万元，比 2012 年增加 640.75 万元。

三是"政银保"。2014 年 6 月，阜新市制定出台了《阜新市"政银保"合作涉农贷款实施办法》，明确为具有阜新户籍的专业大户和在阜新市有关部门登记注册的家庭农场、农民专业合作经济组织、农村集体经济组织、农事企业五类主体提供具有一定限额的金融服务。

政府部门主要负责政策制定、首期及后续风险补偿金的出资；合作银行机构按项目需求进行调查评估和贷款管理；合作保险机构提供保证保险（保证保险费率 1.7%，借款人意外伤害身故保险费率 0.15%）。当单笔贷款发生损失时，合作保险机构承担 70%，合作银行机构承担 30%；年度赔付总额超过最高限额时，超额部分由合作银行机构承担 30%，市"政银保"合作涉农贷款补偿金承担 70%。贷款农户将承包土地经营权以及地上附着物使用权，经县土地流转中心作价评估后，"存入"乡镇土地流转市场，并签订《土地委托流转协议书》，作为抵押物。

首期"政银保"风险补偿金额度为 500 万元，其中，市级出资 300 万元，阜蒙县和彰武县各出资 100 万元，联席会议办公室统一设专户管理，封闭运行，接受审计部门督察。市、县财政部门在每年初根据各自行政辖区内补偿金的损失情况按责进行注资，并保持补偿金账户余额不少于 500 万元。

这种互助资金、小额信贷和"政银保"三位一体的金融服务体系，是对农村金融体制改革的积极探索，前两种方式已有比较成熟的经验，而"政银保"的方式还没有成熟的经验可循，其建立的涉农信贷分担机制，还需要地方政府的细心指导和各有关方面的大力支持。

3. "集团帮村"，带动整村脱贫

阜新市共有 197 个建档立卡贫困村，其中有一部分贫困村相对困难，需要加大扶持力度。从 2013 年起，市委市政府决定，在试验区中的阜蒙县、彰武县、清河门区的 16 个重点贫困村为"集团帮村"工程项目村。"集团帮村"是指由多个政府部门和企业构成一个帮扶集团，对重点贫困村集中力量给予大规模帮扶。目标是到 2015 年末，项目村主导产业形成规模、基础设施明显改善、社会事业全面发展、村容村貌整洁亮丽、贫困人口稳定脱贫、基层组织领导发展和服务群众能力显著提高。重点任务是以村为单位，推动产业发展，危房改造和扶贫移民，道路建设、生产生活用水、基本农田和农田水利等基础设施完善改造，教育、文化、卫生、环境等公共服务发展，贫困学生助学和劳动力技能培训。

阜蒙县国华乡两家子村 2013 年的农村人均纯收入仅 3100 元，是全市重点贫困村之一。两家子村于 2013 年 9 月被列为"集团帮村"工程项目村。集团帮扶单位由市农委牵头，市高新区、市科技局、市人防办包乡带村，帮扶企业包括辽宁大金钢结构工程（集团）有限公司、阜新浩博工贸有限公司、阜新维远食品科技有限公司，配合部门包括市直涉农相关部门、阜蒙县委、县政府。

项目规划利用两年时间建成 1200 亩精品葡萄园区，全村人均收入在现有基础上增加 1.6 万元。由省扶贫办筹资 25 万元，市财政配套 15 万元，在完成了前期危房改造、修路和打井等基础设施的基础上，流转农民土地 150 亩，新建冷棚栽植葡萄 6.5 万株。同时，引入市场机制，在统一建棚、统一品种、统一栽植、统一技术、统一销售的全方位服务体系下，为发展产业提供支撑，提高了项目村整村发展能力，起到了试验区的示范作用。该村计划通过"政银保"合作涉农贷款申请贷款资金 300 万元，缓解新建冷棚葡萄设施资金短缺问题，提高扶贫成效。

4. 区域发展和到村到户相结合

中央扶贫工作会议之后，辽宁省没有明确划分过省级贫困片区，这使得像阜新这样相对集中连片的地区，一直缺乏区域性扶贫开发的政策支持。2013 年，辽宁省以阜新扶贫改革试验区为契机，将其作为整体欠发达地区，给予诸多政策支持，集中力量，整合资金，予以扶持。

一是加强省直部门政策支持。省政府将阜新试验区建设任务细化为 31 项，明确 33 家省直单位对试验区建设给予支持。目前，教育厅明确自 2014 年起阜新农村寄宿制学校贫困学生生活补助由省以上财政承担；省财政厅已原则同意返还阜新市 2013 年矿产资源补偿费、探矿采矿权使用费及价款 2397 万元；中国人民银行沈阳分行为阜新市增加地区法人机构贷款限额 4.85 亿元、支农再贷款限额 4.55 亿元、再贴现限额 8 亿元。

二是对省直部门支持试验区建设工作进行考核。2014 年 3 月，省直机关工委、省扶贫办印发《省（中）直机关 2014 年定点扶贫工作意见》，再次明确，承担支持试验区建设工作任务的 33 家单位，要根据省政府工作分工精神，制订年度具体实施方案，有目标、有重点、有步骤、有检查地组织实施，并对支持试验区工作情况进行考核。

三是开展"沈阜 200 万亩现代农业示范带建设工程"。覆盖阜新市建档立卡贫困村和贫困人口总数的 67.5% 和 88%。产业资金投向由原先"以龙头企业带动农户生产"的模式，转向采用针对"产业基地"建设的补贴机制，其中 40% 用于补贴基地基础设施建设，60% 用于补贴农户，带动了 10 万人的生产发展。

阜新扶贫改革试验区的设置，实质上起到了确定重点区域的作用，促进了各项支持政策的出台，弥补了区域瞄准的政策空间，对加快缩小区域发展差距创造了条件。

（二）浙江丽水扶贫改革试验区

2014 年 4 月国务院扶贫开发领导小组专家咨询委员会主任委员范小建等同志对浙江省扶贫工作的调研报告显示，丽水扶贫改革试验区以"四化同步"为背景，紧紧围绕城镇化进程中扶贫开发这个主题，把明晰产权作为一项重要的基础工作。其中，"三权"抵押和集体资产量化折股等改革创新，对全国扶贫改革实践具有一定的先导性。

1. "三权"抵押

丽水市积极探索土地承包经营权、宅基地使用权、山林承包经营权抵押贷款，赋予农民更加完整的财产权利，提高农户的融资能力和财产性收入。承包经营权抵押设置了"向金融机构抵押"这一前置条件，规范了土地承包经营权人凭证抵押的方式，避免了农村高利贷、农民失地等潜在风险的产生。

松阳县是茶产业大县，2013 年茶叶种植面积为 11.3 万亩，产量达 1.02 万吨，实现产值 9.05 亿元。农民收入和就业的 1/3 来自茶叶。松阳县各乡镇通过对农户茶园的资产评估，向茶农发放"茶园资产评估证"。证书上标明了茶园的位置、边界、面积、品种、整体评估价值等。茶农本人凭借"茶园资产评估证"可以向信用社抵押获得 10 万元以下的小额循环贷款，并享受基准利率优惠和财政贴息。10 万元的贷款一年可少付 3600 元利息，并可获得 2400 元财政贴息。到 2013 年底，全县共办理"茶园资产评估证"8108 本，通过使用"茶园资产评估证"抵押贷款余额超过 1.5 亿元。

2. 集体经济组织资产折股到户

扶贫改革试验区农村集体产权改革主要通过四个步骤推进，包括：清产核资、摸清家底；界定成员、明确股东；确权固化、量化股权；搭建平台、规范流转。其中，村民与社员身份界定、集体资产股份量化等制度安排，进一步强化了合作经济的性质，也为下一步产权流转交易奠定了重要基础。目前，围绕扶贫异地搬迁所发生的产权、户籍、社区等相关管理问题越来越突出，以上改革项目的设计，完全是适应城镇化发展的需要。此外，农村产权流转网上交易平台和地理信息系统的建立，不仅使得农村产权流转交易信息化、便利化，而且有利于流转的农用土地连片集中，促进规模化。

（三）广东清远扶贫改革试验区

广东清远是开展到村到户扶贫的先行先试地区，即"双到"工作机制。

根据中国国际扶贫中心研究处多年跟踪调研，清远扶贫改革试验区主要在以下几个方面取得了显著成效，为中国新阶段实施精准扶贫方略提供了经验。

1. 优化扶贫瞄准机制

提高扶贫开发成效，最基础的工作之一是精准识别贫困村和贫困户。清远在对贫困人口信息进行登记造册、建档立卡，并录入电脑实行动态管理，做到户有卡、村有册，市、县（市、区）有数据库，形成实时联网监测系统。清远对扶贫对象的建档立卡和信息化管理工作，为建立健全扶贫对象动态调整、动态监测、科学识别、合理统计、对象瞄准、项目评估、考核激励等机制提供了重要基础。每年对贫困人口变化进行跟踪监测，定期完成脱贫人口识别、信息更新登记等工作，实现扶贫对象"有进有出"。

2. 健全干部驻村帮扶机制

清远扶贫改革试验区不断探索和完善干部驻村帮扶机制，不断推进扶贫开发工作程序化和规范化。对帮扶责任人、帮扶成效实行追踪考核，及时通报情况，年度进行工作考核验收。干部驻村帮扶力求每个相对贫困村都实现"六个确保"：确保打造一支"永不撤走的扶贫工作队"、确保留下一笔农业生产发展资金、确保培育一个主导产业、确保建设一个整洁美观的美丽村庄、确保建立一套科学民主的管理制度、确保树立一股文明和谐的乡风民风。

3. 探索贫困人口转移就业、创业脱贫机制

一是有序引导人口转移迁移。通过土地、户籍等制度创新，稳步实施人口迁移和生态移民扶贫，引导北部地区群众向南部地区转移，农村人口向县城、中心镇、中心村有序迁移。编制土地整治规划，探索利用城乡建设用地增减挂钩政策。鼓励扶贫对象进城就业创业并定居，探索在城镇稳定就业的农民享受城镇保障性安居工程的办法。探索新型土地增值收益分享制度，确保农民分享城镇化发展利益。坚持"一户一宅"，鼓励和支持有条件地区的农村集体经济组织建设住宅小区，引导有条件的农村集体经济组织成员自愿到小城镇和中心村集中居住。推进高寒山区等贫困村庄搬迁安置工程，分步妥善解决石灰岩地区外迁人口安置的户口、住房、耕地等遗留问题。积极推进户籍制度改革，放宽本地农村人口入户城镇的限制。

建立以合法稳定住所或合法稳定职业为基本条件，按经常居住地登记户口为基本形式的城乡统一的户籍管理制度。实行农民经济身份与社会身份的分离，农村居民户口迁移至城镇后，同等享有城镇的教育、卫生、就业、社保等公共服务，其在农村原有的土地承包经营权、宅基地使用权、集体经济收益分配权等权益继续保留。如自愿退出集体经济权益，应依法办理，合理补偿。对于确实不愿或不能迁移到城镇的贫困人口，通过实施农村低收入住房困难户住房改造工程、农村泥砖房改造工程、农村残疾人安居工程等措施，改善其生活条件，符合低保标准的力争做到应保尽保。

二是加强农村劳动力就业培训。以提高农村劳动力素质和减少农村人口为目标，依托扶贫培训基地、扶贫基金会培训基地及市、县两级职业技术院校，建立健全各层次的农民培训体系。以提高农村劳动力务工技能和农村实用技术为切入点，加强对农村劳动力的农村实用技术培训和劳动力转移培训，提高贫困户劳动力职业技能。对"两不具备"贫困村庄移民实施培训前移工程，对石灰岩地区外迁人口给予免费技能培训，提高搬迁移民的就业能力。建设全国贫困地区干部培训中心扶贫开发教学示范基地。引导和组织有文化、有技能的农村劳动力向第二、第三产业转移，确保每个有劳动力的相对贫困户至少有一人实现转移就业。

三是加大创业就业扶持力度。完善创业就业服务机制，健全农民在特色农业、农家乐休闲旅游业、农村电子商务业、社区服务业等领域创业就业的扶持政策体系。构建合作创业机制，鼓励农村能人领办农民专业合作社、土地股份合作社、劳务合作社，引导更多农民以土地、资金、劳动力等参股入社，就近扩大创业就业。

4. 探索建立城乡统一的土地、房屋产权登记制度，完善集体林地林木确权登记发证工作，开展宅基地使用权、农村集体建设用地使用权、农村房屋所有权等确权登记颁证工作

构建农村产权交易市场体系，引导确权后的相关产权交易流转。按照"自愿、有偿、依法、谨慎"的原则，试行农村集体土地内部流转工作，引导农村承包土地经营权向种养大户流转。积极推进农村集体建设用地流转试点，完善征地补偿机制，切实保障农民权益。探索推进宅基地流转和有偿退出机制。

5. 积极搭建农产品流通平台

扶持贫困县（市）改造和升级农村集贸市场，建设农产品批发市场，建立农产品产、供、销一体化服务平台和信息系统，加快推进商业网点延伸到镇、村。探索建立农村电子商务平台，引导农民通过建立农产品网店进入流通环节。

6. 积极推进美丽乡村建设

以环境整治为突破口，集中力量打造一批规划科学布局美、村容镇貌环境美、功能齐全生活美的美丽乡村，到 2018 年，全市将建成 11 个美丽小镇，完成主要交通干线和风景区周边 1000 条左右村庄整治规划，其中 30% 以上的村庄要完成美丽乡村建设任务。进一步推进农村泥砖房改造工作，着力改善贫困群众住房条件。

四 扶贫改革试验区的启示

三个扶贫改革试验区，虽然只建立一年多，但已经为全国的扶贫工作做出了十分有价值的探索。

（一）探索城乡一体化扶贫方式

浙江丽水、广东清远扶贫改革试验区的经验表明，农村扶贫工作需与工业化、城镇化、信息化统筹推进。县域经济的发展，对推动城镇化以及促进当地就业和扶贫开发有十分重要的作用。中西部地区在扶贫措施到村到户的同时，应当高度重视县域经济发展，为精准扶贫营造必要的发展环境。当前我国仍然实施的是城乡分割的减贫战略和政策体系，下一步全国的扶贫工作需探索城乡一体化扶贫方式。

（二）探索缓解相对贫困的扶贫方式

三个扶贫改革试验区的贫困状况已经完全不同于全国面上的贫困状况，这些地区经济社会发展水平已经达到中上等收入水平，扶贫的任务已经不再是解决温饱问题，而是转向缓解相对贫困，缩小发展差距，实现共同富裕的新阶段。三个扶贫改革试验区围绕就业、财产权利、土地制度、户籍制度等的改革，无疑为我们做出了积极探索。

（三）探索产业化扶贫的新方式

在当前和今后实施精准扶贫方略的阶段，创新精准扶贫工作机制，探索将分散的小农户组织起来进行产业化帮扶，无疑是提高扶贫资金使用效率的要求。此外，并不是每一个贫困户都有能力通过自身的努力实现脱贫致富。扶贫改革试验区探索的将扶贫资金折股量化到贫困户，以及将贫困户的土地入股等多种形式都有利于提高扶贫工作成效。

（四）探索财政资金以及金融扶贫新模式

充分利用财政资金的杠杆作用。浙江产业扶贫主要依靠信贷资金，财政资金则更多向基础设施和社会事业倾斜。产业发展需要充分利用市场机制，发挥财政扶贫资金的杠杆作用，对扶贫小额信贷进行担保、贴息、奖补，可以带动更多金融资本用于产业扶贫。产业扶贫过多使用财政资金，容易使贫困农户滋生依赖思想。

第六章　多维贫困与反贫困政策

唐丽霞[*]

　　贫困是一个世界性的难题，也是经济学特别是发展经济学关注的中心问题之一。基于对贫困内涵的不同阐释，人们对于减贫也有着不同的理解。但是，就减贫自身而言，它不仅是一个具有政策实践与制度安排双重含义的治理概念，而且是一个与社会发展的终极目标，与人的全面发展相关的一个概念。就减贫的实质而言，它至少应该具有三个层面的内涵。在经济层面上，从政策、规范化的角度发展经济、保障贫困人口的基本生活需求、使其能够生存下去，这是减贫的起码底线。在制度层面上，从制度安排和供给上落实社会权利，矫正对贫困人口的社会排斥或社会歧视，保证其就业、迁徙、居住、医疗和受教育等应有的权利，保障社会公正、缩小贫富差距、促进收入分配的公平性，减少贫困人口遭遇的社会剥夺性和避免社会排斥现象，谋求经济社会稳定、和谐与持续发展。在发展层面上，确立消除贫困的终极目标。人类的反贫困斗争历史实践表明，如果仅仅把反贫困看作对人类需求的不断满足或者是生活质量提高的实现，那么，人类永远无法实现消除贫困的目标。从本质上讲，必须把发展这一崇高的目标作为一项重要的价值原则，才能使人类共创共享社会的发展成果，最终实现消除绝对和相对意义上的贫困。依据减贫的内涵，自英国学者Booth的《伦敦东区人民的劳动和生活》和Rowntree的《贫困：城镇生活研究》从维持最低生活所必需的经济资源或收入水平界定和测度贫困以来，对贫困的识

---

　　* 唐丽霞，中国农业大学。

别经历了从静态到动态、客观到主观、确定到模糊、一维到多维的发展过程。伴随着对于减贫的认识转变，中国的扶贫开发战略同样也经历了由单纯救济式扶贫向强调经济维度的开发式扶贫再到综合的扶贫开发转变，综合的扶贫开发政策即因循多维度贫困的理论框架，依托贫困地区资源开发、基础设施建设和重点项目带动，采取整村推进、劳动力培训、产业化扶贫等一系列措施，有效增强了贫困地区的自我发展能力。特别是 2014 年中共中央办公厅、国务院办公厅发布的《关于创新机制扎实推进农村扶贫开发工作的意见》，为 2020 年实现 7000 多万贫困人口全部脱贫提出了明确的工作机制和具体措施，为多维贫困理论提供了丰富的实践依据。

一　多维度扶贫开发的理论依据

贫困概念从 20 世纪 70 年才开始引起学术界的关注，研究主要集中在贫困的性质。学者们在贫困的性质方面观点不尽相同，但是总体来讲，对贫困的认识不断深化，而且这种深化方向基本上是一致的，即从一维到多维的过程。

（一）国外多维贫困理论的演变

对贫困定义的研究是从绝对贫困开始的，即绝对的物质匮乏，其代表人物为朗特里。因为当时存在大量的生存贫困人口，研究者关注的是客观福利的改善，所以朗特里提出最低营养标准作为衡量贫困的标准。第二次世界大战以后，随着社会大发展，大多数国家生存贫困得以解决，贫困的研究视角变得多元化。贫困不再是最基本需求的不满足，而是社会比较，是相对贫困[1]。相对贫困代表人物汤森认为，贫困不再是绝对收入的贫困，它是使一个人不足以达到社会平均生活水平的一种生活状态。相对贫困理论不再仅仅从绝对收入维度衡量贫困，关注得更多的是主观上的贫困，是相对剥夺。汤森认为，过去的绝对贫困方法已经不能测量现在的贫困，并提出了相对贫困测量方法，即用平均收入作为测量相对贫困。随着社会的发展，各国纷纷开展扶贫实践，与此同时，学术界对贫困的认识不断地深化，贫困理论开始发生演变。

　　较早明确提出从多维度来认识贫困与发展问题的学者则是 Sen（1976）[①]，其"可行能力"理论被公认为是多维贫困的理论基础。在回答"什么样的平等"这一道德哲学问题时，Sen 认为广受关注的三种平等观（功利主义的平等、完全效用的平等、罗尔斯主义的平等）都存在严重的局限性，无法通过将三者相结合的方式构造一个完备的理论。进而，他首创了"可行能力"概念，提出了"基本可行能力平等"的构想。其中，可行能力指"人们能够做自己想做的事情、过上自己想过的生活的能力"。

　　将"可行能力"理念引入贫困分析，Sen 提出了"能力贫困"的概念。他认为贫困对应的是功能性福利的缺失，而功能性福利缺失的背后则是实现功能性福利的可行能力的缺失，即个人的福利是以能力为保障的，而贫困的原因则是能力的匮乏。基本可行能力由一系列功能构成，如免受饥饿和疾病的功能、满足营养需求、接受教育、参与社区社会活动的功能等。一方面，这些功能的丧失是贫困产生的原因；另一方面，它们本身就是贫困的表现。因而，基本可行能力包括的功能不仅具有消除贫困的工具价值，而且它本身就代表了一种人类福利。如果将生活看作一系列相互联系的功能性活动，而对福利的概括评价则必须表现为对这些组成要素的评价形式。作为一个社会人，理应具备包括获得足够的营养、基本的医疗条件、基本的住房保障、一定的受教育机会等基本功能（Sen，1983）[②]，如果个人或家庭缺少这些功能或者其中的某一项，那就意味着处于贫困状态。

　　可行能力贫困理论是对发展贫困理论的发展和超越。发展贫困理论以人力资本理论为基础，虽然也强调收入、消费之外的因素，如健康、教育等，但它仅把这些因素看作提高收入和消费的工具或手段。因而，发展贫困理论关注的仍然是个人或家庭是否存在经济上的贫困，对其他因素的考虑只是因为这些因素可能会影响个人（家庭）现在或未来的经济状况。而可行能力贫困理论认为健康、教育这些因素不仅具有消除收入贫困的工具性价值，而且它们本身代表了某种发展的目的，还具有内在的价值。可见，

---

① Amartya Sen，"Poverty: An Ordinal Approach to Measurement"，*The Econometric Society*，Vol. 44，No. 2，Mar. 1976，pp. 219 – 231.

② Sen A.，"Poor, Relatively Speaking"，*Oxford Economic Papers*，1983，Vol. 35，No. 2，pp. 153 – 169.

不同于发展贫困理论，可行能力贫困的内涵已经超越了经济方面的贫困，它把缺乏健康、教育等因素本身看作一种贫困。Sen 从"可行能力"的视角定义贫困催生了多维贫困理论。收入匮乏作为一系列功能性活动中的一种，在市场不完善或不存在的现实情境下，无法作为工具性变量完全反映个体或家庭的被剥夺程度。要正确衡量个体或家庭的贫困程度，就必须从多个功能性维度来考虑个体或家庭被剥夺的状况，构建多维贫困测度指数。

1986 年，Esfandiar Maasoumi 从多视角研究不公平，并对其进行测量和分解[①]。1987 年，Hagenaar 从闲暇与收入两个维度研究贫困，构造了第一个多维贫困指数，在定量研究贫困方面，开始考虑除收入以外的维度，使得多维度贫困研究取得重大进展[②]。1993 年，Nussbaum 在《非美德：一个亚里士多德的方法》中继续对森提出的能力方法进行完善，并列出了 10 多项基本能力，即生命、身体完整、身体健康、情感、思考、实践、娱乐、友好关系、自身环境的控制等具体方面，使得可行能力更加具体化。2002 年 Sabina Alkire 对人类发展的维度进行了全面彻底的、系统的探讨，并对于多维度贫困理论研究的必要性给予了肯定。2003 年，Bourguignon 和 Chakravarty 详细地讨论了多维贫困的测度以及数学性质。2007 年，牛津大学国际发展系在 Sen 的带领下，创建了牛津贫困与人类发展中心，简称 OPHI。OPHI 着重研究贫困的多维性、测算以及分解。2008 年，Alkire 和 Foster 在《计数和多维贫困测量》中，探讨了多维贫困的识别、加总和分解方法。2010 年，经过牛津贫困与人类发展中心的研究，联合国开发计划署在《人类发展报告》中公布了 104 个发展中国家的 MPI（多维贫困指数）。紧接着在 2011 年的《人类发展报告》中多维贫困指数又发展到 109 个国家。多维贫困指数包括教育、健康和生活标准三个维度，共 10 个指标。MPI 不同于 HPI（人类贫困指数），虽然维度相似，但是 HPI 数据更多是国家层面上，测算结果比较宏观，而 MPI 数据更多是微观层面上，通过对多维贫困指数的测量，可以分析出家庭或者个人存在多个维度的贫困，而且这个多维贫困指数的

① Esfandiar Maasoumi, "The Measurement and Decomposition of Multi-Dimensional Inequality", *Econometrica*, Vol. 54, No. 4, Jul. 1986, pp. 991 – 997.

② Hagenaars A., "A Class of Poverty Indices", *International Economic Review*, 1987, 28, pp. 583 – 607.

测量可以按照维度、城乡、地区、时间、省份、性别和性质等不同的组来分解，更有针对性，瞄准效果更好，从而为决策制定者提供政策建议。多维贫困指数对过去的单维贫困研究是一个重大的进步，使得多维度贫困理论研究得以实际应用。

随着多维贫困理论的盛行，学术界纷纷开始研究多维指数和测量方法。多维贫困指数（Multidimensional Poverty Index，MPI）有 H－M 指数（包括收入和闲暇两个维度）、人文发展指数（Human Development Index，HDI）、人类贫困指数（Human Poverty Index，HPI）等。多维贫困指数包括健康、教育和生活水平三个维度，且指标依次增多，共包括 10 种指标。Watts 多维贫困指数也建立在可行能力的基础上，反映贫困在各个维度上的分布情况。测量方法主要有三种：其一，公理化方法，其构造的指数具有可分解性，在理论和实践当中更有说服力；其二，模糊集方法，用隶属度函数而不是武断的临界值来识别贫困；其三，信息论方法，可保留指标信息的完全性。

从国外贫困理论演变历程来看，贫困定义随着扶贫实践的开展和研究者认识的深化而演变，从绝对贫困到相对贫困，从经济维度贫困到多维度贫困。

（二）国内的多维贫困理论研究

我国学者对贫困问题的认识也经历了一个过程，最初是从经济学维度理解，贫困只是包含收入或物质方面，而后学者开始从资源获取、机会、能力、人力、网络资源、社会权利缺失等综合视角来研究贫困问题，提出贫困与物质资本、人力资本、文化资本和社会资本的缺失密切相关。并且一定的物质资本、人力资本、文化资本和社会资本在一定的社会现实生活中又都是同时存在与变化发展着的，贫困的形成就是四种资本在一定的外部环境下由"人通过人的劳动（活劳动）"进行整合的过程和结果。我国农村社区一直以来都是贫困发生的重点区域。从总体上说，我国农村社区贫困不仅表现为农村收入低、经济困难，更是基于人力资源、可行能力和社会保障、社会参与权利缺失等多维度贫困。国内对多维度贫困的研究起步较晚，已有研究主要集中于对国外多维贫困研究进展的述评和对中国及特定区域进行多维贫困的实证分析。

　　一部分学者对国外多维贫困研究的进展进行了介绍和评述，另一部分学者则应用或修正国外主要的多维贫困测度指数对中国及特定区域进行了多维贫困的实证分析。尚卫平、姚志谋认为贫困是福利的缺乏，而福利是个多维的概念，研究贫困只考虑收入或消费水平不全面。他们在多维度贫困的测度方面，主张每个维度包含的指标确定其阈值，贫困的表现应为某个指标的特征值小于其阈值。张建华、陈立中总结了多维贫困的演变及其理论成果，讨论了多维贫困测量方法和多维贫困指数的优缺点，并为如何选择符合我国实际的测算方法提供了思路，为以后的多维度贫困研究提供依据。叶初升等在前人的理论基础上，总结了多维度贫困研究在维度的确定、主体的确定以及贫困度量方面遇到的难题。陈立中则从知识、健康和收入三个维度出发，采用 Watts 多维贫困指数，对我国 1990～2003 年多维度贫困进行测算，识别贫困人口在不同维度上遭受的痛苦。测算结果表明，我国在转型期教育贫困较为严重。他的研究为政策制定者制定相关政策提供了更具有针对性的依据，提高了扶贫政策的瞄准效果。李佳路从收入、环境卫生、教育与健康以及脆弱性四个维度，对我国某省 30 个贫困县贫困状况进行测量，测量结果表明卫生贫困最为严重。方迎风利用模糊集方法测量我国多维度贫困，结果发现，相对于收入贫困，教育、健康和医疗保险等贫困更为严重。王素霞、王小林将资产投入引入多维贫困理论框架，采用 AF 方法测量我国 9 个省的贫困情况，结果识别出了目前对我国贫困影响最大的五大指标，即卫生设施、健康保险、耐用消费品、生产性资产和现代燃料。张全红、周强以 MPI 指数为基础，增加收入维度，利用 1989～2009 年我国健康与营养状况数据，从多个维度研究了我国贫困问题。研究结果表明，在目标区域，影响总体贫困的主要因素有卫生设施、受教育年限、燃料以及收入等。总之，越来越多的学者开始用多维视角来看待贫困，多维贫困理论也开始广泛地运用到实践中。但是由于多维贫困研究总体滞后，多维贫困理念普及程度有限，多维贫困测度尚未正式应用于我国扶贫实践。虽然在我国的扶贫监测中，经济贫困之外的指标也有涉及，但贫困究竟包括哪些维度、各维度的临界值为多少、各维度的权重如何确定等均缺乏统一规范。

（三）多维度贫困理论对我国扶贫政策的启示

国际反贫困政策也经历了由强调生产要素投入逐渐转变强调社会要素投入。20 世纪 50～60 年代，国际减贫战略重点是基础设施投资。20 世纪 70～80 年代，减贫战略的侧重点在于对人力资本的重视，扩大基础教育投资成为主流减贫政策的安排。之后，国际减贫战略强调社会保障安全网的建立以及赋权参与。经过近 60 年的探索与实践，国际上已经逐渐认识到贫困不是一个单纯的经济收入问题，而是涉及健康、教育、社会资本、自然资源、基础设施、社会公正、参与权利、性别平等、个人尊严等多种复杂因素的社会问题。《2000/2001 年世界发展报告》提出采取超越经济领域治理贫困的新战略思路和总体框架，进一步凸显了多维度社会要素投入在减贫中的作用。

我国的扶贫战略也经历从传统的救济式扶贫转向强调经济要素的开发式扶贫再到强调综合多元维度的开发式扶贫过程。扶贫开发作为一项全国性政策是在 1984 年提出的，其背景是：在全国范围实施的以家庭联产承包责任制和价格调整为主要内容的农村经济体制改革，极大地提高了农民生产积极性，促进了农村经济快速增长，农村贫困人口数量大幅减少。但是，这一进程极不平衡，经济增长在不同地区是不平衡的，农民参与受益程度也不平衡。也就是说，靠一般的发展政策难于解决那部分贫困人口特别集中地区的经济发展问题，需要对这类地区和这部分人实施一项特殊的扶持政策。因此，从 20 世纪 80 年代中期开始，在全国范围内开展了以解决农村贫困人口温饱问题为主要目标，以改变贫困地区经济文化落后状态为重点的大规模扶贫开发。可以看出我国扶贫开发政策是以多维度贫困理论为基础，在制定扶贫政策方面，它与以往做法的根本区别在于，对贫困的缓解不是单纯依靠实行生活救济，而是与区域经济发展、农村生产经营体制改革联系起来，通过直接的利益挂钩，调动农民劳动积极性，并且用发展生产、扩大就业和增加收入来缓解农村贫困的产生。

2000 年以后，随着我国加入 WTO 和城镇化的推进，城镇在创造就业、吸纳劳动力和帮助贫困人口脱贫方面的作用不断凸显，许多贫困家庭通过向城镇输入劳动力，实现了收入重心来自城镇、收入效应惠及全家的脱贫目标。然而随着分配结构的转变，贫富差距也日趋扩大。农村地区，尤其是老少边远地区贫困人口的生活水平不仅没有随经济发展得以改善，反而由于客观条件和自身能力的局限陷入长期性贫困及脆弱性贫困中。在这一过程中，国家也实施了产业化扶贫、整村搬迁等政策，有效地促进了贫困人口的减少。2001 年，国务院出台了《中国农村扶贫开发纲要（2001～2010 年）》，虽然还叫"扶贫开发"，但扶贫工作重点与瞄准对象已经做了重大调整。扶贫工作重点县放到西部地区。贫困村成为基本瞄准对象，注重发展贫困地区的科学技术、教育和医疗卫生事业，强调参与式扶贫，以村为单位进行综合开发和整村推进。承认城乡间人口流动是扶贫的一个重要途径，采取新的政策举措使农村居民更容易转移到城镇地区就业。

总之，我国开发式扶贫战略的转变以及具体的扶贫政策均是参考多维度贫困理论，从扶贫目标、对象、范围和资金四个方面强调综合扶贫开发。其中，扶贫目标由解决温饱生计向解决贫困人群发展转变；扶贫对象由绝对贫困向相对贫困转变；贫困范围由贫困村直接转变为贫困者；扶贫资金由外部输血式的基础层次转变为内部造血式的高需求层次。同时，针对"最后一群人"，采取比较清晰的精准政策，帮助这部分人全面脱贫。

二 中国多维度扶贫开发的主要政策

依据多维度贫困理论，中国的扶贫开发政策大致也经历了由救济式扶贫向多维度的扶贫开发战略转变，扶贫内容由单一向多元，扶贫范围由区域向全国的转变。回顾我国扶贫开发政策的变迁，一方面，减贫成就显著；另一方面，也存在制度和机制上的问题，使得新常态下扶贫治理工作面临诸多挑战，同时要求在扶贫机制和工作方式上有所创新。2014 年中共中央办公厅和国务院办公厅发布的《关于创新机制扎实推进农村扶贫开发工作的意见》，明确了当前和今后一个时期扶贫开发的 6 个工作机制和 10 项重点工作，从改善基础设施状况、提高生活水平、实施产业开发、改善教育和医疗状况以及改善精神面貌等维度提出具体的工作方案，为满足贫困人口的基本生存和发展需求和全面建成小康社会指明了方向。

（一）中国农村扶贫开发的历史演进和主要成就

新中国成立之后，中国政府对治理旧中国遗留的一穷二白的面貌，尤其对改变中国农村贫穷落后状况的工作一直没有停止过。但在改革开放之前，其做法在很大程度上仅局限于对贫困人口实施生活救济，对边远落后地区（主要是老、少、边、穷地区）输送物资，进行外部支援和财政补贴。因此，作为一系列严格意义上的反贫困政策的出台是 20 世纪 80 年代初的事。它与以往做法的根本区别在于，对贫困的缓解不是单纯依靠实行生活救济，而是与区域经济发展、农村生产经营体制改革联系起来，通过直接的利益挂钩、调动农民劳动积极性，并且用发展生产、扩大就业和增加收入来缓解农村贫困。这就是后来称之为的"区域开发式扶贫战略"。如上所述，扶贫开发作为一项全国性政策是在 1984 年提出的，并从 20 世纪 80 年代中期开始，在全国范围内开展以解决农村贫困人口温饱问题为主要目标，以改变贫困地区经济社会落后状态为重点的大规模扶贫开发。综合来看，当时中国政府采用以区域开发为特色的开发式扶贫也主要是基于以下几方面的考虑。

首先，与实施全覆盖的生活救助扶贫相比较，区域性扶贫开发瞄准的是贫困地区而不是贫困家庭和个人，从而使贫困群体的识别难度大大降低，这与广大农村地方政府在如何识别扶贫受益对象的技术管理与制度设计的能力是相适应的。因为扶贫开发推行了近 30 年，对农村贫困人口的识别问题到目前为止也没有很好解决。

其次，开发式扶贫的重点是改善贫困地区的生产和生活条件，通过基础设施和公共服务的改善来提高当地的农业和非农业的生产效率，从而使农户能够通过提高效率来增加收入并摆脱贫困。这样，地方政府只需要集中财力用于基础设施建设和公共服务，需要的财政资源就相对较少，并且政府还可以通过动员和鼓励金融机构为贫困地区和农户的生产活动提供直接的资金支持。但要实施全面的社会保障对于贫困地区各级政府的财政开支能力来说则是难以承受的，一个连基础教育和基本医疗服务都不能完全保障的农村贫困地区，全面实现以收入补贴为主要内容的社会保障只能是一种奢谈。

最后，以区域为对象进行扶贫开发可以充分利用行政管理系统，有利于降低管理成本。这就是后来从中央到地方（省、市、区）扶贫领导小组、扶贫办公室这些扶贫组织系统建立的行政基础，也是各种扶贫政策和扶贫资金通过这个系统贯彻落实的条件。

中国农村区域性扶贫开发自20世纪80年代初推行以来，在随后的近30年中不断发展变化，其历史的演进大致可分为四个阶段。

第一阶段，农村经济改革和小规模的区域扶贫（1978～1985年）。在这一阶段通过农村经济体制创新，实现全面经济增长和改善农业交易条件，减缓了农村贫困。从1978年底开始，中国农村开展了以家庭联产承包制为中心的体制改革，使农民重新获得了使用和管理土地、安排自己劳动及投资的权利，激发和调动了广大农民的生产积极性，生产效率得以大幅提高。并且由于较大幅度提高农产品价格，改善了农业交易条件，使得农民收入迅速提高，大大缓解了农村贫困问题。在逐步推进农村经济改革、增加农民收入的同时，中国政府也开始利用专项资金扶持部分极端贫困地区的经济发展。1980年设立了"支持经济不发达地区发展资金"，投向贫困地区。1982年开始实施了为期10年的"三西"（甘肃定西、河西与宁夏西海固地区）农业建设计划，帮助这些极贫地区治理生态、改善环境和发展农业生产。因此，这一阶段全国农村没有解决温饱的贫困人口从2.5亿人减少到1.25亿人，平均每年减少1786万人，贫困发生率从33.1%下降到14.8%。

第二阶段，大规模有针对性扶贫计划的展开（1986～1993年）。在这一阶段主要通过大规模的、有计划的扶贫开发与一定的宏观经济政策相结合减缓农村贫困。随着市场化经济改革的展开，农村经济增长不再自动地导致贫困人口的减少。相反，在20世纪80年代中后期，中国的经济增长拉大了地区间和农户间收入的绝对差距。在此情况下，仅靠全面经济增长已无法在缓解贫困方面有更大的作为。因此，针对一些地区发展缓慢、一部分群众生产生活条件非常困难的情况，从20世纪80年代中期开始，中国政府决定在全国范围内有计划、有组织、大规模地开展扶贫开发工作。此项工作目标是，通过采取特殊的政策和措施，促进贫困人口集中地区尽快减少贫困。1986年国务院贫困地区经济开发领导小组成立，安排了专项扶贫资金，制定了放宽地区间农民迁移的限制、支持劳动密集型产业发展、鼓励并促进贫困地区和贫困农民参与全国经济发展以及确定和调整给予国定贫困县扶贫援助等优惠的宏观经济政策。同时，对传统的救济扶贫进行彻底改革，确定了开发式扶贫的方针。由于增大扶贫计划的覆盖范围和调整宏观经济政策等措施的作用，到 1993 年底，全国农村没有解决温饱的贫困人口由 1.25 亿人减少到近 8000 万人，并且每年减少 640 万人，贫困发生率由 14.8% 下降到 8.7%。

第三阶段，"八七扶贫攻坚计划"（1994～2000 年）。这一阶段是以 1994 年 3 月《国家八七扶贫攻坚计划》的公布为标志。该计划明确要求集中人力、物力、财力，用 7 年左右的时间，基本解决 8000 万农村贫困人口的温饱问题。由此，中国扶贫开发进入了最艰难的攻坚阶段。为了实现 2000 年基本消除农村绝对贫困这一伟大目标，20 世纪 90 年代中后期，我国的扶贫开发工作发生深刻的变化，主要是由道义性扶贫向制度性扶贫转变，由救济性扶贫向开发性扶贫转变，由扶持贫困地区（主要是贫困县）向扶持贫困村、贫困户（主要是贫困人口）转变。同时，较大幅度地增加了扶贫资金。从 1995～1999 年三大扶贫项目（扶贫贴息贷款、以工代赈和发展资金）投放的扶贫资金增加了 1.63 倍。这一阶段，政府在宏观经济政策方面也明确提出了加快中西部地区的经济发展计划。实践证明，将扶贫到户与促进中西部地区经济发展的宏观政策相结合，对缓解农村贫困产生了积极意义。到 1999 年底，中国农村贫困人口已降至 3400 万人，贫困发生率也由 8.7% 下降到 3.7%。2000 年中国政府宣布"八七扶贫攻坚计划"确定的战略目标基本实现，全国农村贫困人口的温饱问题已经基本解决。

第四阶段，农村扶贫开发纲要的实施（2001～2010 年）。在"八七扶贫攻坚计划"完成之后，农村剩余的贫困人口分布已经相当分散，并且大多分布在生存环境与生产条件十分恶劣的高寒山区、大石山区、缺水干旱区以及边疆少数民族聚居区，有的贫困者还是丧失劳动力或没有劳动能力的残疾人员、孤老、孤儿等，依靠开发式扶贫已经很难使这些贫困群体脱贫。如果继续以贫困县作为扶贫开发的基本单位，就意味着有将近一半的农村贫困人口不能从中央政府的扶贫投资中受益。因此，2001 年 6 月，国务院出台了《中国农村扶贫开发纲要（2001～2010 年）》，虽然还叫"扶贫开发"，但扶贫工作重点与瞄准对象已经做了重大调整。扶贫工作重点县放到西部地区；贫困村成为基本瞄准对象，扶贫资金覆盖到非重点县的贫困村；同时，注重发展贫困地区的科学技术、教育和医疗卫生事业，强调参与式扶贫，以村为单位进行综合开发和整村推进；承认城乡间人口流动是扶贫的一个重要途径，要采取新的政策举措使农村居民更容易转移到城镇地区就业。

回顾 30 年中国农村扶贫开发的历程，在党中央、国务院高度重视和正确领导下，经过贫困地区广大干部群众的积极努力，我国扶贫开发工作取得了巨大的历史性成就，主要表现在以下几个方面：①解决了 2 亿多农村贫困人口的温饱问题，为我国进一步全面建成小康社会奠定了基础；②贫困地区的生态环境、基础设施和生产生活条件明显改善；③科技、教育、文化、卫生等社会事业发展较快；④一些集中连片的贫困地区整体解决了温饱问题。中国扶贫开发所取得的成就，不仅为中国的现代化发展创造了条件，而且是对世界反贫困事业做出的贡献。世界银行在《中国 20 世纪 90 年代扶贫战略》的报告中，对中国的扶贫开发做出了这样的评价："自 1978 年经济改革开始以来，中国在缓解贫困方面取得了给人深刻印象的整体成就。"

（二）中国农村开发式扶贫战略及其政策绩效评析

20 世纪 80 年代中期，中国农村的扶贫战略发生了根本的转折，即从过去通过经济增长来增加贫困人口收入为主并辅以适当救济的反贫困战略，转变为实行以促进贫困人口集中区域自我发展能力提高与推动区域经济发展来实现稳定减贫和消除贫困为目标的战略。这种区域开发扶贫战略体现出以下几个特点：第一，它将贫困人口集中区域（基本单位是贫困县）作为扶贫的基本操作单位和工作对象；第二，强调通过实现贫困地区的经济增长来缓解贫困；第三，强调主要通过开发贫困地区的资源来实现区域经济增长；第四，重视提高贫困人口的素质，改善基础设施和加强应用科学技术的作用；第五，考虑到在缺乏基本生存条件的地区实行人口迁移和劳务输出的作用。

围绕上述区域开发扶贫战略，逐步形成了一系列的农村扶贫开发的政策措施，概括起来主要包括以下几个方面。

1. 组织保障政策

1986 年国务院贫困地区经济开发领导小组成立，标志着我国反贫困的组织系统正式确立，即按照统一部署，各省（区）、地（市）、县（旗）也分别建立起负责贫困地区经济开发工作的组织机构。

2. 目标瞄准政策

为了有效实施反贫困计划，必须确定区域范围。1982 年中国政府实施的第一个区域性反贫困计划，是对甘肃定西中部干旱地区、河西地区和宁夏西海固地区的所谓"三西"农业综合治理计划与大规模开发建设。实施这项计划中央政府专项拨款 20 亿元（每年 2 亿元）。1992 年，国务院为支持"三西"地区的进一步发展，决定"三西"农业建设计划再延长 10 年。1999 年经过验收，"三西"地区已经从整体上解决温饱。此外，区域开发扶贫战略瞄准的基层单位是贫困县。从 1986 年起，按照当时确定的贫困线标准，共划定 328 个贫困县，到 1994 年，全国贫困县划定的总数达到 699 个，其中列入《国家八七扶贫攻坚计划》的贫困县数为 592 个，即国定贫困县。在划定贫困县的基础上，国家强调要把贫困县中的特困乡、村作为扶贫攻坚重点，集中力量解决贫困户温饱问题。

3. 增加投入政策

区域开发扶贫战略中增加投入政策，是通过设立专项基金用于贫困地区经济开发，主要包括三部分：一是由各级政府扶贫办负责审批项目，农业银行负责发放的贴息贷款计划；二是由国家财政出钱、出物，吸收贫困人口参加各类公共工程建设的"以工代赈"计划；三是以发展资金为内容的财政扶贫资金计划。1986～2005 年，按现价计算的中央政府拨付的这三项扶贫专项资金累计达 3228 亿元，其中贴息贷款 1671 亿元，以工代赈 834 亿元，财政扶贫资金 723 亿元。此外，自 1987 年以来，国家每年还以优惠价格向贫困地区提供化肥、地膜、钢材、木材以及运输工具等支持贫困地区发展农业生产，解决贫困户的粮食自给。同时，各级地方政府也有数量不小的配套资金投入扶贫。

4. 产业开发政策

区域开发扶贫战略中，产业开发政策是题中应有之义。也就是强调在国家必要的扶持下，用贫困地区的自然资源，进行开发性生产建设，逐步形成贫困地区和贫困农户自我积累和发展能力，依靠自身力量脱贫致富。

5. 减轻负担政策

为帮助贫困地区减轻负担，休养生息，国家相继对贫困地区实行了一系列优惠政策，如核减粮食合同定购任务、放开农产品销售价格、减免农业税、免征国家能源交通重点建设基金、免征新办开发性企业所得税、降低贫困地区银行存款的准备金比例、降低贫困户贷款的自有资金比例等。

6. 异地开发政策

在中国政府开始大规模的农村扶贫开发以前，以扶贫为目的的开发式移民于 1983 年就在 "三西" 地区的扶贫中实施了。截至 1999 年底，甘肃省共搬迁安置贫困地区移民 56.92 万人，宁夏搬迁了 30 万人。到目前新的农村扶贫开发纲要实施期间，移民开发依然是重要的扶贫方式，即针对少数自然条件恶劣、资源贫乏、严重缺乏基本生产生活条件的高寒山区、大石山区、深山区和沙化区，按照农民自愿原则，根据本地实际情况实行有计划的松动式搬迁，迁一部分，留一部分。主要办法是 "拉吊庄"，即劳动力先出山，两头有家，在移民点有了稳定的收入和生活条件之后，再全家搬迁。同时，鼓励并创造条件推动这些地区的劳动力向外输出。

7. 人力资源开发政策

提升贫困地区人力资本价格是区域开发扶贫战略中一项重要内容。政府不仅强调在贫困地区普及九年制的义务教育，着力消除因贫困而辍学的现象，而且强调通过科技扶贫、人员培训提高贫困人口的素质，以便在贫困地区经济开发中通过发展劳动密集型产业，以工代赈和劳务输出等，更充分、更广泛地利用贫困地区的人力资本。在这些措施中，有针对性地培训对提升贫困人口的人力资本价值、增加就业机会是比较显著的。据中西部 14 个省（区、市）的不完全统计，2001~2004 年，已经培训贫困地区农村劳动力 242 万人，其中在各省（区、市）内就业 157 万人，占总培训人数的 65%。此外，还强调控制贫困地区人口数量的增长，提高人口质量，也是人力资源开发与管理政策的组成内容。

8. 社会扶贫政策

组织和动员社会力量投身扶贫开发一直作为一项重要的扶贫举措来实施。据有关研究人员估计，"八七扶贫攻坚计划" 和 "十五计划"（2001~

2005 年）期间，社会扶贫动员的资金总额达 1137 亿元，占到总扶贫投资的 28%。社会扶贫的主要措施有：一是通过组织和动员政府部门和企业参加对口扶贫，间接动员部门和企业的资金以及其他资源扶持贫困地区；二是鼓励和组织东部经济发达地区支持西部贫困地区，促进东西部优势互补、共同发展；三是在动员地方政府资源的同时，还提倡和动员社会力量和社会资源参与扶贫，其中具有代表性的项目有"希望工程""幸福工程""巾帼行动""康复扶贫工程""博爱工程""光彩事业"等，在帮助贫困地区改善社会经济发展条件方面都发挥了重要作用。

9. 国际合作政策

区域开发扶贫战略中的国际合作，包括利用国外政府和非政府组织以及国际多边组织的援助进行合作研究与培训，利用优惠贷款发展贫困地区经济。如在 20 世纪 90 年代中后期相继实施的中国西南地区扶贫世界银行贷款项目，秦巴山区扶贫世界银行贷款项目和中国西部扶贫世界银行贷款项目，均是中国农村扶贫国际合作成功的事例。

从近 30 年的农村扶贫实践看，开发式扶贫措施对贫困地区的经济发展起到了显著的促进作用，但由于采用区域瞄准而不是直接针对贫困人口的方式，开发式扶贫的减贫效果随着贫困人口的减少而降低。如果说在农村贫困人口比重还较大的 20 世纪 80 年代中后期和 90 年代初，开发式扶贫方式还能覆盖更多的贫困人口的话，那么从 90 年代后期以来，尽管区域瞄准单位从贫困县转向贫困村，但由于贫困人口的比例大幅度降低和扶贫项目在实施中存在的问题，使丧失开发能力和条件的绝对贫困人口的受益可能性越来越低。扶贫开发带来的效益正更多地被贫困地区内部的中等甚至高收入家庭享用。正是对此问题的关注，从 1986 年以来，中国政府根据农村扶贫进程中暴露出来的问题，对扶贫战略的方针和具体目标作过两次重大调整。①1986~1989 年，是我国政府开展真正意义上的大规模扶贫活动时期。国家将"救济式"扶贫方针调整为"开发式扶贫方式"。②1990~1996 年，扶贫方针再由以区域经济发展带动扶贫工作调整为直接面对贫困人口。这里的两次调整，即从 1986~1989 年的扶贫战略区域瞄准调整到 1990~1995 年的区域瞄准与群体瞄准相结合，然后再调整到 1996 年以后的瞄准贫困村和贫困户，但这些调整都没有从根本上改变区域开发式扶贫战略的基本特征。从整体上看，区域开发式扶贫战略基本上可以归结为发展经济学上所讲的"涓滴"（Trickle-down）发展战略之列。而"涓滴"战略在大多数发展中国家和地区的实践基本上是失败的。但在中国，由于贫困人口比较集中连片地，分布在某些地域，并且通过强有力的政府组织系统能基本保证区域经济发展的成果及其利益自动流向底层的贫困人口。所以，中国"涓滴"型的区域开发式扶贫战略基本上是成功的。当然这不是说没有问题，区域开发式扶贫战略及其政策措施在过去 30 年的实践，产生了许多需要认真反思、总结和研究的问题，这里仅就一些战略性、方向性和制度性问题做些探讨。

第一，中央政府确立的扶贫目标与各级地方政府的行为偏好可能不一致，甚至发生抵触和冲突，战略所确定的保证地区经济增长的利益主要流向目标穷人的设想可能落空。并且，依靠政府系统来保证地区经济增长利益主要流向目标穷人的设想，没有充分考虑在市场体制建立和发展情况下，如何避免政府行为与市场的矛盾冲突。

第二，扶贫战略实施往往是政府主导，而贫困人口和基层组织及社会力量主动参与较少。现行扶贫战略和政策基本上是根据传统的计划经济思想制定的，其实施在很大程度上依赖地方政府，容易产生按行政管理实施的各种弊病，行政决策和实施的主观盲动性较大，而穷人和贫困地区的基层组织以及非政府组织对扶贫的主动性参与较少。扶贫资源也过分依赖政府投入，没有建立起从市场和社会筹集动员资源的必要制度。

第三，区域开发扶贫战略过高估计了区域开发引致经济增长对扶贫的作用，而忽视了救济性扶贫的功能。虽然区域开发扶贫战略有助于改变扶贫救济所产生的依赖性，有助于集中资源缓解区域性贫困，但这种改变同样抛弃了救济中所含的社会保障内容，使那些丧失劳动能力而无开发潜力的贫困人口被排除在扶贫对象之外。此外，区域开发扶贫战略尽管其初衷是瞄准贫困人口，但因为它以区域为政策和工作单元，从它一出台就注定了不可能覆盖全部贫困人口。因此，在以贫困县为最小区域单元的条件下，穷人的漏出会随着贫困县和非贫困县收入分配结构的改变而改变。同时，政府扶贫资源只流向贫困县，事实上将贫困人口从非贫困县漏出，这样必将导致漏出部分贫困人口无法从政府扶贫资源中受益。

第四，对政府扶贫资金的分配和管理使用没有建立严格的、透明的监管制度，致使扶贫资源易被挪作他用，并且扶贫资源的利用效率低下。因为，在战略上忽视了地方政府和其他扶贫部门与中央扶贫目标冲突的影响，也没有能够采取有效的措施和制度安排来控制、减少地方政府及其实施部门挤占挪用扶贫资源的状况。更严重的是，包括贴息贷款在内的扶贫措施，从一开始就注定了它不可能排除被挪用的情况，制度本身就存在被挪用的隐患。

第五，扶贫行动建立在政策基础上，而制度建设滞后，影响了扶贫效果。从30年区域开发式扶贫战略的实践看，政府实施了如前所述的许多政策措施，但从整体上讲扶贫的制度建设是滞后的，比较突出地表现在以下几个方面：一是没有建立起贫困人口进入信贷市场的制度；二是劳务收入一直是贫困地区农民增收的重要途径，但为贫困地区农民进入劳务市场，相关部门提供信息、培训等社会化服务组织制度并没有建立起来；三是没有建立起社会扶贫资源动员、传递和分配制度。此外，社会服务和社会保障等制度建设也严重滞后。所有这些有关扶贫的制度建设滞后，都可能在今后部分地销蚀已取得的扶贫成果。

第六，扶贫政策措施的实施中，过多注重脱贫的数量和速度，对扶贫质量关注不够。这主要表现在以下几个方面：一是扶贫的重点始终放在增加贫困户的短期收入方面，而对提高他们稳定的创收能力重视不够，如科技推广、农业基础设施建设等方面的投入和支持力度相对较弱；二是扶贫重点关注较易实现的短期收入贫困，而对贫困具有更持久影响的"人类贫困"如教育、卫生、医疗保健等未给予足够重视。尤其是对贫困家庭的长期收入将产生重大影响的人力资本投资支持不够。

（三）"十三五"时期中国扶贫开发重点工作的政策解析

随着我国经济进入新常态，城镇吸纳劳动力的能力不断下降，扶贫工作将不得不面对"最后一群人"的问题。党的十八大以来，党中央、国务院高度重视扶贫开发工作。习近平总书记先后十余次视察扶贫样板，多次重要会议讲扶贫，就做好扶贫工作发表一系列重要讲话，深刻阐述了新时期扶贫开发的重大理论和实践问题，把扶贫开发作为关乎党和国家政治方向、根本制度和发展道路的大事，提升到了新的战略高度，特别提到"小康不小康关键看老乡""没有贫困地区的小康就没有全国的小康""对贫困地区和贫困群众要格外关心、格外关注、格外关爱"，为"十三五"时期的扶贫开发工作提供了理论指导。为此，2014年中共中央办公厅、国务院办公厅发布《关于创新机制扎实推进农村扶贫开发工作的意见》，明确了当前和今后一个时期扶贫开发的6项工作机制和10项重点工作。其中针对"十三五"期间的扶贫开发工作，提出了要注重实效，扎实解决突出问题的要求。具体要求是：针对制约贫困地区发展的瓶颈，以集中连片特殊困难地区（以下简称连片特困地区）为主战场，因地制宜，分类指导，突出重点，注重实效，继续做好整村推进、易地扶贫搬迁、以工代赈、就业促进、生态建设等工作，进一步整合力量、明确责任、明确目标，组织实施扶贫开发10项重点工作，全面带动和推进各项扶贫开发工作。具体来看，这10项重点工作的具体目标和内容如下。

1. 村级道路畅通工作

按照《全国农村公路建设规划》确定的目标任务，结合村镇行政区划调整、易地扶贫搬迁、特色产业发展和农村物流等工作，加大对贫困地区农村公路建设支持力度。加强安全防护设施建设和中小危桥改造，提高农村公路服务水平和防灾抗灾能力。到2015年，提高贫困地区县城通二级及以上高等级公路比例，除西藏外，西部地区80%的建制村通沥青（水泥）路，稳步提高贫困地区农村客运班车通达率，解决溜索等特殊问题。到2020年，实现具备条件的建制村通沥青、水泥路和通班车。负责单位为交通运输部、国家发展改革委、财政部等。

2. 饮水安全工作

继续全力推进《全国农村饮水安全工程"十二五"规划》实施，优先安排贫困地区农村饮水安全工程建设，确保到2015年解决规划内贫困地区剩余的农村居民和学校师生饮水安全问题。到2020年，农村饮水安全保障程度和自来水普及率进一步提高。负责单位为国家发展改革委、水利部、国家卫生计生委、环境保护部等。

3. 农村电力保障工作

与易地扶贫搬迁规划相衔接，加大农村电网升级改造工作力度。落实

《全面解决无电人口用电问题三年行动计划（2013～2015年）》，因地制宜采取大电网延伸以及光伏、风电光电互补、小水电等可再生能源分散供电方式。到2015年，全面解决无电人口用电问题。负责单位为国家能源局、国家发展改革委、财政部、水利部等。

4. 危房改造工作

制订贫困地区危房改造计划，继续加大对贫困地区和贫困人口倾斜力度。明确建设标准，确保改造户住房达到最低建设要求。完善现有危房改造信息系统，有步骤地向社会公开。加强对农村危房改造的管理和监督检查。到2020年，完成贫困地区存量农村危房改造任务，解决贫困农户住房安全问题。负责单位为住房城乡建设部、国家发展改革委、财政部等。

5. 特色产业增收工作

指导连片特困地区编制县级特色产业发展规划。加强规划项目进村到户机制建设，切实提高贫困户的参与度、受益度。积极培育贫困地区农民合作组织，提高贫困户在产业发展中的组织程度。鼓励企业从事农业产业化经营，发挥龙头企业带动作用，探索企业与贫困农户建立利益联结机制，促进贫困农户稳步增收。深入推进科技特派员农村科技创业行动，加快现代农业科技在贫困地区的推广应用。到2015年，力争每个有条件的贫困农户掌握1～2项实用技术，至少参与1项养殖、种植、林下经济、花卉苗木培育、沙产业、设施农业等增收项目。到2020年，初步构建特色支柱产业体系。不断提高贫困地区防灾避灾能力和农业现代化水平。畅通农产品流通渠道，完善流通网络。推动县域经济发展。负责单位为农业部、国家林业局、国务院扶贫办、商务部、国家发展改革委、科技部、全国供销合作总社等。

6. 乡村旅游扶贫工作

加强贫困地区旅游资源调查，围绕美丽乡村建设，依托贫困地区优势旅游资源，发挥精品景区的辐射作用，带动农户脱贫致富。统筹考虑贫困地区旅游资源情况，在研究编制全国重点旅游区生态旅游发展规划时，对贫困乡村旅游发展给予重点支持。结合交通基础设施建设、农村危房改造、农村环境综合整治、生态搬迁、游牧民定居、特色景观旅游村镇、历史文化名村名镇和传统村落及民居保护等项目建设，加大政策、资金扶持力度，促进休闲农业和乡村旅游业发展。到 2015 年，扶持约 2000 个贫困村开展乡村旅游。到 2020 年，扶持约 6000 个贫困村开展乡村旅游，带动农村劳动力就业。负责单位为国家发展改革委、国家旅游局、环境保护部、住房城乡建设部、农业部、国家林业局等。

7. 教育扶贫工作

全面实施教育扶贫工程。科学布局农村义务教育学校，保障学生就近上学。大力发展现代职业教育，办好一批中、高等职业学校，支持一批特色优势专业，培育当地产业发展需要的技术技能人才。完善职业教育对口支援机制，鼓励东部地区职业院校（集团）对口支援贫困地区职业院校。国家制定奖补政策，实施中等职业教育协作计划，支持贫困地区初中毕业生到省内外经济较发达地区中等职业学校接受教育。广泛开展职业技能培训，使未继续升学的初高中毕业生等新成长劳动力都能接受适应就业需求的职业培训。继续推进面向贫困地区定向招生专项计划和支援中西部地区招生协作计划的实施，不断增加贫困地区学生接受优质高等教育机会。到 2015 年，贫困地区义务教育巩固率达到 90% 以上，学前 3 年教育毛入园率达到 55% 以上，高中阶段毛入学率达到 80% 以上。到 2020 年，贫困地区基本普及学前教育，义务教育水平进一步提高，普及高中阶段教育，基础教育办学质量有较大提升，职业教育体系更加完善，教育培训就业衔接更加紧密，高等教育服务区域经济社会发展能力和继续教育服务劳动者就业创业能力持续提高。负责单位为教育部、国家发展改革委、财政部、国务院扶贫办、人力资源社会保障部、公安部、农业部等。

8. 卫生和计划生育工作

进一步健全贫困地区基层卫生计生服务体系，加强妇幼保健机构能力建设，加大重大疾病和地方病防控力度，采取有效措施逐步解决因病致贫、因病返贫问题。加强贫困地区计划生育工作，加大对计划生育扶贫对象的扶持力度。到 2015 年，贫困地区县、乡、村三级卫生计生服务网基本健全，县级医院的能力和水平明显提高，每个乡镇有 1 所政府举办的卫生院，每个行政村有卫生室；新型农村合作医疗参合率稳定在 90% 以上；逐步提高儿童医疗卫生保障水平，重大传染病和地方病得到有效控制。到 2020 年，贫困地区群众获得的公共卫生和基本医疗服务更加均等，服务水平进一步提高，低生育水平持续稳定，逐步实现人口均衡发展。负责单位为国家卫生计生委、国家发展改革委、财政部等。

9. 文化建设工作

加强贫困地区公共文化服务体系建设，提高服务效能，积极推进公共数字文化建设。统筹有线电视、直播卫星、地面数字电视等多种方式，提高电视覆盖率。充分利用村级组织活动场所等现有设施，积极开展群众性文化活动。到2015年，基本建成以县级公共图书馆、文化馆和乡镇综合文化站为主干的公共文化设施网络。到2020年，全面实现广播电视户户通。负责单位为文化部、新闻出版广电总局、国家发展改革委、财政部等。

10. 贫困村信息化工作

推进贫困地区建制村接通符合国家标准的互联网，努力消除"数字鸿沟"带来的差距。整合开放各类信息资源，为农民提供信息服务。每个村至少确定1名有文化、懂信息、能服务的信息员，加大培训力度，充分利用有关部门现有培训项目，着力提高其信息获取和服务能力。到2015年，连片特困地区已通电的建制村，互联网覆盖率达到100%，基本解决连片特困地区内义务教育学校和普通高中、职业院校的宽带接入问题。到2020年，自然村基本实现通宽带。负责单位为工业和信息化部、农业部、科技部、教育部、国务院扶贫办等。

针对"十三五"时期扶贫开发的10项重点工作，不难看出，未来5年解决现有标准下的7000多万贫困人口的贫困问题是扶贫开发工作的主要目标，也是全面建成小康社会的关键。为此，扶贫开发工作要重点围绕以下几个方面开展。

首先，通过道路、水、电等基础设施的建设，改善最贫困人口的生存环境和发展条件。尽管过去几十年的扶贫开发已经大大改善贫困地区的基础设施状况，但是对于现行标准下的贫困人口，依然受制于较落后的生存环境，失去参与发展的机会。因此未来5年，扶贫重点工作将集中于改善最贫困人口的生存环境，增强道路、水、电等基础设施建设，解决贫困村"最后一公里"等公共物品提供不足或者不均等的问题。特别是针对特殊困难人群的住房问题，制订贫困地区危房改造计划，保障其最基本的住房安全。总之，关于基础设施建设的投入，仍然是基于救助式扶贫的思路，保障贫困者的生存权。

其次，在改善其生存环境的基础上，通过产业开发增强最贫困人口的经济发展能力和创收能力。依据可行能力理论，穷人要有其过上想要过的生活的能力，因此除了满足最基本的生活需求外，还要增强其改善自身状况的能力，这些能力包括参与经济发展的能力。全面建成小康社会对扶贫开发提出了一系列新的要求，比如在进一步致力于消除绝对贫困的同时，要更加重视缓解相对贫困，尤其要有效防范非贫困人口（也包括脱贫后又极易返贫，处于贫困边缘状态的人口）陷入贫困的风险，要提高公共服务均等化水平，并注重改善贫困人口的权利贫困状态①，为贫困人口增强自我发展能力创造条件，等等。这些新要求，归结到一点就是要以增强贫困人口自我发展能力为切入点，以增加收入为核心，切实提高扶贫效益。改革开放以来，我国扶贫工作取得巨大成就，除农村改革等制度性改革的因素驱动外，非农产业发展以及工业化和城镇化的推进，成为推动农村劳动力转移和非农收入增加的重要力量，贫困人口特别是有劳动能力的贫困人口能够参与分享这一收益。但是随着经济的发展，我国贫困人口数量减少的速度逐渐趋缓，贫困问题呈现新的特征。当前农村绝对贫困人群主要包含三类：一是没有劳动能力的极端贫困户；二是虽有劳动能力，但家庭负担很重、教育和医疗等支出很大的群体；三是虽有劳动能力，但所处客观条件非常不利于改善生计的群体。针对第一类贫困户，将采取救济式扶贫措施保障其最基本生活安全，而对于后两类贫困户，则需要改善其生存环境，减少经济维度外其他维度的"被剥夺"的状态，通过产业发展促进其脱贫。贫困农户的产业发展既是农户增收的主要途径，也是贫困农户自我发展能力提升的具体体现和重要标志。具体来看，从大农业内部，要继续推进产业扶贫中的特色产业增收工作，培育贫困地区农民合作组织，通过组织建设增强贫困农户在市场中的谈判能力以及利益分享的能力。此外，在非农产业发展方面，具有优势旅游资源的贫困地区，可以围绕美丽乡村建设，结合基础设施和危房改造工作，扶持发展休闲农业和乡村旅游业，从而带

---

① 权力贫困是一种解释贫困原因的理论，是指社会中的部分人群在政治、经济、社会和文化权利等方面享有不足的状态。

动农村劳动力就业，实现非农收入的增加。总之，特色产业开发扶贫和旅游扶贫的两项措施仍然强调贫困者基于经济维度的发展能力，使有能力的贫困者参与到产业发展和区域经济发展的进程中并实现脱贫。

再次，通过减轻贫困人口非收入维度的负担，增加针对贫困人口的教育和医疗服务的供给，从而增强其人力资本和自我发展能力。从人文贫困的角度看，基础教育和医疗卫生是贫困人口战胜自身贫困的关键因素。目前，农村人口中有大部分人口虽然暂时脱离贫困，但是由于家庭负担很重，教育和医疗费用支出比较大等因素，很容易重新陷入贫困，因学致贫和因病返贫的现象屡见不鲜。针对这部分贫困人口，则需要在增加教育及公共医疗卫生投入上对贫困地区和贫困家庭有所倾斜，不断提高贫困家庭劳动力的就业和创业能力，促进贫困地区群众获得均等的公共卫生和基本医疗服务。总之，通过减少贫困人口非收入维度的限制，阻断其重返贫困的可能路径，从而实现减少贫困的代际传递以及稳定扶贫成果的政策目标。总之，教育和医疗层面的措施属于发展性的反贫困策略，通过建立公平的教育制度、实施人力资源开发等公共服务均等化的机制，保障贫困者的发展权。

最后，通过区域的文化基础设施和互联网建设，增强贫困人口对信息的获取能力，改善贫困人口的精神面貌。从获取知识的途径和能力来说，我国农村贫困者获取和吸收知识的能力匮乏、途径缺失。农村贫困监测报告显示，我国农村94%的贫困农户距离最近小学是在5公里以内，81.3%的农户距离初中要在10公里以内。并且，农村地区有关科技方面的培训覆盖面也很小，农民科技素质普遍不高。因此，必须要增强对贫困地区的信息建设，解决贫困人口在信息获取特别是市场、科技等信息获取不足的问题。

依据以上重点工作安排，需要在扶贫机制上有所创新。我国从20世纪80年代开始进行大规模扶贫开发。初期的政策设计建立在资金匮乏、难以进行工资转移支付的基础上，因此主要是通过以贫困县为扶贫单元的区域瞄准，为大量贫困人口参与经济发展创造条件。这个机制取得了很大成效，为我国扶贫开发取得巨大成就做出了突出贡献，但在现阶段已难以做到针对贫困农户的精准扶持。这是后来我国贫困人口数量减少速度趋缓的主要原因。可见，随着经济社会发展和贫困人口分布碎片化，如果不直接针对贫困农户进行精准扶贫，消除贫困的目标就很难实现。中央提出要在2020年实现7000多万贫困人口脱贫、所有贫困县全部摘帽，就是希望通过实施精准扶贫方略帮助贫困群众走出"贫困陷阱"。精准扶贫意味着将扶贫工作单元从区域瞄准转向农户瞄准，在区域发展格局下更加注重扶持贫困农户发展。同时，精准扶贫方略将社会保障的兜底作用与扶贫开发的增收作用相结合，形成到 2020 年解决绝对贫困问题的基本框架。通过精准扶贫，做到扶持对象精准、项目安排精准、资金使用精准、措施到户精准、因村派人精准、脱贫成效精准，就能最大限度地提高扶贫资金使用效率，满足贫困人口的基本生存和发展需求，实现在 2020 年全面建成小康社会的发展目标。

参考文献

[1] 叶初升：《多维贫困及其度量研究的最新进展：问题与方法》，《湖北经济学院学报》2010 年第 6 期。

[2] 高艳云、马瑜：《多维贫困测度方法比较及其展望》，《兰州商学院学报》2014 年第 4 期。

[3] 陈立中：《转型时期我国多维度贫困测算及其分解》，《经济评论》2008 年第 5 期。

[4] 王朝明：《中国农村 30 年开发式扶贫：政策实践与理论反思》，《贵州财经学院学报》2008 年第 6 期。

[5] 刘永富：《充分发挥旅游富民推动作用扎实推进贫困地区扶贫攻坚》，《老区建设》2015 年第 1 期。

[6] 周丽莎：《基于阿玛蒂亚·森理论下的少数民族地区教育扶贫模式研究——以新疆克孜勒苏柯尔克孜自治州为例》，《民族教育研究》2011 年第 2 期。

[7] 杨立雄、谢丹丹：《"绝对的相对"，抑或"相对的绝对"——汤森和森的贫困理论比较》，《财经科学》2007 年第 1 期。

[8] 王素霞、王小林：《中国多维贫困测量》，《中国农业大学学报》（社会科学版）2013 年第 2 期。

[9] 张全红、周强：《中国省份多维贫困的动态测度——以中国健康与营养调查中的 9 省为例》，《贵州财经学院学报》2014 年第 1 期。

[10] 董晓波：《农村反贫困战略转向——从单一开发式扶贫向综合反贫困转变》，《社会保障研究》2008 年第 5 期。

[11] 杨润高：《我国扶贫开发的新困境及对策探讨》，《生态经济》2010 年第 1 期。

[12] 李小云：《精准扶贫才能精准脱贫》，《人民日报》2015 年 11 月 6 日。

第七章 特殊贫困群体的反贫困政策

唐丽霞[*]

《中国农村扶贫开发纲要（2011～2020年）》（以下简称《纲要》）提出将重点群体的扶贫开发纳入规划，在同等条件下优先安排，并加大扶持力度。《纲要》所说的重点群体主要包括少数民族、老年人、妇女、儿童以及残疾人等。这些重点人群是社会中的弱势群体，也是中国贫困人口的重要组成部分。尽管中国在开展大规模扶贫开发行动中已经关注这些特殊人群，但是实际支持力度不足，而且扶贫政策对这些群体的特殊性关注不足。这些特殊群体能否脱贫致富是全面建成小康社会的关键。目前，中国实施精准扶贫战略，其核心在于精准识别对象，分析不同对象的致贫原因，并进行分类施策。因此，了解这些特殊群体的贫困状况，梳理现有针对特殊群体的反贫困政策，对于提高精准扶贫及精准脱贫的精准性和有效性具有重要的现实意义。

一 少数民族地区贫困与反贫困政策

中国作为一个多民族国家，内部经济社会发展极不平衡。少数民族地区由于受地理、历史、文化等因素影响，经济社会发展十分缓慢。少数民族地区贫困人口比重高，是我国贫困地区分布最集中、贫困程度最深的地

---

* 唐丽霞，中国农业大学。

区。不仅少数民族地区与汉族地区发展差距大，而且各少数民族之间、民族地区之间的发展差距也很大。新中国成立后，在民族平等的基本原则下，中国在经济、教育、文化、人口等各方面制定一系列的民族优惠政策及其相关制度安排，促进少数民族地区经济社会的发展。同时，针对民族地区的贫困状况，自实施大规模的扶贫开发战略以来，中国始终将民族地区作为扶贫攻坚的主要战场，扶持少数民族贫困人口改善生存状况。

（一）少数民族地区贫困概况

1. 少数民族地区贫困现状

少数民族地区是我国最主要的贫困地区，贫困人口规模大，贫困程度深。据统计，2014 年，民族八省区①农村贫困人口为 2205 万人，比 2013 年减少 357 万人，减贫率为 13.9%，全国同期减贫率为 14.9%，民族八省区减贫速度慢于全国。民族八省区农村贫困人口占乡村人口的比重（贫困发生率）为 14.7%，占全国农村贫困人口的 31.4%。从贫困发生率看，八省区高于全国 7.5 个百分点；从八省区农村贫困人口和乡村人口分别占全国比重看，八省区农村贫困人口占全国的比重（31.4%）是其乡村人口占全国比重（17%）的近 2 倍②。民族八省区贫困面较大，其中，广西、贵州、云南三省区有农村贫困人口 2040 万人，占八省区农村贫困人口的比重为 79.6%，占全国农村贫困人口的 1/4③。由此可见，少数民族地区贫困发生率高，扶贫任务依然艰巨。

由表 7-1 可知，2009～2014 年，民族八省区贫困人口规模占全国贫困人口比重由 2009 年的 40.3% 减少到 2014 年的 31.4%，呈下降趋势。但是，民族八省区的贫困发生率依然高于全国农村贫困发生率，2009～2010 年民族八省区贫困发生率均是当年全国贫困发生率 3 倍多。2011～2014 年民族八省区贫困发生率是当年全国农村贫困发生率的 2 倍多。

---

① 民族八省区是指内蒙古自治区、宁夏回族自治区、新疆维吾尔自治区、西藏自治区和广西壮族自治区五大少数民族自治区和少数民族分布集中的贵州、云南和青海三省。

② 《民族八省区农村贫困人口 2014 年减少 357 万人》，光明网，2015 年 4 月 17 日，http://news. gmw. cn/2015-04/17/content_15402062. htm。

③ 《2013 年民族地区农村贫困情况》，国家民族事务委员会网站，2014 年 4 月 21 日，http://www. seac. gov. cn/art/2014/4/21/art_151_203095. html。

表 7 - 1　2009～2014 年民族八省区与全国分年度贫困人口及贫困发生率

指　标		2009 年	2010 年	2011 年	2012 年	2013 年	2014 年
贫困标准（元）		1196	1274	2536	2625	2736	2800
贫困人口（万人）	民族八省区	1451.2	1034	3917	3121	2562	2205
	全国	3597.1	2688	12238	9899	8249	7017
	八省区占全国比重（%）	40.3	38.5	32.0	31.5	31.1	31.4
贫困发生率（%）	民族八省区	12.0	8.7	26.5	21.1	17.1	14.7
	全国	3.6	2.8	12.7	10.2	8.5	7.2
	八省区与全国对比	比全国高 8.4 个百分点	比全国高 5.9 个百分点	比全国高 13.8 个百分点	比全国高 10.9 个百分点	比全国高 8.6 个百分点	比全国高 7.5 个百分点

注：2011 年实行新的国家扶贫标准，农村居民人均纯收入为 2300 元（2010 年不变价）。

资料来源：《2013 年民族地区农村贫困情况》，国家民族事务委员会网站，2014 年 4 月 21 日，http://www.seac.gov.cn/art/2014/4/21/art_151_203095.html。

少数民族地区生存条件较差，脱贫难度大。据不完全统计，2010 年末，民族自治地方因灾因病返贫人口为 226.4 万人，返贫率为 15.3%，比 2009 年（14.1%）上升 1.2 个百分点。有 1890.8 万人未解决饮水安全问题（含饮水困难人口），缺乏基本生存条件需易地搬迁对象有 71.4 万户、266.8 万人（除广西、贵州）[①]。因此，少数民族贫困地区是全国扶贫开发的重点和难点。要针对不同民族聚居区域的贫困问题，采取因地制宜、分类指导的方针，重点研究解决少数民族贫困问题的特殊政策措施。

2. 少数民族地区贫困原因

少数民族地区贫困的原因复杂多样而且相互联系，既与少数民族地区恶劣的自然地理条件有关，也受日益扩大的收入分配格局的影响，以及少数民族农户自身选择[②]。

（1）经济增长益贫性（Pro-Poor）和"益民族性"不断下降

改革开放以来，中国收入差距不断扩大，无论是农村基尼系数还是城

---

①　国家统计局农村住户调查办公室：《中国农村贫困监测报告 2011》，中国统计出版社，2011。

②　汪三贵等：《少数民族地区贫困变动趋势、原因及对策》，《贵州社会科学》2012 年第 12 期。

镇基尼系数在这一时期都呈增长趋势。经济增长的成果已经越来越难以平等地被所有人群分享了。同时，少数民族农户分享经济增长的机会和能力也在不断下降。少数民族扶贫重点县农村居民人均纯收入占全国农村居民人均纯收入的比重稳步增加，从 2006 年的 51% 增加到 2010 年的 52.9%[①]，表明少数民族扶贫重点县能够持续地从经济增长过程中获益——即经济增长过程表现出"益民族性"特征。尽管 2006～2010 年少数民族扶贫重点县的农户有比全国农户更快的收入增长速度，但是少数民族农户的收入增长速度却落后于汉族农户。表明扶贫政策和经济增长在更大程度上有助于缓解民族地区的落后趋势，但在缓解少数民族农户贫困上仍不尽如人意。少数民族农户在收入分配格局中的地位更加不利，更难以从经济增长的过程中分享发展的成果。[②]

（2）恶劣的自然生态条件限制了少数民族的发展

少数民族贫困地区基本的区域特征为地理位置更加偏远，地形条件更差，气候条件更加恶劣。根据国务院扶贫办最新公布的 14 个扶贫开发的集中连片特困地区，除秦巴山区、吕梁山区、太行山－燕山、大别山区和罗霄山区外，其他主要片区都是少数民族聚居区。而这些片区又往往是中国的生态脆弱区，如青藏高原地区冻土融化、荒漠化加剧、径流变化，西南乌蒙山区和滇桂黔石漠化地区暴雨导致的山地灾害（泥石流、滑坡等）加剧生物多样性损失，等等。同时，主要少数民族聚居区人均可利用土地资源、水资源都相对较低，而生态脆弱性、自然灾害危害性和交通条件都处于明显的劣势。在地形上，少数民族贫困村处于山区的比例更大。恶劣的自然生态条件限制了少数民族发展生产和提高生活水平，加剧了少数民族农户生计的脆弱性，增加了少数民族地区扶贫成本。

（3）少数民族特有的生计文化与现代化和市场化趋势难以契合

少数民族有重视宗教消费、节庆消费的生活习惯，对市场信息和数字不敏感，重消费不重积累，子女较多而往往得不到良好的教育，拥有大量

---

① 国家统计局农村住户调查办公室：《中国农村贫困监测报告 2011》，中国统计出版社，2011。

② 汪三贵等：《少数民族地区贫困变动趋势、原因及对策》，《贵州社会科学》2012 年第12 期。

的闲暇却不外出打工，等等。少数民族地区农户受制于落后的教育水平、恶劣的自然生态条件和本民族的文化特征，在劳动力使用、家庭生产投资等方面很难实现合理的资源配置。

（4）少数民族地区人口增长快，人力资本不足

贫困在大多数情况下总是与人口的快速增长、极低的人力资本水平相关的。一方面，普查与统计表明，我国民族地区人口增长速度快，特别是少数民族人口和贫困地区人口，往往要比全国平均数高出40%～100%，同时人口年龄构成轻，人口再生产潜力大，容易形成"越穷越生，越生越穷"的恶性循环。另一方面，少数民族地区人力资本水平很低。少数民族地区的人力资本欠缺，尤其表现在总体教育水平不高、人口中文盲半文盲比例高。尽管国家对于少数民族地区的教育投入比较大，但是近年来，受过一定教育、具有一定文化知识的新一代，能跳出"农门"的跳出了"农门"，不能跳出"农门"的也外出打工，基本未改变少数民族地区劳动者的文化素质结构。另外，由于少数民族贫困地区自然环境恶劣、医疗卫生条件较差，并常处于地方病高发区，也导致了人口的身体素质不高。[①]

（二）少数民族地区优惠政策

新中国成立以来，就坚持民族平等原则，实行民族区域自治，大力支持少数民族地区现代化发展。国家为了促进少数民族地区繁荣发展，制定了一系列针对民族地区的指导性文件，如《少数民族事业发展规划》《兴边富民行动计划》《扶持人口较少民族发展规划》等，这些规划都在国家各阶段发展规划基础上，针对民族地区制定纲领性文件，对各阶段少数民族地区发展目标提出指导性发展目标。随着中国经济社会的不断发展，少数民族地区贫困落后问题越来越凸显，针对少数民族地区经济社会发展落后状况，国家也加大对少数民族地区的扶持力度，目前已经形成少数民族地区优惠政策体系，从经济、文化、教育、社会等各方面对少数民族和民族地区给予帮助与优惠，促进民族地区经济社会的发展，改善少数民族人口生存状况。

---

① 朱晓阳：《边缘与贫困——贫困群体研究反思》，社会科学文献出版社，2012。

1. 经济领域优惠政策

中国在经济方面对少数民族地区有很多的优惠政策，如民族地区的财政优惠政策、税收优惠政策、金融优惠政策、民族贸易和民族用品生产等具体政策内容。

（1）财税金融优惠政策

新中国成立之初，国家就对少数民族地区进行财政优惠。如从 1955 年起，设立"民族地区补助费"，1964 年设立"民族地区机动金"等专项资金，提高民族地区财政预备费的设置比例为内容的"财政三项照顾"优惠政策。20 世纪 80 年代，国家财政体制改变了沿用多年的统一计划管理模式，实行"划分税种、核定收支、分级包干"的财政管理体制。保留对民族地区的一些特殊财政照顾政策，过去执行的财政三项照顾政策，均纳入包干范围。对民族地区财政仍采取"适当照顾"的政策。1980～1988 年中央对内蒙古、广西、新疆、西藏、宁夏 5 个自治区和青海、云南、贵州 3 个少数民族人口较多的省实行收入全部留用，支大于收的差额由中央财政补贴，定额补助每年递增 10% 的政策。从 1980 年至今国家还设立了"支援不发达地区发展资金"政策，专门用于少数民族聚居地区和经济不发达地区发展经济、文化、卫生事业。20 世纪 90 年代国家实行分税制改革后，国家对原有少数民族聚居地区的补助和专项拨款政策全部保留了下来。1995 年开始实行的过渡期转移支付办法中，对内蒙古、新疆、广西、宁夏、西藏 5 个自治区和云南、贵州、青海 3 个少数民族比较集中的省以及其他省的少数民族自治州，专门增设了针对少数民族地区的政策性转移支付的内容，政策性转移支付额度随国家财力的增长不断增加。2000 年实施西部大开发战略以来，国家把支持少数民族和民族地区加快发展作为西部大开发的首要任务。2000 年起，国家除按照相关规定拨付一般性转移支付和专项转移支付外，还设立民族地区转移支付。进入 21 世纪后，国家对民族地区的财政转移支付力度不断增加。

同时，国家在税收方面也采取减免税的方式，减轻民族地区税收负担。国家对少数民族地区农业长期实行"依率计征、依法减免、增产不增税"的轻税政策；对牧业采取轻于农业和城市的税收政策；对生活困难、生产落后、交通不便的民族地区及贫困地区实行"轻灾少减、重灾多减、特重全免"的税收政策；对边疆民族地区实行减免工商税及税收负担轻于内地的税收政策。国家从 20 世纪 80 年代初就开始对西藏免除农业税。20 世纪 80 年代，国家对民族地区实行进一步放宽的税收优惠政策。1994 年国家税制改革以后，新税制仍保留了民族自治地方的税收管理权限，一般地方政府只有对屠宰、筵席、农牧业三税有减免权，其余税权全部集中在中央，任何地方和部门都无权减免，但民族自治地方省级政府有权对属于地方财政收入的地方税种进行减免。在实施西部大开发战略中，国家又出台了一系列的税收优惠政策，吸引外部资本到西部民族地区投资创业。

国家针对民族地区金融方面的优惠政策主要体现在设立专项贴息贷款，给予优惠利率，放宽贷款额度和还款期限等方面。

（2）民族贸易与民族用品生产优惠政策

由于历史文化不同以及风俗习惯、宗教信仰的差异，中国的一些少数民族在生产和生活方面有一些特殊的需要。如藏族、蒙古族、维吾尔族、哈萨克族等民族的牧民需要马鞍、马靴和砖茶（边销茶）；信仰伊斯兰教的穆斯林群众需要清真食品等。为尊重和满足这些特殊需要，国家实行优惠的民族贸易和民族特需商品生产供应政策。国家从 1963 年开始对民族贸易企业实行利润留成、自有资金、价格补贴"三项照顾"政策。1997 年，国家出台了新的优惠政策，设立专项贴息贷款，免除部分企业增值税，惠及全国 1760 多家少数民族特需商品定点生产企业。1991 年，建立砖茶（边销茶）国家储备制度，保证稳定供应。2007 年，国家设立用于扶持少数民族特需商品生产企业技术改造、推广、培训的"民族特需商品生产补助资金"。

2. 文化教育领域优惠政策

文化教育领域的民族优惠政策包括对少数民族和民族地区经费投入上给予照顾、民族教育举办多种办学形式、教育上的对口支援政策、在高校招生中对少数民族的特殊优惠政策等。

从 20 世纪 50 年代开始国家对民族教育就设立了专项补助费，这种补助费随着经济的发展不断增加。从 1985 年起，国家每年拨出 1 亿元，支持"老、少、边、山、穷"地区发展教育，其中拨给少数民族聚居地区和人口比例较大的西藏、内蒙古、新疆、广西、宁夏、青海、云南、贵州 8 省区的比例达 54% 以上。1993 年实施的《中国教育改革和发展纲要》提出：在国家安排的少数民族地区各项补助费及其他扶助资金中，要划出一定比例的经费用于发展民族教育。1998 年国家又设立"国家贫困地区义务教育工程"专款，中央政府投入 39 亿元，其中 22 亿元投向了"普九"困难较大的少数民族人口集中的新疆、西藏、贵州、云南等 9 个省、自治区。在师范教育、职业技术教育等各项专项补助经费中，也向民族地区倾斜。此外，国家还通过综合转移支付，对农牧区、山区和边疆地区寄宿制中小学校学生生活费给予一定资助。

为了培养少数民族干部和各类专业人才，国家采取举办民族学院、民族学校等特殊方法发展民族教育。国家在部分高校举办少数民族预科班、民族班。国家还采取异地办学的形式，在内地举办中学阶段的西藏班、新疆班。教育部、国家民委还实施了"少数民族高层次骨干人才培养计划"，培养少数民族高层次人才。2001 年，教育部实施了东西部地区学校对口支援及城乡对口支援的工程，加大对民族教育的扶持力度。教育对口支援是动员内地省市和经济发达与教育水平较高的地区，对少数民族地区的教育事业给予支援与协作。包括招收少数民族学生、接受教师进修、派出教师讲学、支援教学设备、开展教育教学交流等。在高校招生中对少数民族考生采取特殊优惠政策。如少数民族考生高考加分、降低少数民族考生录取分数线等。在西藏、新疆等自治区采取"单独划线、单独录取"的措施。

中国在民族语言文字、文学艺术、古籍整理、文物保护、非物质遗产抢救、新闻出版、广播电视、网络建设等方面都出台了相应的优惠政策，基本涵盖了文化领域。

国家经过 60 年的不懈努力，民族地区文化教育事业取得了显著成就，少数民族群众的整体文化素质明显提高。中国各个少数民族的教育水平得到了显著提高，其中有些少数民族的文盲率降低得很快，从 2000 年的统计数据看，朝鲜族、满族、壮族、蒙古族、哈萨克族的文盲率低于汉族和全国平均水平。虽然各少数民族的文盲率下降幅度很大，但一些少数民族的文盲率同全国平均水平相比依然很高[1]。

---

[1] 韩刚：《中国民族优惠政策研究》，南开大学博士学位论文，2012。

3. 人口生育领域优惠政策

20 世纪 50 年代国家对在少数民族生育上继续了"人口兴旺"政策，鼓励自由发展少数民族人口，因而少数民族在较长时间内保持着较高的生育水平。自 20 世纪 70 年代末期以来，中国开始实施比较严格的计划生育政策与相应的管理，强调一对夫妇生育一个孩子。考虑到一些少数民族人口现状、经济发展、文化传统等方面的实际情况，在计划生育管理方面，对于少数民族计划生育政策实行了不同程度的放宽。同时，由于计划生育管理是以省级行政单位为主，所以各个省、自治区、直辖市在针对本地区的少数民族公民所规定的生育条款时，也各有不同，但相对于汉族公民，少数民族公民在生育指标上采取优待政策。

4. 医疗卫生领域优惠政策

对少数民族和民族地区的医疗卫生事业，国家注重政策倾斜，给予优先安排，促进少数民族和民族地区卫生事业的快速发展，民族地区城镇医疗卫生水平有了很大提高，农牧区的医疗条件得到明显改善，少数民族群众看病难问题得到切实缓解，各族人民的健康水平显著提高。改革开放以来，国家在民族地区配套建设和改造了乡镇卫生院，建立了县级卫生防疫站和妇幼保健所，使民族地区卫生服务体系得到较大改善。西藏自治区80% 以上的县设立了防疫站。国家不断加大对民族地区地方病和传染病的防治工作，使过去流行的克山病、结核病和大骨节病等基本得到控制。国家通过多种途径培养少数民族卫生人才，不断壮大少数民族卫生专业队伍。新疆维吾尔自治区少数民族卫生技术人员已占全区卫生技术人员的1/3。①

（三）少数民族地区扶贫政策

自 20 世纪 80 年代中国实许有组织大规模扶贫开发工作以来，少数民族地区就一直是中国扶贫开发的主战场，扶贫开发领域的诸多政策向少数民族地区倾斜，极大地缓解了少数民族地区贫困状况。

1. 少数民族地区是中国扶贫开发的主要扶持对象

20 世纪 80 年代中期，中国政府在全国范围内开展了大规模的扶贫开

---

① 中华人民共和国国务院新闻办公室：《中国的民族政策与各民族共同繁荣发展》，2009 年9 月。

发。由于中央财政资金有限，1986 年，中央政府决定以县为单位，对贫困落后地区进行重点扶贫，并公布了国家重点贫困县的标准：一般贫困地区1985 年全县农村居民人均纯收入 150 元以下，但对民族自治地方县放宽到200 元（牧区 300 元）以下。全国通过放宽标准而列入国家重点扶持的贫困县有 62 个。其中，少数民族自治地方有 51 个，占 82%。当时确定的 331 个国家重点扶持贫困县中有少数民族贫困县 141 个，占总数的 42.6%。

1994 年开始实施《国家八七扶贫攻坚计划》时，国家重新调整了重点扶贫县对象，在确定的 592 个国家重点扶持贫困县中，有 257 个少数民族县，占总数的 43.4%，通过放宽标准而使享受优惠政策的少数民族贫困县增加了 116 个；西部民族地区贫困县 366 个，占 61.82%，覆盖贫困人口5408 多万人，占当年全国贫困总人口的 68%。另外，民族地区还确定了一批省级贫困县。需要说明的是，两次国家级贫困县的划定均不包括西藏自治区，西藏 74 个县全部列为国家扶贫对象。

从 2000 年开始国家实施西部大开发战略，民族地区的 5 个自治区、30个自治州、120 个自治县全部纳入西部大开发范围或者参照享受西部大开发的有关优惠政策。从 2001 年开始实施的《中国农村扶贫开发纲要（2001～2010 年）》，国家把少数民族地区确定为重点扶持对象，在新确定的 592 个国家扶贫开发重点县中，民族自治地方增加为 267 个，占重点县总数的45.1%。同时，西藏整体被列为国家扶贫开发重点扶持范围。新的低收入测定标准中，一般按人均为 1300 元，而少数民族地区为 1500 元。2011 年实施《中国农村扶贫开发纲要（2011～2020 年）》，把少数民族扶贫开发纳入规划、统一组织、同步实施、同等条件下优先安排，加大了对少数民族贫困地区全方位支持力度。新时期，少数民族地区依然是扶贫开发的重要对象，而且在 2012 年确定的 592 个国家扶贫开发工作重点县中 232 个属于民族地区县。

2. 扶贫资源向少数民族地区倾斜

国家在分配扶贫资金和物资时对少数民族贫困地区予以重点扶持。对少数民族贫困地区的银行贷款规模和化肥、柴油、农膜等农用生产资料的安排优先给予照顾。国家新增加的农业投资、教育基金、以工代赈、温饱工程等扶贫资金和物资，少数民族贫困地区的分配比例明显高于其他地区。

"八七"扶贫攻坚期间，国家扶贫资金的分配重点向 5 个自治区以及云南、贵州、青海 3 个少数民族人口较多的省份倾斜。据统计，1994～2000 年，国家共向 8 个民族省区投入资金 432.53 亿元，占全国总投资的 38.4%。其中，财政资金 194.15 亿元，占全国的 40%；信贷资金 238.38 亿元，占全国的 37.8%。据不完全统计，仅 1996～1998 年国家共向 257 个少数民族贫困县投入中央扶贫资金 169.5 亿元，占扶贫资金总数的 45%。近 6 年来，国家和西藏地方政府先后投入资金 12.2 亿元，实施了多个扶贫开发建设项目。2001 年，国家对少数民族地区的扶贫资金投入达到 98.5 亿元，加上西部大开发的投资安排，投资数量急剧增大①。

3. 专门设立针对少数民族的专项扶持资金

少数民族发展资金是中央财政设立的用于支持贫困少数民族地区推进兴边富民行动、扶持人口较少民族发展、改善少数民族生产生活条件的专项资金，是中央财政扶贫资金的组成部分。2006 年，为了规范和加强少数民族发展资金管理，财政部、国家民族事务委员会共同制定了《少数民族发展资金管理办法》。为解决民族地区的贫困问题，国家不断加大投入，推进民族地区的专项扶贫工作。2013 年，专项安排少数民族发展资金 36.89 亿元，比 2012 年增加了 30.1%。内蒙古、广西、西藏、宁夏、新疆 5 个自治区和贵州、云南、青海 3 个少数民族人口较多省份（简称"民族八省区"）的扶贫投入也大幅度提高，中央财政扶贫资金投入 164.36 亿元，占全国总投入的 44.16%，资金总量比 2012 年增加了 17.8%。另外，专项安排了西藏扶贫资金 1 亿元、四省藏区 2 亿元和新疆维吾尔自治区 1 亿元。同时，为了加强对少数民族贫困劳动力的培训力度，2013 年还专门向民族八省区安排"雨露计划"培训资金 1.09 亿元，补助 13.81 万人。民族八省区共有 12240 个贫困村纳入《扶贫开发整村推进"十二五"规划》，占纳入上述规划的 3 万个贫困村总数的 40.8%。目前，已启动实施 6106 个贫困村的整村推进项目建设，投入财政专项扶贫资金 86.4 亿元，村均投入超过 100 万元。2013 年，向内蒙古、广西、贵州、云南、宁夏 5 个省（自治区）的

---

① 《我国少数民族地区扶贫开发的特殊政策概述》，http://lw.zaizhiboshi.com/article/html/33013.html。

15 个贫困革命老区县投入中央专项彩票公益金 21250 万元，支持这些县开展整村推进、小型公益设施建设和产业发展等扶贫项目。这些项目的实施改善了民族地区贫困群众的生产生活条件，有效缓解了这些地区的贫困现状[①]。

4. 对口帮扶

中国政府致力于在地区之间和民族之间先富帮后富，最终实现共同富裕。20 世纪 70 年代末，开始组织东部沿海发达地区对西部地区的支援，帮助少数民族地区发展经济和社会事业。国家对实施对口支援的相关项目等给予特殊的优惠政策。国家开展发达地区对少数民族地区的对口支援政策，有力地推动了少数民族地区经济社会的发展。以对口支援西藏为例，自 20 世纪 80 年代开始，先后召开三次援藏会议。2001 年召开第四次援藏工作会议，考虑到西藏的特殊情况，确定在"十五"期间由国家直接投资的建设项目 117 个，总投资约 312 亿元。同时，对口支援省（市）确定对口支援建设项目 70 个，总投资 10.6 亿多元。2006 年国家又制定了加快西藏发展的 40 条优惠政策。1994～2010 年，中央与地方对口援藏共投入 133 亿元资金。在援藏干部工作中，提出了"分片负责、对口支援、定期轮换"的办法，共选派 4742 名优秀干部支援西藏。自 1997 年开始实施对口援助新疆政策，到 2009 年底已累计选派了 6 批 3749 名援疆干部。各援助省市和单位累积向新疆无偿援助资金物资折合 43 亿元，实施合作项目 1200 多个，到位资金 250 亿元。2010 年援疆工作会议召开，动员北京、上海、山东、江苏、浙江等 19 个省市对口支援新疆。仅 2011 年新疆就引进 19 个援疆省市经济合作到位资金 1087 亿元[②]。

（四）小结

中国对少数民族地区的投入巨大，在政治、经济、教育、文化、人口等领域给予少数民族地区各种优惠政策，促进民族地区得到平等发展的机

---

① 《推进民族地区扶贫开发　促进民族团结进步事业》，国家民族事务委员会网站，2014 年 9 月 23 日，http://www.seac.gov.cn/art/2014/9/23/art_8016_214857.html。

② 韩刚：《中国民族优惠政策研究》，南开大学博士学位论文，2012。

会。从中国正式实施开发式扶贫开始，少数民族地区就一直是中国扶贫开发的主要战场，而且将大量的扶贫资源向少数民族地区倾斜，并呈现逐年增加的趋势。经过几十年的努力，少数民族地区的贫困状况得到缓解，民族地区贫困人口的生存状况得到改善。但是少数民族地区的贫困状况依然严重，而且现阶段中国贫困人口主要集中在少数民族地区，这也在一定程度上说明少数民族地区扶贫效率低下。因此，在新时期如何在向少数民族地区投入大量扶贫资源的同时提升扶贫效率，将是少数民族地区反贫困工作中应该思考的问题。

从目前少数民族反贫困政策来看，主要的策略是通过加大少数民族地区的投入，改善基础设施建设，增加经济发展要素，提升人口素质等。少数民族地区文化素质低下也被看作少数民族地区贫困的症结，因此需要破除少数民族地区群众的落后观念，向少数民族地区传输资金和物资的同时，也要传输新思想、新观念，提升其文化素质。这种扶贫理念下，少数民族地区文化的资源价值并没有得到充分认识，更多是将外部的发展理念和方法输送到少数民族地区，而忽视少数民族自身文化的价值与特殊性。因此，新时期的少数民族地区反贫困应该在加大扶贫资源投入的同时积极发掘少数民族地区文化资源，运用本土社会的文化知识，来决定自身的发展道路和发展方式，在扶贫项目规划中体现民族特色。

二　老年人贫困与反贫困政策

当今中国已经进入了快速人口老龄化时期，其以"基数大""增长快""未富先老"等为特征。统计显示，2014 年我国 60 周岁及以上人口有 21242 万人，占总人口的 15.5%，高出 2013 年 0.6 个百分点，其中 65 周岁及以上人口占总人口的比重达到 10.1%。根据全国老龄办公布的数字，到 2020 年我国老年人口将达到 2.48 亿人，老龄化水平将达到 17%[①]。农村老龄问题更为突出，据统计，超过 60% 的老年人口分布在农村地区。老年人家庭空

① 《中国经济的人口图谱　社会人口老龄化加速》，全国老龄工作委员会办公室网站，2015 年 1 月 21 日，http://www.cncaprc.gov.cn/contents/37/69715.html。

巢化、独居化加速，农村地区的老龄化速度更是快于城镇地区，预计到 2030 年，农村地区的老年抚养比会达到 34.4%，且与城镇地区老年抚养比的差距会进一步扩大①。与此同时，我国农村社会处在由传统到现代的转型时期，在农村青壮年劳动力大规模转移、农村家庭的核心化、农村传统的家庭养老模式面临冲击等社会变迁的大背景下，农村老年人口问题较之城镇表现得更突出、更严峻。而且长期以来，中国农村老年人口在诸多方面都处于弱势地位，与城镇老年人相比更为脆弱，也更易陷入贫困的状态中。

（一）老年人贫困状况

在急剧的社会转型过程中，老年人是非常脆弱的社会群体，特别是在中国农村，留守老人、失独老人、残障老人、孤寡老人等各类老年群体数量众多，老年贫困群体数量巨大，而且呈现独特的贫困特征。

1. 老年贫困人口规模

老年贫困人口规模并没有一个统一的权威的说法。很多研究者通过各种方法对老年贫困人口进行了测算。如全国城乡贫困老年人状况调查研究课题组于 2002 年对 12 个省、市、自治区城乡贫困老年人状况进行调查，城乡分别以最低生活保障线作为贫困线、"难以维持基本生活"为原则自行确定，结论为 2002 年我国城乡贫困老年人有 1010 万人，其中农村 860 万人。乔晓春等将 2000 年"中国城乡老年人口状况一次性抽样调查"数据加权处理，测算结果是当时全国贫困老年人口总量为 2274.8 万人，农村贫困老年人口占比为 17.5%②。而另有学者利用 2000 年的相关数据测算认为当时全国老年贫困人口数量为 921 万～1168 万人，其中农村数量为 736 万～922 万人，全国老年贫困发生率为 7.1%～9.0%，而农村老年贫困发生率为 8.6%～10.8%③。之后，有学者通过对城镇和农村最低生活保障数据的分析，认为老年人总体贫困发生率为 10.77%，其分别采用城镇最低生活保障

---

① 世界银行东亚和太平洋地区人类发展局社会保护部：《中国农村老年人口的养老保障：挑战与前景》，2012 年 3 月。

② 乔晓春等：《对中国老年贫困人口的估计》，《人口研究》2005 年第 3 期。

③ 王德文、张恺悌：《中国老年人口生活状况与贫困发生率估计》，《中国人口科学》2005 年第 1 期。

标准和"1 天 2 美元"两个标准，测得城镇老年贫困人口规模在 300 万人左右，采用农村贫困线和"1 天 1 美元"两个标准，得到的农村老年贫困人口数量存在一定差距，但是农村最低生活保障数据推算的结果显示，中国农村老年贫困人口的数量超过 1400 万人①。2013 年北京大学"中国健康与养老追踪调查"（CHARLS）研究认为，中国 22.9% 的老人消费水平位于贫困线之下②，总人数超过 4200 万人，如按此数据，农村老年贫困人口超过3000 万人。虽然从上述各个数据来看，目前的研究对老年贫困人口规模的计算存在一定的差异，但是可以表明中国老年贫困人口数量巨大，而且主要分布在农村地区。

2. 老年人贫困的主要特征

老年群体具有自身特殊的贫困特征。总体来说，贫困老年人在物质和精神慰藉上均缺乏应有的支持，特别是一些更易陷入贫困的特殊群体，他们包括高龄老人、女性老人，与居住方式相关的独居、丧偶、空巢及留守老人等。具体来讲，老年人贫困的主要特征表现在以下几个方面。

一是老年人物质生活缺乏有效保障。农村贫困老年人的首要特征是缺乏收入来源、患有疾病的比例较高，在物质生活上容易陷入贫困。而且从消费水平看，伴随着经济收入的不足，部分地区的农村贫困老年人出现了"零消费"现象，这一弱势人群无法享受到基本的社会消费。

二是老年人精神赡养被忽视。农村贫困老年人除物质生活水平较低外，还面临着精神赡养和精神需求难以得到满足的现实困境。现阶段农村老年人获取经济赡养和物质帮助逐渐受到社会各界的重视，但农村老年人的精神需求问题在农村青壮年外出、农村家庭空心化的情况下越来越凸显出来。贫困老年人往往缺乏子女照料和精神慰藉，自评生活质量较差或生活满意度较低，时常有孤独感，少数老年人甚至出现了悲观厌世情绪。农村青壮年外出务工在很大程度上弱化了子代与亲代之间的沟通交流，留守在农村的老年人与子女之间联系相对变得不密切，老年人在情感支持方面处于更

---

① 杨立雄：《中国老年贫困人口规模研究》，《人口学刊》2011 年第 4 期。

② 《中国城乡老人二元分化明显》，新华网，2013 年 5 月 31 日，http://news.xinhuanet.com/2013－05/31/c_115991103.htm。

为弱势的地位。

三是传统农村养老保障面临挑战。目前中国农村家庭养老保障的功能在弱化，同时老年人由于自身劳动能力下降难以有效从事农业生产劳动，获取经济收入，传统的以土地为基础的养老保障也变得难以实现。城市化和工业化的发展使得老年人的养老需求也在发生改变，传统以家庭为主的养老保障模式难以适应农村人口空心化和农村家庭空巢化的趋势，不能有效满足老年人的养老需求。

四是高龄、丧偶、女性等特殊老年人生活较为困难。中国农村贫困老年人中的一些特殊群体，包括高龄老年人、女性老年人、独居、丧偶、空巢及留守老人，相比其他农村老年人及城镇老年人而言，更易陷入贫困的状态，且主观幸福感明显较低①。

（二）老年人权益保障体系

随着老龄化程度的不断加深，中国政府高度重视老龄事业的发展和老年人权益保障，制定了一系列的政策法规，形成以权益保障法、发展纲要和规划等纲领性文件为基本政策，以养老保障政策、医疗保障政策、养老服务政策等为具体政策的老年人权益保障体系，切实促进了中国老年人权益保障工作的开展。

1982 年，联合国在维也纳召开第一次老龄问题世界大会，呼吁世界各国认识人口老龄化问题。此次大会加速了中国老龄工作机构的建立，1983 年，国务院正式批准中国老龄问题全国委员会为常设机构②。1996 年《中华人民共和国老年人权益保障法》的颁布实施，标志着我国老龄政策被纳入法制化、制度化的轨道。2000 年中共中央、国务院颁布《关于加强老龄工作的决定》提出，要从我国的基本国情出发，适应人口老龄化的发展趋势，完善社会保障制度，建立健全社区管理和社区服务体系，发展老年服务业，维护老年人的合法权益。进入 21 世纪后，中国政府先后发布《中国老龄事

---

① 唐丽霞等：《暮年有养——农村贫困老人扶持政策评估及建议》，社会科学文献出版社，2015。

② 原新等：《中国老龄政策体系框架研究》，《人口学刊》2009 年第 6 期。

业发展"十五"计划纲要（2001～2005 年）》《中国老龄事业发展"十一五"规划》《中国老龄事业发展"十二五"规划》等纲领性文件，在老年人社会保障、老龄医疗服务、养老服务、老年人社会参与等方面都提出了具体的阶段性目标任务，为中国老龄事业的发展起到重要的指导性作用，同时也标志着中国老龄事业进入了系统化、体系化的发展轨道。2012 年中国对《中华人民共和国老年人权益保障法》进行修订，对老年人的养老扶助、社会保障、社会服务、法律责任等进行了明确的规定，并将老年人的精神需求等纳入法律保护范围。在这些纲领性文件的指导下，中国政府也先后出台了一系列的政策，促进养老服务事业的发展，并逐渐建立以居家为基础、社区为依托、机构为支撑的养老服务体系。

此外，中国政府发布实施的一系列的针对农村老年人的社会保障政策也为贫困老年人的多元化需求的满足提供了制度保障，如农村部分计划生育家庭奖励扶助制度、新型农村养老保险制度等。此外新型农村合作医疗制度、农村最低生活保障制度、农村"五保"供养制度等农村社会保障制度均将农村贫困老年人纳入保障范围，改善了农村贫困老年人的生存状况。

（三）贫困老年人社会保障政策

因为老年群体的特殊性，中国并没有专门针对贫困老年人的扶贫政策，但是目前中国政府出台了一些农村社会保障政策可以在一定程度上满足贫困老年人的多元化需求。贫困老年人群体面临着众多困难，需要从多角度予以解决。目前中国涉及贫困老年人的政策已经覆盖了与老年人日常生活息息相关的温饱、住房、就医、社会娱乐等多方面，各项制度之间形成了互补局面，能够满足不同贫困老年人在不同方面的基本需求。

1. 基本生活保障

在贫困老年人基本生活保障方面，目前中国政府出台的政策主要有农村最低生活保障制度、高龄补贴制度、农村"五保"供养制度等。这些政策的出台和实施保障了农村贫困老年人的基本生活。

（1）农村最低生活保障制度

我国的农村低保制度开始于 20 世纪 90 年代，2005 年后进入加速发展阶段，到 2007 年底基本实现了全国覆盖。就政策对象来看，农村低保对象范围是指家庭人均纯收入低于当地低保标准的贫困居民，根据各地农村低保工作的实际情况，保障的重点是那些因疾病、残疾、年老体弱、丧失劳动能力和生存条件恶劣等原因造成家庭生活常年困难的农村居民①。对低保家庭中的老年人、未成年人、重度残疾人、重病患者和县级以上地方人民政府确定的其他生活困难人员，可以采取多种措施提高救助水平。具体就老年人来讲，农村最低生活保障制度主要覆盖了生活困难的贫困农村老年人。低保标准要由县以上各级地方政府自行制定和公布执行。据国家民政部公布的数据，截至 2014 年 1 月底，农村居民参保人数为 5382.1 万人，其中老年人 2075.3 万人②。低保制度的实行在帮助解决农村困难群体基本生活问题上发挥了重要作用，尤其是给贫困老年人提供了解决燃眉之急的必要保障，效果比较显著。

（2）高龄津贴制度

2010 年民政部下发《民政部关于建立高龄津（补）贴制度先行地区的通报》，鼓励和推进各地结合实际情况出台高龄津贴政策。截至 2013 年底，全国共有 18 个省份为 80 周岁以上老年人发放高龄津贴。高龄津贴制度的推行对于改善高龄贫困老年人的生活状况，保障老年人基本生存权益起到了重要的补充作用。

（3）农村"五保"供养制度

是指对农村中生活没有依靠的老、弱、孤、寡、残疾的农村居民，在吃、穿、住、医、葬方面，给予经费保障、实物帮助和生活照顾。

其工作由乡镇人民政府负责安排并实施，当地人民政府负责安排提供"五保户"所需的经费和物品。1994 年国务院发布的《农村五保供养工作条例》，并于 2006 年进行了修订。从政策对象来看，老年、残疾或者未满 16 周岁的村民，无劳动能力、无生活来源又无法定赡养、抚养、扶养义务人，或者其法定赡养、抚养、扶养义务人无赡养、抚养、扶养能力的，享受农村"五保"供养待遇。农村"五保"供养对象可以在当地的农村"五保"供养服务机构集中供养，也可以在家分散供养。农村"五保"供养对象可

---

① 中国政府网，http://www.gov.cn/zwgk/2007－08/14/content_716621.htm。

② 民政部网站，http://files2.mca.gov.cn/cws/201401/20140125142046239.htm。

以自行选择供养形式。农村"五保"供养的内容包括：供给粮油、副食品和生活用燃料；供给服装、被褥等生活用品和零用钱；提供符合基本居住条件的住房；提供疾病治疗，对生活不能自理的给予照料；办理丧葬事宜；等等。"五保"供养制度基本满足了老年人日常生活的大多数基本需求，对于生活困难老年人有非常重要的作用，是老年人社会保障制度的重要一环。截至 2013 年底，全国农村集中供养"五保"老年人 164.1 万人、分散供养301.1 万人，供养标准分别由 2007 年的每人每年 1953 元和 1432 元增加到2013 年的 4685.02 元和 3498.52 元。

2. 养老保障

在贫困老年人养老保障方面，现有的政策主要有农村养老保险制度、农村部分计划生育家庭奖励扶助制度等。

（1）农村养老保险制度

我国从 1986 年开始进行农村社会养老保险试点和探索，1992 年中央发布《县级农村社会养老保险基本方案》，老农保发展迅速，但是由于内外部因素，1998～2002 年的 5 年时间里，参保人数从 8025 万人下降到 5462 万人①，老农保经历了一个快起快落的过程。直到 2009 年 9 月，国务院办公厅发布了《国务院关于开展新型农村社会养老保险试点的指导意见》，同年11 月，人力资源和社会保障部发布《新型农村社会养老保险经办规程（试行）》，第一批新型农村社会养老保险的试点工作正式开始。2010 年新农保试点范围进一步扩大，全国 27 个省（自治区）的 838 个县和 4 个直辖市的大部分地区纳入国家新农保试点。截至 2011 年底，全国新型农村社会养老保险参保人数达到 3.26 亿人，达到领取待遇年龄参保人数 8921.8 万人②。政府对符合领取条件的参保人全额支付新农保基础养老金，其中中央财政对中西部地区按中央确定的基础养老金标准给予全额补助，对东部地区给予 50% 的补助。养老金待遇领取条件为年满 60 周岁且未享受城镇职工基本养老保险待遇的农村有户籍的老年人。养老金待遇由基础养老金和个人账户养老金组成，支付终身。基础养老金标准也随着经济水平的提升而不断

---

① 左菁：《中国农村养老保险制度的反思与重构》，《河北法学》2007 年第 4 期。

② 国家统计局网站，http://data.stats.gov.cn/search/keywordlist2。

提高。新型农村社会养老保险制度的推行，为农村老年人基本生活提供了必要的保障，对于经济条件较差，长期生活困难的老年人有重要的帮助作用。

（2）农村部分计划生育家庭奖励扶助制度

农村部分计划生育家庭奖励扶助制度，是在各地现行计划生育奖励优惠政策基础上，针对农村只有一个子女或两个女孩的计划生育家庭，夫妇年满60周岁以后，由中央或地方财政安排专项资金给予奖励扶助的一项基本的计划生育奖励制度。该制度对于计划生育家庭老年人生活起到了一定的帮扶作用，一定程度上减轻了计划生育家庭老年人的生活负担。2004年2月，国家人口和计划生育委员会、财政部联合发布《关于开展对农村部分计划生育家庭实行奖励扶助制度试点工作的意见》，同年5月，中国政府开始对农村部分计划生育家庭实行奖励扶助制度的试点，选取5个西部省和10个中部省市开展试点工作。2006年，国家人口和计划生育委员会和财政部发布《人口计生委财政部关于印发全国农村部分计划生育家庭奖励扶助制度管理规范的通知》，农村部分计划生育奖励扶助制度推广到全国实行。该制度的政策对象主要包括符合以下要求的人群：本人及配偶均为农业户口或界定为农村居民户口；1973～2001年没有违反计划生育法规、规章或政策规定生育；现存一个子女或两个女孩或子女死亡现无子女；年满60周岁。符合上述条件的奖励扶助对象，奖励扶助金以个人为单位发放，按人年均不低于600元的标准发放奖励扶助金，直到亡故为止。已超过60周岁的，以该制度在当地开始执行时的实际年龄为起点发放（2006年试点标准），从2009年1月1日起，对符合条件的奖励扶助对象，奖励扶助标准从每人每年不低于600元提高到每人每年不低于720元。中央财政按照基本标准，对西部地区负担80%、中部地区负担50%[①]。

3. 医疗保障

在贫困老年人医疗保障方面，主要有新型农村合作医疗制度和农村医疗救助制度。

---

① 国家人口计生委：《国家人口计生委、财政部关于实施"三项制度"工作的通知》，2008。

（1）新型农村合作医疗制度

新型农村合作医疗制度，简称"新农合"，是指由政府组织、引导、支持，农民自愿参加，个人、集体和政府多方筹资，以大病统筹为主的农民医疗互助共济制度。采取个人缴费、集体扶持和政府资助的方式筹集资金。"新农合"对解决经济困难老年人看病就医问题起到了重要的推动作用，促使农村基本医疗卫生水平得到提高。2002年10月29日，中共中央和国务院发布了《关于进一步加强农村卫生工作的决定》，第一次提出要建立农村新型合作医疗制度。2003年1月，卫生部、财政部以及农业部联合下发《关于建立新型农村合作医疗制度的意见》，新型农村合作医疗开始进行试点工作，并不断增加试点地。2008年"新农合"从试点转向了全面推行的阶段，2012年5月，卫生部、财政部和民政部三部门联合印发《关于做好2012年新型农村合作医疗工作的通知》，《通知》指出，2012年起，各级财政对"新农合"的补助标准从每人每年200元提高到每人每年240元，"新农合"在中国农村实行了全面覆盖。"新农合"对门诊、住院、大病方面给予不同比例的补贴。对于患病老年人来说，接受疾病治疗可以得到不同程度的补助，减轻老年人的医疗负担。我国目前没有针对农村老年人参与"新农合"的专门统计数据，但是从"新农合"整体运行情况可以间接反映出老年人的受益情况。近年来，随着"新农合"制度的不断完善，农民参合率逐年提高，"新农合"的人均筹资标准也逐年增加，截至2012年底，共有8.05亿人参加了"新农合"，参合率达到98.3%，当年"新农合"补偿受益人次达到17.45亿人次。"新农合"制度的推行，对于改善农村基本医疗条件，提高农民抵抗疾病风险能力有重要帮助。

（2）农村医疗救助制度

农村医疗救助是指对没有参加以及没有能力参加新型农村合作医疗保险的，或者参加新型农村合作医疗保险后无力承担自己支付的部分的农村困难农民进行帮助的一种社会救助。为解决农村居民因病致贫、因病返贫问题，保障农村贫困人口能够享受到基本医疗卫生服务，满足农村贫困群体的医疗需求发挥了一定作用。老年人作为该项制度的保障对象，也被纳入农村医疗救助制度的保障范围中。该制度自2003年开始在各地试点实施，之后不断完善，并在全国各地全面实施。2012 年，民政部、财政部、人力资源和社会保障部、卫生部联合发布《关于开展重特大疾病医疗救助试点工作的意见》，将特大疾病纳入医疗救助范围，促使农村医疗救助制度进一步发展。农村"五保"老年人、低保老年人、患特大疾病老年人等特殊困难老年群体均被纳入制度保障范围。从具体救助办法来看，已经开展新型农村合作医疗的地区，资助医疗救助对象缴纳个人应负担的全部或部分资金，参加当地合作医疗，享受合作医疗待遇。因患大病经合作医疗补助后个人负担医疗费用过高，影响家庭基本生活的，再给予适当的医疗救助。尚未开展新型农村合作医疗的地区，对因患大病个人负担费用难以承担，影响家庭基本生活的，给予适当医疗救助。

（四）小结

中国的老龄事业发展取得了较大的成绩，农村老年人的基本权益得到较为充分的保障。但是随着中国老年人口的不断增长，老龄化程度的不断加深，农村老年人尤其是贫困老年人的养老问题面临着巨大的挑战。城乡二元结构、区域发展不平衡、居民收入差距等结构性因素，阻碍着农村老年人贫困问题的缓解。对农村贫困老年人的扶持政策分散，且缺乏统一协调机制，难以有效整合和协调各种政策资源，导致政策效率降低。农村大量年轻劳动力迁移，传统"养儿防老"的养老方式式微，在农村养老保障体系尚不完善的情况下，加快完善农村社会保障体系建设是应对农村老龄化，缓解老年人贫困问题的关键。

在目前的农村社会发展趋势下，农村贫困老年人养老保障问题需要国家、社会和家庭共同行动，建立新的老龄事业发展机制。国家应该完善农村老年人社会保障制度体系，从国家制度层面为农村贫困老年人提供保障。要充分发挥农村社区在缓解老年人贫困、改善贫困老年人生存状态的功能，政府应该有意识地激发传统的社区互助在解决贫困老年人保障问题中的作用，这不仅可以使贫困老年人受益，而且还能促进农村社区的复兴。注重发挥老年人自身的力量，培育老年人互助组织，成立老年人协会，充分发挥老年人群体的自我发展、自我服务能力。

三 妇女贫困与反贫困政策

由于妇女在性别制度中的位置，她们在社会资源分配、决策、意愿表达等方面没有得到充分重视，妇女比男性更容易陷入贫困状态。早在 20 世纪 60~70 年代，国际社会就已经开始关注性别与反贫困，并针对贫困女性化和妇女贫困提出缓解妇女贫困的方法和手段。自新中国成立以来，政府就注重妇女在经济社会发展的参与性，将男女平等作为基本国策，并成立妇女组织负责开展妇女工作，在农村扶贫工作中将妇女扶贫作为重要的工作内容，妇女贫困得到缓解，妇女地位得到较大提升。

（一）妇女贫困概况

在中国，由于传统的性别分工和性别观念的普遍存在，妇女在经济社会中的地位仍处于相对较低的位置，妇女贫困也在中国贫困问题中表现得尤为突出。因为各种因素的影响，妇女贫困具有诸多方面的特殊特征。

1. 妇女贫困状况

虽然中国没有对妇女贫困群体进行专门的统计分析，但是妇女贫困状况在不同方面都有所体现。从贫困发生率上来看，妇女贫困发生率高于男性。据统计，2004 年，在扶贫重点县农村绝对贫困人口中，48.2% 为女性，女性人口的贫困发生率为 8.3%，比男性高 0.4 个百分点；在低收入人口中，48.5% 是女性，女性人口的低收入发生率为 13.2%，比男性人口高 0.6 个百分点[1]。从享受低保人数来看，女性的贫困人口规模较大。2014 年，妇女享受城市和乡村居民最低生活保障的人数分别为 792 万人和 1826 万人，比 2006 年分别增加了 200 万人和 1591 人[2]。从受教育程度来看，据 2010 年第三期妇女地位调查[3]数据，女性受教育年限不断提升，尤其是青年女性的

---

[1] 国家统计局：《2004 年中国农村贫困状况监测公报》，2005－04－21，http://www.stats.gov.cn/tjsj/tjgb/qttjgb/qgqttjgb/200504/t20050421_30614.html。

[2] 国新办发布《中国性别平等与妇女发展》白皮书，2015 年。

[3] 第三期中国妇女社会调查是全国妇联和国家统计局继 1990 年和 2000 年第一、第二期中国妇女社会调查后组织的又一次全国规模的调查。

受教育程度大幅提升，但是仍然低于男性受教育程度，尤其是农村女性受教育年限仅为 5.9 年，低于农村男性受教育年限，比城镇女性的 9.8 年低了 3.9 年。从收入来看，女性劳动收入相对较低，两性劳动收入差距较大。调查显示，女性从业者的劳动收入多集中在低收入和中低收入组。城市和乡村从业女性的年均劳动收入仅为男性的 67.3% 和 56.0%，且农村女性劳动收入低于城镇女性劳动收入①。另外，农村妇女参政显著低于男性，农村妇女的政治参与欠缺；农村妇女的地权、继承权等常被忽略，她们在法律上的弱势地位明显。由此可见，女性贫困人口规模较大，贫困程度深，而且主要集中在农村地区。

2. 妇女贫困的主要特征

妇女贫困具有自身特殊性，主要表现在以下几个方面。

一是妇女群体的易受损害性和脱贫的困难性。妇女在主要生产和社会资产、家庭的消费、社会服务的获得、使用和控制决策中的弱势地位，导致其在应对贫困方面较男性有更高的易受损害性。女性容易陷入贫困且较难应对贫困中的脆弱性，可以归因为经济、政治和社会体系中的父权制导致妇女在享有家庭资产和社会公共服务方面遭受排斥。而反贫困政策能否在这些方面寻找到突破口，在社会经济资源的分配和各项社会服务提供方面增加妇女的可获得性和可及性，对于减轻妇女的贫困有直接的作用②。

二是妇女贫困的演化性和传递性。贫困具有演化性，一方面的贫困状态往往会导致其他方面陷入贫困。妇女在经济和政治参与方面贫困化和边缘化，往往导致其可行能力的贫困。妇女贫困的传递性主要表现在贫困代际传递的演绎，妇女与儿童最为接近，妇女的文化地位、经济地位与控制人口增长、提高自身和儿童营养健康水平以及教育水平密不可分。

三是妇女贫困的分散性与多样性。目前，中国贫困人口呈现为"小集中、大分散"特征，作为贫困人口主要组成部分的贫困妇女也呈现为分散性。同时，妇女贫困群体呈现为多样性，既包括城乡低收入妇女、已婚妇

① 《第三期妇女地位调查主要数据报告》，中国妇女研究网，http://www.wsic.ac.cn/staticdata/84760.htm。

② 赵群、王云仙：《社会性别与妇女反贫困》，社会科学文献出版社，2011。

女、老年妇女、贫困女童、单亲母亲等贫困类型，也包括因灾致贫妇女、农村留守妇女、受艾滋病影响妇女、移民妇女等特殊类型妇女群体。

四是妇女贫困的隐蔽性。妇女贫困的隐蔽性既表现在主体对贫困的隐瞒，又表现在社会对妇女贫困的盲视。前者主要是受艾滋病影响妇女以及老年妇女等特殊类型妇女群体，由于社会的歧视和污名化，该类妇女不得不处于隐蔽状态。老年妇女在家庭和社会中的地位低下，她们的诉求得不到表达，即使遭受家庭暴力和财产剥夺也处于"饮泣吞声"状态。另外，社会对妇女贫困的盲视主要受到妇女文化和权利贫困的隐蔽性影响①。

（二）妇女权益保障体系

自新中国成立以来，国家就注重保障妇女基本权益，并将男女平等作为基本国策，促进妇女事业的发展。在当今中国，已形成以《中华人民共和国宪法》为基础，以《中华人民共和国妇女权益保障法》为主体，包括国家各种单行法律法规、地方性法规和政府各部门行政规章在内的一整套保护妇女权益和促进性别平等的保障体系。

1992 年，国家公布并实施《中华人民共和国妇女权益保障法》，是中国第一部以保障妇女权益为主要内容的法律。该法于 2005 年 8 月进行了修改和完善，从政治权益、文化教育权益、劳动和社会保障权益、人身权益、婚姻家庭权益五个方面确立了妇女应享有的权利，这是对《宪法》概括性规定的细化，成为我国妇女权益保障法律体系的主体和核心。此外，《婚姻法》《母婴保健法》《劳动法》《教育法》等法律法规，也都从不同的方面对妇女权益保障做出了规定。

同时，国家还制定专门的妇女发展纲要，为妇女发展提出指导性目标。《中国妇女发展纲要》是中国关于女性发展的专门规划，为各时期女性在政治、经济、教育以及医疗保健等方面的发展提出指导性的目标。到目前，该纲要的制定和颁布共经历了三个阶段，即 1995～2000 年、2001～2010 年、2011～2020 年。该纲要在不同阶段提出不同的妇女发展目标，从最初的经济

---

① 向德平、程玲：《巾帼脱贫——农村贫困妇女扶持政策评估及建议》，社会科学文献出版社，2015。

和技术支持，到现在教育、法律、信贷以及信息技术等多方面支持，同时针对贫困妇女和少数民族妇女群体等特殊群体的扶持政策体系逐渐完善。

在实际的扶贫开发工作中，国家也依据不同历史阶段妇女面临的特殊困难和需要，给予有针对性的支持。《国家八七攻坚计划》中指出了妇联组织在扶贫中的任务，其中包括进一步动员贫困地区妇女积极参与"双学双比"竞赛活动，兴办家庭副业，发展庭园经济；也要办一些劳动密集型和适合妇女特点的扶贫项目；组织妇女学习实用技术，提高脱贫致富的能力；配合教育部门扫除文盲；配合劳动部门组织妇女的劳务输出。《中国农村扶贫开发纲要（2011～2020 年）》中明确指出，"把对少数民族、妇女儿童和残疾人的扶贫开发纳入规划，统一组织，同步实施，同等条件下优先安排，加大支持力度，关注留守妇女和儿童的贫困问题"。扶贫开发过程中贫困妇女的扶持政策更加重视激发农村贫困妇女的潜力，注重培养贫困妇女的自我发展能力，并针对贫困妇女开展相应的扶贫项目，扶持贫困妇女脱贫致富。同时，中国农村逐渐建立和完善的农村社会保障制度，如新型农村养老保险制度、新型农村合作医疗制度、农村医疗救助制度、农村最低生活保障制度等，均对农村妇女（特别是农村贫困妇女）生活状况的改善，起到重要的保障作用。

中国政府重视发挥与妇女发展有关的非政府组织的作用。中华全国妇女联合会、中华全国总工会、中国共产主义青年团中央委员会、中国残疾人联合会、中国科学技术协会等，都根据其宗旨有效开展推进性别平等工作。中华全国妇女联合会（以下简称全国妇联）是中国最大的促进性别平等和妇女发展的非政府组织，其组织体系包括各级地方妇女联合会和团体会员，具有广泛的代表性、群众性和社会性。全国妇联和地方各级妇联在团结、动员广大妇女参与经济建设和社会发展，代表妇女参与国家和社会事务的民主管理、民主监督，代表和维护妇女权益等方面发挥了重要作用。近年来，政府部门与妇联等组织合作开展多种活动，使社会资源得到有效利用，并通过这些活动有力地促进了性别平等和妇女发展。

（三）妇女反贫困政策

妇女贫困问题主要集中在农村地区，因此，从宏观层面来看，中国农村扶贫开发政策、社会保障政策以及农业补贴、教育优惠政策等惠农支农政策均将农村贫困妇女纳入政策保障范围，并在妇女反贫困实践中发挥着重要作用。但是这些政策缺乏明确的识别意识，缺乏针对妇女尤其是贫困妇女的专门性政策。而妇联、中国儿童少年基金会等社会组织与政府合作专门针对贫困女性的项目则在一定程度上弥补了政府政策空白。本部分仅对目前专门针对妇女尤其是贫困妇女的政策、对贫困妇女改善生活产生重大影响的社会政策以及公益项目进行简单梳理。

1. 专项扶贫政策

目前，专门针对贫困妇女的扶贫政策主要是政府和妇联合作组织开展的一些扶贫项目，在推动贫困妇女就业创业、文化培训、医疗健康等方面做出了积极贡献。如妇女小额贷款项目为贫困妇女提供改善生活状况的金融资本；贫困母亲"两癌救助"项目对"两癌"患病贫困母亲提供实施救助；"母亲水窖"项目解决了部分贫困地区饮水难题等。

（1）妇女小额贷款项目

小额贷款是针对贫困人口的一种金融服务方式，对于促进贫困地区贫困妇女脱贫致富具有积极的作用。中国妇女小额贷款最早在山西吕梁地区实施。小额贷款的目标是贫困妇女提供资金支持，提高妇女的自我发展能力。其目标群体是无法从正规金融机构获得贷款的贫困妇女。项目根据贫困妇女不同的生产经营需求，采用"整贷零还、整贷整还、滚动操作"等灵活的运行模式，同时为贫困妇女提供市场信息、经济管理和生产技术等服务。2009年，为深入贯彻落实党的十七届三中全会和中央农村工作会议精神，加快实施扩大就业发展战略，进一步完善下岗失业人员小额担保贷款（以下简称小额担保贷款）财政贴息政策，保障妇女发展权利，做好妇女创业就业工作，经国务院同意，全国妇联与财政部、人力资源和社会保障部、中国人民银行四部委联合制定发布了《关于完善小额担保贷款财政贴息政策推动妇女创业就业工作的通知》，帮助城乡妇女解决创业启动资金难的问题。截至2013年第四季度末，全国累计发放小额担保贷款1803.36亿元，获贷妇女358.07万人次，中央及地方落实财政贴息资金113.39亿元[1]。

---

[1] 中国妇女联合会网站，http://www.women.org.cn/zdzl/cdgz/xedk/xmjs/index.shtml。

（2）贫困母亲"两癌救助"项目

2009 年农村妇女"两癌"免费检查项目纳入国家重大公共卫生服务项目。该项目建立以政府为主导、多部门协作、区域医疗资源整合、全社会参与的妇女"两癌"防治模式和协作机制，逐步形成定期为农村妇女进行"两癌"检查的制度化、规范化、长效化的工作机制。通过全国妇联、卫生部共同努力，广大农村妇女踊跃参与，农村妇女"两癌"免费检查试点项目圆满完成第一轮任务、进入第二轮。截至 2013 年底，累计共有 3238 万名农村妇女接受了宫颈癌免费检查，477 万名农村妇女接受了乳腺癌免费检查。为解决农村贫困患病妇女救治困难，全国妇联设立了"贫困母亲'两癌'救助专项基金"，财政部每年从中央彩票公益金中拨付 5000 万元，对患病贫困农村妇女进行救治，目前累计为 20715 名患病妇女每人发放了 1 万元救助金。项目的实施有效提高了妇女的健康水平，保障贫困妇女健康权。

（3）"母亲水窖"项目

"母亲水窖"项目是在 2000 年中国政府提出西部大开发战略之时，由全国妇联、北京市政府、中央电视台联合发起的一个大型公益项目。"母亲水窖"项目以解决安全饮水为主要目标，将贫困、环境卫生、健康教育和妇女权益等问题统筹考虑，项目现已发展为"1 + N"（"1"指多种饮水工程设施，"N"涵盖一个太阳灶或沼气池、一个卫生厕所、一棚蔬菜瓜果、一圈家禽家畜、一个美化的庭院等）扶助模式。2010 年，中国妇女发展基金会在"母亲水窖"项目实施 10 周年的基础上，制定"母亲水窖"项目 5 年发展规划，扩大项目内涵，重点推进"母亲水窖·校园安全饮水计划"。该项计划旨在针对边远地区农村寄宿制学校饮水不安全问题，通过增加安全饮水和健康卫生设施，配备相应的饮水设备或净水设施，向学生传授饮水卫生安全、水源环境保护以及节水知识等方式，逐步改善和缓解农村中小学校饮水不安全的现状。同时期，水利部将"母亲水窖"项目纳入《2010～2013 年全国农村饮水安全工程计划》《全国小型农田水利设施建设规划》等国家编制的农村水利相关规划。项目资金与政府资金相互捆绑，建立联合实施"母亲水窖"工程工作机制。

2. 社会保障政策

进入 21 世纪后，中国农村社会保障体系和社会救助制度逐渐建立并完善，为贫困农村居民提供有效的基本生活保障和救助，降低了贫困居民陷入贫困状态的风险。农村社会保障与救助制度在养老保障、医疗保障、生活救助等方面满足贫困妇女的需求。

（1）新型农村养老保险制度和最低生活保障制度为贫困妇女提供基本生活保障

该制度是农村社会保障体系的重要组织部分，以保障农村老年居民基本生活为目的，政府对符合领取条件的参保人全额支付新农保基础养老金，养老金待遇领取条件为年满60周岁且未享受城镇职工基本养老保险待遇的农村有户籍的老年人。养老金待遇由基础养老金和个人账户养老金组成，支付终身。基础养老金标准也随着经济水平的提升而不断提高。新型农村社会养老保险制度的推行，为农村老年人的基本生活提供了必要的保障，对于经济条件较差，长期生活困难的女性老年人有重要的帮助作用。而最低生活保障制度则将难以维持基本生活的农村贫困女性纳入保障范围，为其提供最基本的生活保障。最低生活保障制度根据一定的标准将保障对象分为不同的类型，并对其实施分类救助，即针对不同类型的救助对象，给予不同标准水平的生活补贴。这两项制度可以直接增加贫困妇女的资金收入，满足基本生活需求。

（2）新型农村合作医疗制度和农村医疗救助制度为贫困妇女提供医疗保障和医疗救助

新型农村合作医疗制度，简称"新农合"，是指由政府组织、引导、支持，农民自愿参加，个人、集体和政府多方筹资，以大病统筹为主的农民医疗互助共济制度。采取个人缴费、集体扶持和政府资助的方式筹集资金。"新农合"对解决经济困难妇女看病就医问题起到了重要的推动作用，促使农村妇女基本医疗健康水平得到提高。"新农合"对农村居民的门诊、住院、患大病等方面都给予不同比例的补贴。对于患病妇女来说，接受疾病治疗可以得到不同程度的补助，减轻贫困妇女的医疗负担。而农村医疗救助制度则对于没有能力参加"新农合"的贫困妇女给予资助参加"新农合"，而因患大病经合作医疗补助后个人负担医疗费用过高，影响家庭基本生活的，再给予适当的医疗救助。尚未开展新型农村合作医疗的地区，对因患大病个人负担费用难以承担，影响家庭基本生活的，给予适当医疗救助。

（3）其他社会救助制度

其他农村社会救助制度还包括"五保"供养制度、临时救助制度、灾害救助制度等。这些社会救助制度在解决农村居民因遭遇突发性事件而导致生活陷入困境方面发挥着重要作用。

3. 教育优惠政策与项目

与贫困妇女有关的教育政策和项目主要有"两免一补"政策和"春蕾计划"。

（1）"两免一补"政策

所谓"两免一补"是指对农村义务教育阶段贫困家庭学生，免费提供教科书、免杂费、补助寄宿生生活费。2005 年，经国务院同意，财政部、教育部发布《关于加快国家扶贫开发工作重点县"两免一补"实施步伐有关工作的意见》，对贫困地区"两免一补"政策的实施提出了具体的要求。同年 12 月，国务院发布《国务院关于深化农村义务教育经费保障机制改革的通知》，计划 2006 年在西部地区全部免除义务教育阶段学杂费，2007 年，这一措施在全国农村全面实施。这项政策极大地减轻了贫困家庭的教育负担，也提高了贫困地区学龄儿童入学率和人口素质。

（2）"春蕾计划"

"春蕾计划"是一项旨在帮助因生活贫困而辍学或濒临辍学的女童重返校园接受学校教育的公益项目。该计划是在全国妇联领导下，1989 年中国儿童少年基金会发起并组织实施了一项救助贫困地区女童的公益项目。该项目的实施促进了重男轻女传统观念的转变，为推进男女平等基本国策发挥了积极作用；辅助政府普及九年义务教育，促进了农村女性素质的提高；调动了民间资源，提高了公众公益意识，促进了社会公平。2009 年 6 月，根据社会发展和新形势的需要，项目发起者推出了四个行动，即"春蕾计划－助学行动、春蕾计划－成才行动、春蕾计划－就业行动和春蕾计划－关爱留守儿童特别行动"，旨在解决贫困地区女童在生活和学习等方面的实际困难。截至 2013 年底，"春蕾计划"已捐建 1200 多所春蕾学校，资助 240 多万人次贫困女童的学费和生活费，对 40 余万女童进行实用技术培训，极大地保障了贫困女童的受教育权，提升了女性教育水平和技能素质。

（四）小结

在妇女反贫困方面，中国政府制定有利于妇女减贫和发展的各种政策，政府和企业、各类社会组织积极开展有针对性的支持妇女减贫的活动，在促进贫困妇女就业、改善贫困妇女教育和卫生服务、提高妇女参与社会公共事务方面取得了显著成效，妇女贫困问题明显缓解。但是，从根本上解决农村妇女贫困问题仍然任重而道远。传统的家庭分工仍然制约妇女收入的增加，农村妇女依然脆弱，贫困状态依然严重。进城从事非农业劳动是农民增加收入、减缓贫困的重要手段，但是贫困家庭往往形成男子外出打工、妇女留在农村从事农业和家务劳动的格局，留守妇女已成为中国当前特殊的贫困群体。农村留守妇女承担大量的家务和农活，超负荷劳动往往导致妇女出现健康问题，进而导致妇女陷入贫困。尽管国家促进女童入学政策取得了很好的效果，但是成年农民中，妇女受教育水平仍然低于男性。虽然政府提倡男女平等，鼓励农村妇女参与决策，但是妇女的社会参与度仍然比较薄弱。

虽然目前中国已经将妇女纳入扶贫工作对象，但是扶贫政策依然缺少对女性特殊性的关注。在目前贫困地区农村大量妇女留守的情况下，农村反贫困需要将妇女的特殊性纳入扶贫政策设计。将社会性别平等纳入具体的扶贫措施和社会保障制度，在社会变迁、重大社会经济事件及自然灾害的应对措施中关注社会性别平等，完善分性别贫困状况监测指标及反贫困效果评估制度。对从事农业的农村留守妇女给予特别的政策支持。鼓励更多非政府机构、社会组织在教育、培训、保健、医疗、就业、金融等方面为农村贫困妇女提供多样化服务。

四 儿童贫困与反贫困政策

自 20 世纪 80 年代实施改革开放政策以来，伴随着经济的快速增长，中国贫困发生率显著下降，减贫成效获得全球高度评价。在贫困人口大幅减少的同时，政府亦高度重视贫困地区儿童保护与发展事业，陆续出台了一系列旨在保障儿童生存权、发展权、受保护权和参与权等基本权利的政策法规，逐步建立和完善了国家儿童保护和发展的政策、法律保障体系。但是，儿童贫困问题的特殊性以及儿童反贫困政策体系的不完善，使得儿童反贫困问题依然面临着很大的挑战。

（一）儿童贫困状况

1. 贫困儿童规模

由于贫困儿童的界定标准不统一，且国家层面上也未明确这一概念，因而对于贫困儿童数量的统计只能是大概数字。我国关于贫困人口的相关统计数据中也没有区别出贫困儿童的数量。2005 年 4～7 月，在民政部的邀请下，北京师范大学社会发展与公共政策研究所儿童保护中心的调查组参与组织了中国首次全国性孤儿登记排查，发现我国孤儿总数为 57.3 万人，主要居住在农村①。学者唐均根据民政部 2007 年公布的低保、"五保"数据、2005 年的孤儿、流浪儿童等数据，对我国贫困儿童的规模进行了估算，根据各分类儿童的数量总计，指出我国贫困儿童群体的总体规模在 710 万人左右。国务院妇儿工委办公室副主任宋文珍称，我国目前还没有完整的贫困儿童的统计数字。根据此前研究，如果按照城乡低保标准划分，目前生活在最低保障线的儿童大约是 700 多万人。如果按照 2010 年亚行对安徽、福建、江西等 15 省 18 岁以下的贫困儿童所做调查，同时按照 1% 人口抽样调查推测，我国 3.09 亿名 18 岁以下儿童中，有贫困儿童 900 多万人。而贫困儿童中有大部分是生活在农村地区，农村贫困儿童数量依然十分庞大②。有研究将农村低保儿童、贫困家庭儿童、"五保"儿童、孤儿、农村艾滋病儿童及福利救助机构收养的孤残儿童以及农村残疾儿童、农村留守儿童等弱势儿童群体均纳入到贫困儿童的范畴。

表 7-2　各类弱势儿童群体规模

儿童类型	规　模
孤儿	在民政部门登记的孤儿人数已经从 2005 年的 57.4 万人上升至 2010 年的 71.2 万人

---

① 尚晓援、程建鹏：《中国孤儿状况分析》，《青年研究》2006 年第 10 期。

② 《中国贫困儿童或超 900 万福利制度应向普惠型转变》，人民网，2012 年 6 月 1 日，http://society. people. cn/GB/1062/18056077. html。

续表

儿童类型	规　模
农村"五保"儿童	到 2012 年底,中国农村"五保"供养的孤儿约有 26.93 万人,其中集中供养的约有 6.35 万人,分散供养的有 20.58 万人[1]
残疾儿童	0 ~ 17 岁的各类残疾儿童共计 504.3 万人,大约占残疾人总数的 6.08%,其中 0 ~ 14 岁的残疾儿童有 386.78 万人,占到 0 ~ 14 岁儿童总数的 4.66%[2]
贫困儿童	中国有贫困儿童 1500 万人,西部有贫困儿童 760 万人。贫困地区儿童生长速度较慢,与世界卫生组织标准相比:低体重率达到 12% ~ 36%,生长迟缓率是城市儿童的 6 倍,维生素 A 缺乏率是城市儿童的 4 倍[3]
农村留守儿童	中国农村有留守儿童 6102.55 万人,占农村儿童 37.7%,占全国儿童 21.88%[4]
受艾滋病影响儿童	据估计 2010 年底,受艾滋病影响儿童约有 49.6 万 ~ 89.4 万人,其中 2 万 ~ 2.7 万人为艾滋病遗孤

注:①民政部网站公布"2012 年四季度各省社会服务统计数据",http://files2. mca. gov. cn/cws/201302/20130227085143346. htm。

②据 2006 年第二次全国残疾人抽样调查相关数据计算。

③《中国扶贫基金会营养餐项目扶贫月捐行动在京启动》,凤凰网,http://finance. ifeng. com/roll/20110915/4596712. shtml。

④全国妇联课题组:《我国农村留守儿童、城乡流动儿童状况研究报告》,http://acwf. people. com. cn/n/2013/0510/c99013 – 21437965. html。

资料来源:北京师范大学、联合国儿童基金会:《中国儿童福利政策报告(2011)》,2011 年 6 月。

2. 贫困儿童生存状况

由于自然环境恶劣、家庭经济困难、地方特有生活习惯、家长缺乏儿童抚养知识、父母忽视儿童饮食营养搭配等多种原因,贫困儿童在饮食和营养健康方面存在着不按时吃饭、饮食结构单一等诸多问题。全国妇联的一项研究也发现中国儿童营养状况存在明显的城乡差异和地区差异,贫困农村儿童营养问题更为突出。2010 年中国贫困地区 5 岁以下儿童中尚有 20% 存在生长迟缓;6 ~ 12 月龄农村儿童贫血患病率高达 28.2%,13 ~ 24 月龄儿童贫血患病率也居高为 20.5%[1]。在衣着上也很少有新衣服,常穿着别人"赠送"的旧衣服,因此容易受到其他同龄儿童的排斥;居住环境较差,没有独立的生活、学习和娱乐空间。同时,一些地区的贫困儿童生存

---

① 《农村儿童低体重率和生长迟缓率约为城市的 3 至 4 倍》,网易,2014 年 2 月 10 日,http://money. 163. com/14/0210/18/9KOAFEUD00253B0H. html。

在无安全饮水、基础卫生设施差、能源获取贫困等环境中①。在医疗卫生方面，往往小病不看，大病小看，得不到必要的医疗服务，贫困儿童的医疗保障体系非常脆弱。很多地方的儿童都是依赖父母享受的医保政策，而一旦父母被排斥在体系之外，儿童也将失去医疗保障。有研究显示，贫困儿童医疗服务可获得性较低，尤其是贫困地区贫困儿童经常出现生病无法及时获得治疗的情况②。在教育方面，贫困儿童的辍学率和失学率都比较高。总体而言，贫困儿童的教育程度、教育期望以及其所在学校的教育质量都要低于所在地区的平均水平③。

（二）儿童基本权益保障体系

儿童是全人类的未来与希望，也是最易受到贫困冲击的脆弱群体。国际社会一直将促进儿童保护和发展作为可持续发展的重要内容，尤其是第二次世界大战后，国际社会针对儿童权益保护的政策和实施机制逐步建立并完善。1946 年，联合国儿童基金会成立，最初宗旨是向第二次世界大战中受害儿童提供救济，之后其工作领域拓展到儿童生存、保护和发展等各个领域。1959 年，联合国大会通过了一份内容较为全面的《儿童权利宣言》，明确了各国儿童应享有的基本权利，但宣言不具法律效力。1979 年被联大确定为"国际儿童年"。1989 年，联合国大会通过了对缔约国具有法律约束力的《儿童权利公约》，明确规定了儿童的生存权、受保护权、参与权和发展权四大权利。2000 年，联合国千年发展目标将儿童的营养、健康和教育作为国际发展的框架性目标。2002 年，联合国儿童问题特别会议一致通过《适合儿童生长的世界》行动计划，明确了在保健、教育、保护和艾滋病防治 4 个主要领域保护儿童权益、改善儿童生存条件的原则和目标。2003 年，东亚及太平洋地区各国就区域儿童发展和权利保障问题达成《巴厘共识》。2007 年，联合国儿童问题特别会议审议了《适合儿童成长的世界》行动计划

---

① 王小林、尚晓援：《论中国儿童生存、健康和发展权的保障》，《人民论坛》2011 年第 5 期。

② 唐丽霞、杨亮承：《关爱春蕾——农村贫困儿童救助政策评估及建议》，社会科学文献出版社，2015。

③ 刘精明、杨江华：《关注贫困儿童的教育公平问题》，《华中师范大学学报》（人文社会科学版）2007 年第 3 期。

实施情况，敦促各国政府和国际社会履行承诺，实现战略目标。

在致力于宏观经济社会发展的同时，中国政府也高度关注为 3 亿多儿童的生存与发展创造良好的宏观环境。1986 年，《中华人民共和国义务教育法》的颁布旨在保障适龄儿童获得基本受教育权。联合国《儿童权利公约》正式生效后的第二年（1991 年），中国就签署了该公约，并在之后数年内密集出台《未成年人保护法》《母婴保健法》《预防未成年人犯罪法》等一系列政策法规和指导性文件，逐步建立起中国儿童保护和发展的政策、法律保障体系。

同时，中国政府为了促进儿童发展，在不同时期制定了相应的儿童发展规划纲要，用以指导各阶段中国儿童事业发展。如早在 20 世纪 90 年代，中国政府就发布了《九十年代中国儿童发展规划纲要》。进入 21 世纪之后，中国政府又先后发布了《中国儿童发展纲要（2001～2010 年）》和《中国儿童发展纲要（2011～2020 年）》，以促进儿童全面健康发展。2014 年底，为了保证贫困地区儿童获得平等发展机会，促进贫困地区儿童的全面健康发展，国务院办公厅发布了《国家贫困地区儿童发展规划（2014～2020 年）》，切实保障集中连片特殊困难地区 680 个县从出生到义务教育阶段结束的农村儿童的生存和发展权益，实现政府、家庭和社会对贫困地区儿童健康成长的全程关怀和全面保障。

此外，针对不同类型的儿童群体，中国政府相关部门出台了具有针对性的政策文件和行动计划，如教育部门的"免费义务教育"和"儿童营养餐计划"，民政部门针对困难儿童、孤儿以及其他弱势儿童的社会救助政策，卫生部门的"免费疫苗接种计划"等，均从不同角度共同促进儿童的生存权、发展权、受保护权和参与权四大权利。

完善的政策和法律保障体系极大提高了儿童总体发展水平。相关数据显示，2000 年以来，中国儿童各阶段入学率显著提高，2012 年小学学龄儿童净入学率达到 99.7%；婴幼儿死亡率、孕产妇死亡率明显下降，5 岁以下儿童死亡率从 39.7%（2000 年）下降至 16.4%（2012 年），孕产妇死亡率从 53.0/10 万（2000 年）下降至 30.0/10 万（2012 年）；纳入国家免疫规划的疫苗接种率已经达到 90% 以上。[①]

———————

① 国务院：《中国儿童发展纲要（2011～2020 年）》，2001。

（三）儿童反贫困政策

由于中国各类贫困儿童主要分布在农村地区，因此农村贫困儿童社会救助政策体系的建立与完善是消除农村儿童贫困问题的关键。现有的农村贫困儿童救助政策主要分散在不同的社会保障制度中，主要的保障内容涉及贫困儿童的基本生活、贫困儿童医疗、贫困儿童教育以及贫困儿童的关爱等各个方面。同时，由于贫困儿童群体内部的结构性差异，目前的救助政策采取"分类救助"的方式，即根据贫困儿童的家庭基本情况与儿童基本需求的不同采取不同的救助措施。

中国农村贫困儿童社会救助政策基本框架见表7-3。

表7-3　中国农村贫困儿童社会救助政策基本框架

政策名称	贫困儿童类型				贫困儿童的基本需求			
	低保家庭儿童	孤儿	受艾滋病影响儿童	留守儿童	基本生活保障	医疗救助	教育救助	替代性养护
农村居民最低生活保障制度	√	√	√	√	√			
农村医疗救助制度	√	√	√	√		√		
城乡特殊困难未成年人教育救助制度	√	√	√	√			√	
"两免一补"政策	√	√	√	√			√	
农村义务教育阶段儿童营养改善计划	√	√	√	√	√			
孤儿救助制度		√	√		√	√	√	√
孤儿基本生活保障制度		√	√		√			
幼儿学前教育资助制度	√	√	√				√	
农村"五保"供养制度		√	√		√	√		√
农村儿童大病医疗保障制度	√	√		√		√		
受艾滋病影响儿童救助政策			√		√	√		√
留守儿童关爱行动				√			√	
"明天计划"		√				√		
"重生行动"	√	√				√		

1. 基本生活保障

中国农村居民最低生活保障制度是贫困儿童基本生活保障方面的基础性制度安排,除了对低保家庭儿童进行救助之外,还将符合条件的孤儿、受艾滋病影响儿童等纳入保障范围。农村"五保"供养制度与孤儿基本生活保障制度对孤儿的生活保障做了专门的规定。受艾滋病影响儿童的生活保障方面,政府也出台相关专门规定。同时,我国政府推行的营养改善计划也为贫困地区义务教育阶段的在校学生提供了一定的营养保障。在此方面的救助政策主要包括农村最低生活保障制度、孤儿救助制度与孤儿基本生活保障制度、受艾滋病影响儿童救助制度与受艾滋病病毒感染儿童基本生活保障制度。

2007 年农村居民最低生活保障制度在全国范围内实施。就儿童群体来讲,农村最低生活保障所能覆盖的贫困儿童范围主要包括贫困家庭儿童、符合条件的孤儿和受艾滋病影响的儿童等。农村居民最低生活保障制度自实施以来,在保障贫困儿童基本生活保障方面发挥着重要的作用,并取得了显著的成效。据民政部公布的数据,到 2012 年 12 月,全国被纳入农村低保的儿童约有 640 万人[①]。2010 年国务院下发《国务院办公厅关于加强孤儿保障工作的意见》,对我国孤儿安置、基本生活保障、教育、医疗、就业、住房等方面的保障制度作了全面系统的安排。孤儿基本生活保障制度也被学界称为是我国第一个专门针对儿童的福利政策[②]。自 2010 年民政部、财政部发布《关于发放孤儿基本生活费的通知》以来,各地也陆续建立了适合当地情况的孤儿基本生活保障制度。中央财政对东、中、西部地区孤儿的补助标准分别从 2010 年的月人均 180 元、270 元、360 元的标准分别提高到 2011 年的月人均 200 元、300 元、400 元,提高幅度超过 10%,补助资金总额为 25 亿元,全国共有 65.5 万名孤儿从中受益[③]。

在受艾滋病影响儿童基本生活保障方面,现有政策主要采取分类救助方式,即对三类受艾滋病影响儿童采取不同的保障措施。

受艾滋病影响儿童救助标准见表 7 - 4。

---

① 民政部网站,http://files2. mca. gov. cn/cws/201302/20130227085143346. htm。

② 尚晓援、王小林:《中国儿童福利前沿》,社会科学文献出版社,2012。

③ 中华人民共和国人民中央政府网站,http://www. gov. cn/jrzg/2011 - 07/26/content_1913736. htm。

表7-4　受艾滋病影响儿童救助标准

儿 童 类 型	补 助 标 准
艾滋病致孤儿童	最低养育标准为每人每月 600 元
艾滋病导致的单亲家庭的儿童	参照艾滋病致孤儿童标准
携带艾滋病病毒或感染艾滋病的儿童	最低每人每月 600 元，给予适当的营养医疗补贴

资料来源：2009 年民政部《关于进一步加强受艾滋病影响儿童福利保障工作的意见》。

针对贫困地区儿童营养不良现象严重、生活条件差等问题，2011 年 11 月 23 日，国务院办公厅发布《国务院办公厅关于实施农村义务教育学生营养改善计划的意见》，决定从 2011 年秋季学期起，中央财政拨款，在集中连片特困地区启动农村义务教育学生营养改善计划试点工作。这是在社会公益行动"免费午餐"项目的推动下，政府启动的旨在改善贫困地区学龄儿童营养状况与生活条件的制度安排。中央财政每年安排 160 多亿元专项资金，为 680 个国家试点县的所有农村义务教育学生提供每天 3 元钱的营养膳食补助，受益学生达到 2600 多万人，占中西部农村学生的近 30%[1]。2012 年，政府对贫困家庭寄宿生的补助标准每生每天提高 1 元，达到每生每天小学 4 元、全年 1000 元，初中 5 元、全年 1250 元。国家试点地区（680 个县）原来就享受"一补"的学生，可以同时享受每天 3 元的营养膳食补助，两项相加，能享受 7～8 元的补助，基本可以解决在校膳食问题。

2. 教育救助

2004 年，我国政府对农村特殊困难未成年人的教育救助做出了正式的制度安排，保障农村贫困儿童的受教育权益。2008 年，我国农村全面实施"两免一补"政策，极大地减轻了农村贫困家庭的教育负担。农村学前教育未纳入义务教育范围内，贫困家庭儿童入园存在诸多问题，一些地区开始试点学前教育救助制度，以确保贫困家庭儿童顺利入园。

2004 年 8 月，民政部、教育部发布《关于进一步做好城乡特殊困难未成年人教育救助工作的通知》，对农村特殊困难未成年人的教育救助作出了相应的规定。城乡特殊困难未成年人教育救助制度所覆盖的农村困难未成

---

[1] 刘延东：《在部署实施全国农村义务教育学生营养改善计划电视电话会议上的讲话》，http://www.moe.gov.cn/publicfiles/business/htmlfiles/moe/s6335/201203/132551.html。

年人主要包括三类：一类，持有农村"五保"供养证的未成年人；二类，农村低保家庭未成年子女；三类，当地政府规定的其他需要教育救助的对象，如流浪儿童、弃婴等。政策目标：一是对持有农村"五保"供养证和属于城市"三无"对象的未成年人，基本实现普通中小学免费教育；二是对持有城乡最低生活保障证和农村特困户救助证家庭的子女在义务教育阶段基本实现"两免一补"（免杂费、免书本费、补助寄宿生生活费），高中教育阶段要提供必要的学习和生活补助。

2001 年，国务院办公厅转发了《国务院关于基础教育改革与发展的决定》，提出了对我国贫困地区义务教育阶段贫困家庭学生资助的"两免一补"政策。2005 年，经国务院同意，财政部、教育部发布《关于加快国家扶贫开发工作重点县"两免一补"实施步伐有关工作的意见》，对贫困地区"两免一补"政策的实施提出了具体的要求。同年 12 月，国务院发布《国务院关于深化农村义务教育经费保障机制改革的通知》，计划 2006 年在西部地区全部免除义务教育阶段学杂费，2007 年，这一措施在全国农村全面实施。2007 年 11 月 12 日，教育部办公厅发布了《关于义务教育阶段农村地区中小学校不得收取 2008 年春季教科书费的紧急通知》，通知中明确规定义务教育阶段农村地区中小学校教科书将由国家免费提供。到 2008 年春季，全国农村义务教育已经完全实现了"两免"（免学杂费、免教科书费）。"两免一补"政策所保障的对象范围也随着政策的完善不断扩大。政策实施的初期，受保障对象主要是贫困地区农村贫困家庭义务教育阶段的中小学生。2005 年，在 592 个国家扶贫开发工作重点县中，共有 1700 多万名贫困生享受了"两免一补"。2007 年，在全国范围内免除农村义务教育阶段中小学生的学杂费。2008 年，全国范围内免除农村义务教育阶段书本费。2008 年以后，"两免一补"政策中，"两免"的政策保障对象为全国农村义务教育阶段学生；而"一补"的政策保障对象为农村义务教育阶段贫困家庭寄宿学生。

2010 年 11 月，国务院发布《国务院关于当前发展学前教育的若干意见》，提出了学前教育 3 年行动计划和学前教育重大项目，其中包括"幼儿资助类"项目。2011 年 9 月财政部和教育部发布《关于加大财政投入支持学前教育发展的通知》，就加大学前教育的财政投入进行了详细的说明。

《财政部、教育部关于建立学前教育资助制度的意见》同时出台，对学前教育资助制度进行了具体的制度安排。学前教育被纳入国家政策保障范围内，农村贫困儿童的学前教育问题也得到进一步的解决。学前教育资助的对象主要是家庭经济困难儿童、孤儿和残疾儿童，主要是解决资助对象的入园资金问题。地方政府对在普惠性幼儿园的贫困家庭儿童、孤儿和残疾儿童给予资助；幼儿园拿出收入的 3%～5% 用于减免收费、提供特殊困难补助；企业、社会团体及个人等捐资，帮助家庭经济困难儿童、孤儿和残疾儿童接受普惠性学前教育。

3. 医疗救助

在农村贫困儿童医疗救助方面，目前我国农村医疗救助制度将贫困儿童（贫困家庭儿童、孤儿、患大病儿童、受艾滋病影响儿童）纳入保障范围，同时出台专门针对儿童的大病救助制度，以减轻患大病儿童家庭负担。另外，孤儿、受艾滋病影响儿童等特殊贫困儿童群体的医疗救助也在相应的救助制度中做出了安排。在医疗救助方面，政府和社会力量进行合作，针对患有特殊病种的儿童开展康复保障与医疗救助行动。

2003 年 11 月，民政部、财政部和卫生部联合发布《关于实施农村医疗救助的意见》，要求各地开始试点建立农村医疗救助制度。2009 年民政部发布《关于进一步完善城乡医疗救助制度的意见》，对城乡医疗救助制度的建立与完善做了统一的要求。农村低保家庭儿童、农村"五保"儿童以及其他符合条件的贫困儿童，均被纳入救助范围。具体救助办法主要包括以下内容。①资助救助对象缴纳参加合作医疗时个人负担的全部或部分资金。如政策规定在开展新型农村合作医疗的地区，资助符合条件的农村"五保"儿童、低保家庭儿童以及受艾滋病影响儿童等其他贫困儿童参加新型农村合作医疗，享受基本的医疗保障。②患大病个人承担费用过高的，影响家庭基本生活的，再给予适当的医疗救助。③国家规定的特殊传染病救助费用，按照有关规定给予补助。在政府购买医疗服务方面，在已开展新型农村合作医疗的地区，由农村合作医疗定点卫生医疗机构提供医疗救助服务；未开展新型农村合作医疗的地区，由救助对象户口所在地乡（镇）卫生院和县级医院等提供医疗救助服务。医疗机构根据相关规定对救助对象提供减免医疗费用、免费医疗服务等救助服务，并定期与民政部门进行结算。

2010 年 6 月卫生部农卫司公布了《关于开展提高农村儿童重大疾病医疗保障水平试点工作的意见》，对农村儿童大病医疗救助工作做了相关的规定。农村儿童大病医疗救助制度与农村医疗救助制度和新型农村合作医疗制度进行衔接，保障患大病儿童能够得到医疗服务与救助，同时也是在新型农村合作医疗和农村医疗救助制度健康发展并使广大农村居民公平享有的基础上，提高对大病医疗的救助水平。农村儿童大病医疗救助制度的保障对象为试点地区 0～14 周岁（含 14 周岁）、患急性白血病和先天性心脏病两类重大疾病，包括急性淋巴细胞白血病、儿童急性早幼粒细胞白血病、儿童先天性房间隔缺损、儿童先天性室间隔缺损、儿童先天性动脉导管未闭、儿童先天性肺动脉瓣狭窄 6 类疾病的儿童。2012 年，将患有肺癌、胃癌、食道癌、结肠癌、直肠癌等 14 种危及儿童生命健康、医疗费用高、经积极治疗预后较好的重大疾病的患儿也纳入制度保障范围。目前，保障病种为 20 种。截至 2012 年上半年有 343641 名患者被纳入大病医疗保障制度保障范围，补助了 4100 多名白血病孩子，1.4 万多名先心病患儿，儿童白血病的实际报销比例为 74.1%，先心病实际报销比例为 77%。①

在孤儿医疗救助方面，我国政府并没有出台专门的医疗救助政策，但是在孤儿保障制度中对孤儿医疗救助制度做出了规定，将农村孤儿纳入新型农村合作医疗制度、城乡医疗救助制度等医疗保障政策的覆盖范围，保障孤儿获取基本的医疗服务与医疗救助。具体政策情况可见本部分关于农村医疗救助制度的分析。

针对不同儿童受艾滋病影响的情况不同，我国在对受艾滋病影响儿童的医疗保障方面进行分类救助。对感染艾滋病的儿童，提供免费的抗病毒治疗和抗机会性感染治疗；而艾滋病致孤儿童则享受到孤儿的基本医疗保障；对于其他受艾滋病影响的贫困家庭儿童则资助参加新型农村合作医疗，提供基本的医疗保障，并纳入农村医疗救助体系（见表 7–5）。

---

① 《卫生部农卫司司长杨青谈"新农合制度实施 10 周年"》，http://www.gov.cn/zxft/ft232/wz.htm。

表 7 - 5 受艾滋病影响儿童的医疗救助方式

儿 童 类 型	救 助 方 式
携带艾滋病病毒或感染艾滋病的儿童	免费的抗病毒治疗和抗机会性感染治疗
艾滋病致孤儿童	提供基本的医疗保障
艾滋病患者家庭或者艾滋病导致的单亲家庭的儿童	资助参加新型农村合作医疗，纳入城乡医疗救助体系

资料来源：2009 年民政部《关于进一步加强受艾滋病影响儿童福利保障工作的意见》。

另外，在儿童医疗救助方面的一些医疗康复项目也为有特殊需求的残疾儿童提供服务与保障。如民政部于 2004 年 5 月启动了"残疾孤儿手术康复明天计划"（以下简称"明天计划"）和 2008 年 4 月民政部与李嘉诚基金会合作启动的一项公益行动，"重生行动——全国贫困家庭唇腭裂儿童手术康复计划"（简称"重生行动"）。"明天计划"的服务对象主要是：城乡各类社会福利机构（包括儿童福利院、社会福利院、乡镇敬老院及其他收养性福利单位）中具有手术适应症的残疾孤儿；民政部门监护、应当由社会福利机构集中供养，但因当地未建社会福利机构而分散供养的残疾孤儿。"重生行动"主要的服务对象是贫困家庭和分散供养的"五保"对象中患有唇腭裂及相关畸形、年龄在 0～18 周岁的未成年人。"重生行动"的经费来源与保障标准：由民政部和李嘉诚基金会共同承担。民政部投入本级福利彩票公益金 5000 万元，李嘉诚基金会捐资 5000 万元①。"重生行动"负责全额支付资助对象在项目承办医疗单位接受相关检查、手术治疗和康复指导费用，补助资助对象及一名陪护人员的食宿、交通费用。

4. 替代性养护

相对于城乡低保儿童，失去父母的孤儿和艾滋病致孤儿童有其共同的特殊困难：缺乏家庭的养护。因此，有关贫困儿童的替代性养护政策主要针对孤儿和艾滋病致孤儿童两类群体。农村孤儿的安置方式主要有四种：一是家庭寄养，即鼓励孤儿的亲属和社会收养孤儿，政府有关部门给予寄养家庭一定的物质补贴，并为寄养家庭及时提供必要的家长培训和服务指导；二是

---

① 《重生行动——贫困家庭唇腭裂儿童手术康复计划启动》，中华人民共和国中央人民政府网，2008 年 4 月 2 日，http://www.gov.cn/gzdt/2008 - 04/02/content_935198.htm。

家庭收养，即鼓励孤儿的亲属和社会收养孤儿，成为孤儿的养父母，负责孤儿的生活和教育费用；三是建立模拟家庭，对无法收养和寄养的孤儿尤其是艾滋病致孤儿童，由当地政府在社区中建立单元式家庭设施，采取小家庭照料模式，为孤儿提供必要的生活、教育条件。这是近年新引入的一种关爱模式；四是集中供养，在确有需要和可能的地方，对无法实行收养和寄养的儿童，利用社会（儿童）福利院、敬老院、孤儿学校、SOS 儿童村等社会福利机构，对部分孤儿进行相对集中的安置。中国农村孤儿养护以分散供养为主，亲属家庭供养的孤儿占农村孤儿总数的 80% 以上①。

（四）小结

儿童本身是需要得到保护的群体，目前，中国的权益保障体系逐渐完善，中国儿童发展状况也取得了较大的成效。同时，我们也应该看到，中国农村贫困家庭儿童、孤儿、留守儿童等弱势儿童群体的规模依然庞大。虽然中国针对各类农村弱势儿童群体出台了一系列的救助与保障政策，满足基本生活、教育、医疗等多方面的基本需求，但是农村弱势儿童群体的生存状况依然令人担忧。中国农村弱势儿童保护与发展依然面临诸多的挑战。农村贫困儿童的基本生活保障、留守儿童安全、贫困儿童公平教育、家庭贫困对儿童成长的不利影响等儿童贫困问题依然存在。如何消减儿童贫困，尤其是农村儿童贫困问题，保障儿童基本权益，将依然是未来儿童工作的重要任务。

打破城乡二元结构，实现区域经济均衡发展，促进社会阶层的流动，为儿童营造公平成长的社会环境，不仅有利于中国现阶段儿童的减贫和发展，而且是促进中国儿童长远发展和实现中国长期减贫目标的必要条件。提高政策支持的系统性及综合性，并在具体行动中对于特别脆弱儿童群体给予更具针对性的帮助，以保障他们获得与其他儿童同等的发展机会。儿童贫困最直接的原因在于家庭贫困，因此，要从政策设置中加强对贫困儿童家庭、贫困儿童母亲等儿童成长最亲密人群的能力提升和发展支持，打破贫困的代际传递路径。

---

① 张时飞、唐钧：《中国贫困儿童的社会救助项目与效果》，《公共管理高层论坛》（第 8 辑），2008。

五　残疾人贫困与反贫困政策

我国残疾人口数量众多，相关调查数据显示，2010年底，我国各类残疾人总数约为8502万人①。由于自身身体状况等方面的因素，残疾人是社会中的弱势群体，而且贫困残疾人脱贫依靠自身的力量是非常困难的，因此，国家出台的相关残疾人社会保障利好扶贫政策对于贫困残疾人及其家庭的贫困状况的缓解具有重要的促进作用。

改革开放以来，国家非常重视残疾人事业的发展以及残疾人贫困问题的缓解。在20世纪80年代国家开展有组织大规模的扶贫开发工作时，残疾人就是扶贫对象的重要组成部分。1991年国务院批准《中国残疾人事业"八五"纲要》首次用国家计划的方式制定了残疾人群体扶贫工作的目标、方针、途径和措施等，这也标志着我国专门针对残疾人扶贫工作的开始。1992年，国家设立残疾人康复扶贫贷款，专门对残疾人进行贷款扶贫。此后，中央出台《国家八七扶贫攻坚计划》《中国残疾人事业"九五"计划纲要》《残疾人扶贫攻坚计划（1998～2000年）》等纲领性文件，对残疾人事业的发展和贫困问题的缓解具有重要的指导意义。进入21世纪后，国家继续加大对残疾人反贫困的投入，连续颁布《中国残疾人事业"十五"计划纲要（2001～2005年）》《中国农村扶贫开发纲要（2001～2010年）》《农村残疾人扶贫开发计划（2001～2010年）》《中国残疾人事业"十一五"发展纲要（2006～2010年）》和《关于促进残疾人事业发展的意见》；随后，又制定《农村残疾人扶贫开发纲要（2011～2020年）》。通过国家、社会以及残疾人群体的共同努力，残疾人在生存和发展状况等方面都得到较大改善。我国残疾人家庭人均收入由2007年的4163元增加到2013年的10541元，康复服务覆盖率由2007年的19%增加到2013年的58.3%，学龄残疾儿童接受义务教育比例由2007年的63.3%增长到2013年的72.7%，城乡残疾人社会保险覆盖率也在不断提升，残疾人对无障碍环境的满意度逐年

---

① 《2010年末全国残疾人总数及各类、不同残疾等级人数》，中国残疾人联合会网站，2012年6月26日，http://www.cdpf.org.cn/sjzx/cjrgk/201206/t20120626_387581.shtml。

提升。农村残疾人家庭人均收入从 2007 年的 3101 元增加到 2013 年的
7829.9 元[①]。

（一）残疾人贫困概况

21 世纪以来，我国残疾人事业得到快速发展，残疾人生存和发展状况
得到极大改善，但是残疾人贫困问题依然存在。由于残疾人贫困问题的特
殊性，残疾人的脱贫难度依然很大。

1. 农村贫困残疾人规模较大，且分布较为分散

我国贫困人口主要分布在农村地区，据 2006 年第二次全国残疾人抽样
调查数据统计，有 75.04% 的残疾人分布在农村[②]。按照 2011 年新的贫困标
准，我国农村贫困残疾人约为 2500 万人，占农村贫困人口的 20%。农村残
疾人贫困发生率居高不下。2015 年中国残联贫困残疾人实名调查统计数据
显示，全国农村仍有 1230 万低于国家贫困标准的残疾人，占目前农村持证
残疾人总数的近 50%，农村残疾人贫困发生率比一般人口 8% 的贫困发生率
高 2 倍以上[③]。由此可见，农村贫困残疾人是我国贫困人口总量中占比相对
较多的特殊贫困群体。我国农村贫困人口主要集中在老、少、边、穷地区，
尤其是 14 个特困地区，但是农村贫困残疾人口的分布与农村贫困人口的分
布并不一致，并没有呈现相对集中的趋势。如表 7-6 所示，中国残疾人口
主要分布在一些经济相对发达的河北、广东、江苏、山东、河南、四川等
省份，特困地区相对集中的云南、广西、贵州、宁夏、青海、陕西、甘肃、
新疆、西藏等省份残疾人比例并不高。同时，2015 年中国残联贫困残疾人
实名调查统计数据显示，目前农村 1230 万贫困残疾人中生活在国家集中连
片特困地区的残疾人仅有 460 万人，其他 770 万贫困残疾人均分散生活在国
家集中连片特困地区之外的广大农村地区，占农村贫困残疾人总数的 62%。
而国家扶贫开发工作重点和扶贫资金的投向在连片特困地区和扶贫开发重

---

① 中国残联：《2013 年中国残疾人状况及小康进程监测报告》，2014。

② 《2006 年第二次全国残疾人抽样调查主要数据公报》，中国残疾人联合会网站，2007 年 11
月 21 日，http://www.cdpf.org.cn/sjzx/cjrgk/200711/t20071121_387540.shtml。

③ 王建军等：《全国农村贫困残疾人状况分析与精准扶贫对策》，《残疾人研究》2015 年第
2 期。

点县，片区之外的贫困残疾人不能直接受益。

表7-6　中国残疾人口分布

地区	残疾人数量（万人）	占全国残疾人比例（%）	残疾发生率（%）	地区	残疾人数量（万人）	占全国残疾人比例（%）	残疾发生率（%）
北京市	99.9	1.2	6.49	湖北省	379.4	4.57	6.64
天津市	57.0	0.69	5.47	湖南省	408.0	4.92	6.44
河北省	495.9	5.98	7.23	广东省	539.9	6.51	5.86
山西省	202.9	2.45	6.04	广西	337.5	4.07	7.23
内蒙古	152.5	1.84	6.39	海南省	49.4	0.60	5.95
辽宁省	224.2	2.70	5.31	重庆市	169.4	2.04	6.05
吉林省	190.9	2.30	7.03	四川省	622.3	7.50	7.57
黑龙江	218.9	2.64	5.72	贵州省	239.2	2.88	6.40
上海市	94.2	1.14	5.29	云南省	288.3	3.48	6.46
江苏省	479.3	5.78	6.40	西藏	19.4	0.23	7.00
浙江省	311.8	3.76	6.36	陕西省	249.0	3.00	6.69
安徽省	358.6	4.32	5.85	甘肃省	187.1	2.26	7.20
福建省	221.1	2.67	6.25	青海省	30.0	0.36	5.54
江西省	276.1	3.33	6.39	宁夏	40.8	0.49	6.83
山东省	569.5	6.87	6.15	新疆	106.9	1.29	5.31
河南省	676.3	8.15	7.20				

资料来源：《2006 年第二次全国残疾人抽样调查主要数据公报》，http://www.cdpf.org.cn/sjzx/cjrgk/200711/t20071121387540.shtml。杨立雄：《残者有助——农村贫困残疾人群帮扶政策评估及建议》，社会科学文献出版社，2015。

2. 残疾人贫困程度深，脱贫难度大，返贫率高

贫困残疾人多是因病致残或者因病致贫，生活负担重、文化水平低、接受培训能力弱、脱贫难度大，而且返贫率高。2008 年和 2009 年，河北省残疾人返贫率分别为 28% 和 37%，同时期山东省残疾人返贫率分别为 11% 和 19%[1]。农村贫困残疾人收入少支出大，家庭经济负担沉重。据统计，残

---

[1] 杨立雄：《残者有助——农村贫困残疾人群帮扶政策评估及建议》，社会科学文献出版社，2015。

疾人家庭人均收入远低于正常家庭收入水平的50%。2012年农村残疾人家庭人均医疗保健支出占总消费比重的17%，是全国农村居民平均水平的两倍，而城镇残疾人医疗康复支出高出全国城镇居民医疗保健支出的50%①。农村残疾人增收困难与支出负担形成的贫困叠加，与一般贫困人口相比，脱贫难度更大，返贫率更高。

3. 残疾人贫困原因复杂

残疾人贫困原因非常复杂，它是多种因素共同作用的结果。由于身体素质差，受教育水平低，残疾人人力资本水平和可行能力严重不足，这是残疾人家庭陷入贫困的重要原因，而且往往形成"残疾－贫困"的恶性循环。残疾人家庭劳动力数量少，生产技能不高，发展生产的生产要素缺乏。残疾人家庭社会融入程度低，脱贫能力差。在这些因素的综合作用下，残疾人家庭极容易陷入贫困，而且这种贫困又会限制残疾人家庭脱贫能力的提升，恶化残疾人家庭状况。

（二）残疾人专项扶贫政策

早在20世纪80年代，中国政府开展大规模有组织的扶贫开发活动时，就开始关注残疾人扶贫开发工作，制定了一系列的政策，采取多种措施，取得良好成效。1986年，中国开始了大规模的开发式扶贫活动，以解决贫困人口温饱问题为主要目标。虽然在扶贫开发之初，我国并没有制定专门的残疾人扶贫开发政策，但是贫困残疾人已经列入扶贫开发的重要工作对象。从1992年起，国家设立康复扶贫贷款，专门用于残疾人扶贫。在扶贫开发过程中，政府通过扶贫基地、实用技术培训、小额贷款、危房改造等多种措施，改善农村残疾人家庭的生产生活条件。通过《农村残疾人扶贫开发计划（2001～2010年）》的实施，残疾人扶贫工作也取得较大成效。2001～2010年通过各种方式累计扶持农村残疾人2015.7万人次，1318万名残疾人摆脱贫困，54.6万个农村贫困残疾人家庭通过实施中央彩票公益金中的农村危房改造项目改善了居住条件，868万名贫困残疾人接受农村实用

---

① 中国残联：《2012年中国残疾人状况及小康进程监测报告》，2013。

技术培训。①

2012 年 1 月，国务院办公厅印发《农村残疾人扶贫开发纲要（2011～2020 年）》，提出该阶段残疾人扶贫工作的总体目标，即"到 2015 年，农村残疾人生活总体达到小康，基本生活得到稳定的制度性保障，参与社会和自身发展状况显著改善；农村残疾人社会保障体系和服务体系基本框架建立，保障水平和服务能力明显提高。到 2020 年，稳定实现农村残疾人不愁吃、不愁穿，全面保障平等享受基本医疗、基本养老、教育、住房和康复服务。农村残疾人家庭收入达到或接近当地平均收入水平，基本公共服务覆盖农村残疾人并不断提高水平，残疾人生存有保障，生活有尊严，发展有基础"。同时，该纲要还从残疾人家庭收入提升、残疾人康复服务、残疾儿童教育、残疾人技术培训、残疾人社会保障制度等方面，做出了具体的任务安排。纲要的提出表明了中国政府对残疾人扶贫工作的重视，并且提出了具体的考核评估指标，有利于各部门按照要求分步骤、有重点、分阶段的贯彻落实残疾人扶贫工作。

目前，中国专门针对残疾人的扶贫项目主要有以下几个方面的内容。

1. 康复扶贫贷款

1992 年中国设立残疾人康复扶贫贷款，中央政府每年安排一定数量的贷款资金，专门扶持农村贫困残疾人开展种植、养殖和加工业的生产项目。与此同时，地方同时按照一定的比例筹集一定的配套资金，专门用于扶持残疾人贷款。康复扶贫贷款的对象为农村贫困残疾人。中央财政对康复扶贫贷款给予贷款利息补贴，贫困残疾人在得到贷款的同时还将享受国家给予的贷款利率的优惠。自 2011 年开始，中央安排康复扶贫贷款指导性计划每年不少于 10.3 亿元，中央财政在贴息期内，项目贷款按年利率 5% 给予贴息，到户贷款按年利率 7% 给予补贴。有些较为发达的省份在中央贴息的基础上再贴息，实现残疾人的无息贷款。康复扶贫贷款的贷款方式有两种：信用贷款和担保贷款。

2. 阳光助残扶贫项目

该项目的主要形式是建立残疾人扶贫助残基地。残疾人扶贫助残基地

---

① 国务院办公厅：《农村残疾人扶贫开发纲要（2011～2020 年）》，2012。

具有生产、培训、示范、帮扶、就业、扶持带动一体化功能，既可以带动贫困残疾人发展生产、提供就业岗位、提高收入，也可以为残疾人进行技术培训和示范带动。农村残疾人扶贫基地政策主要是通过对扶贫基地给予资金和政策扶持、信贷资金注入、扶贫贴息贷款等方式，帮助扶贫基地增强竞争力、改善生产经营环境、提高经济效益，扶持更多的残疾人脱贫致富。目前，全国已经建立 4000 个残疾人扶贫基地，每年安置带动近 24 万贫困残疾人发展生产[1]。阳光助残扶贫项目的另外一种形式是"阳光大棚"助残项目，依托当地优势产业，整合资金，扶持残疾人家庭就地、就近开展设施农业、庭院经济等各种生产经营项目，拓宽扶持手段。

3. 残疾人实用技术培训

该扶贫项目主要是为了提高贫困残疾人的发展生产能力，使其掌握一门实用技术，中央对贫困地区开展农村残疾人实用技术培训给予补贴。政府举办或者补助面向农村的培训机构和项目优先培训残疾人；实施"阳光工程"和"雨露计划"，培训残疾人或者残疾人家庭成员；以市场为导向，开展不同类型的残疾人专项实用技术培训，确保每个贫困残疾人家庭至少有一名劳动力掌握一门实用技术，并在培训后给予一定的资金或者设备支持，强化培训后的就业和创业扶持服务。

4. 贫困残疾人家庭无障碍改造和危房改造项目

残疾人家庭无障碍改造项目主要是为了改善贫困残疾人生活环境，提高残疾人生活质量。该项目对贫困残疾人家庭出门道路、轮椅通道、地面硬化、卫生间、厨房等进行无障碍改造，政府给予残疾人家庭一定额度的资金补贴。残疾人危房改造项目也是为了改善贫困残疾人家庭居住环境。中央要求优先将贫困残疾人家庭危房改造纳入农村危房改造年度计划，统筹推进和实施，确保年度完成贫困残疾人家庭危房改造数量占年度总任务的比例高于当地农村贫困残疾人家庭存量危房占存量危房总数的比例。而且要在补助对象和补助标准上对贫困残疾人家庭倾斜照顾，优先安排住房最危险、经济最贫困的残疾人家庭，减免农村贫困残疾人家庭建房的相关

---

① 杨立雄：《残者有助——农村贫困残疾人群帮扶政策评估及建议》，社会科学文献出版社，2015。

费用。2014 年完成 9.0 万户农村贫困残疾人危房改造，各地投入危房资金 8.5 亿元，10.3 万残疾人受益[①]。

（三）残疾人社会保障与服务政策

进入 21 世纪以来，中国农村社会保障体系逐步完善，逐渐建立了农村"五保"供养制度、农村医疗救助制度、新型农村合作医疗制度、农村最低生活保障制度、城乡居民养老保险制度等。在实施农村社会救助制度过程中，中国政府出台各种优惠政策，将贫困残疾人群体纳入社会救助范围，而且一些地区还将重度残疾人群全部纳入最低生活保障范围内，并提高救助标准。在实施新型农村合作医疗制度以及新型农村养老保障制度时，各地也对贫困残疾人进行资助参保，提升残疾人参保比例。相关数据显示，2007 年农村残疾人参加"新农合"覆盖率为 84.4%，而到 2013 年农村残疾人参加"新农合"覆盖率达到 97.1%[②]。这在一定程度上缓解了残疾人家庭的贫困问题，降低了陷入贫困的风险。近年来，针对残疾人的特殊需求，各地开始试点农村困难残疾人生活补贴制度和重度残疾人护理补贴制度。2015 年 9 月，国务院正式发文，要求在全国范围内建立困难残疾人生活补贴和重度残疾人护理补贴制度。

目前，对缓解农村贫困残疾人家庭贫困问题有较大影响的社会保障制度主要有以下几个方面。

1. 农村最低生活保障制度

2004 年 10 月，国务院转发民政部等部门《关于进一步加强扶助贫困残疾人工作的意见》，要求"有条件的地区可按照分类救助的原则，适当提高重度残疾、一户多残等特困残疾人的社会保障水平"。各地按照残疾人不同的残疾程度，对特困残疾人给予不同的保障水平；一些地方扩大保障救助范围，将一户多残，老残一体，孤残家庭，丧失劳动能力、生活不能自理的特困残疾人纳入救助范围；对没有工作的精神残疾群体以及重度智力残

---

① 《2014 年中国残疾人事业发展统计公报》，http://www.cdpf.org.cn/zcwj/zxwj/201503/t201503 31_444108. shtml。

② 中国残联：《2013 年中国残疾人状况和小康进程监测报告》，2014。

疾群体，为其提供生活保障、定期补助救助金以保障其基本生活。

2. 残疾人"两项补贴"制度

目前，一些省市已经实行了困难残疾人生活补贴和重度残疾人护理补贴制度，各地根据实际情况选择保障对象，并给予不同比例的补贴标准。2015 年 9 月，国务院颁布《关于全面建立困难残疾人生活补贴和重度残疾人护理补贴制度的意见》，要求以残疾人需求为导向，逐步完善残疾人社会保障体系。困难残疾人生活补贴主要补助残疾人因残疾产生的额外生活支出，对象为低保家庭中的残疾人，有条件的地方可逐步扩大到低收入残疾人及其他困难残疾人。低收入残疾人及其他困难残疾人的认定标准由县级以上地方人民政府参照相关规定、结合实际情况制定。重度残疾人护理补贴主要补助残疾人因残疾产生的额外长期照护支出，对象为残疾等级被评定为一级、二级且需要长期照护的重度残疾人，有条件的地方可扩大到非重度智力、精神残疾人或其他残疾人，逐步推动形成面向所有需要长期照护残疾人的护理补贴制度。长期照护是指因残疾产生的特殊护理消费品和照护服务支出持续 6 个月以上时间。补助标准由各地根据当地经济社会发展水平和残疾人需求等确定，并根据残疾人残疾程度进行分类救助。残疾人两项补贴采取现金形式按月发放。有条件的地方可根据实际情况详细划分补贴类别和标准，采取凭据报销或政府购买服务形式发放重度残疾人护理补贴。符合条件的残疾人，可同时申领困难残疾人生活补贴和重度残疾人护理补贴。既符合残疾人两项补贴条件，又符合老年、因公致残、离休等福利性生活补贴（津贴）、护理补贴（津贴）条件的残疾人，可择高申领其中一类生活补贴（津贴）、护理补贴（津贴）。享受孤儿基本生活保障政策的残疾儿童不享受困难残疾人生活补贴，可享受重度残疾人护理补贴。残疾人两项补贴不计入城乡最低生活保障家庭的收入。领取工伤保险生活护理费、纳入特困人员供养保障的残疾人不享受残疾人两项补贴。申领程序和管理办法为"自愿申请、逐级审核、补贴发放、定期审核"。该制度自 2016 年 1 月在全国全面实施。

3. 社会保险参保补助

2007 年，《国务院关于开展城镇居民基本医疗保险试点的指导意见》规定，"对属于低保对象的或重度残疾的学生和儿童参保所需的家庭缴费部分，政府原则上每年再按不低于人均 10 元给予补助，其中，中央财政对中西部地区按人均 5 元给予补助；对其他低保对象、丧失劳动能力的重度残疾人、低收入家庭 60 周岁以上的老年人等困难居民参保所需家庭缴费部分，政府每年再按不低于人均 60 元给予补助，其中，中央财政对中西部地区按人均 30 元给予补助。中央财政对东部地区参照新型农村合作医疗的补助办法给予适当补助"。2010 年，国务院转发中国残联等部门和单位《关于加快推进残疾人社会保障体系和服务体系建设的指导意见》，要求"对符合条件的贫困残疾人参加社会保险按规定给予政府补贴。按规定落实残疾人相关社会保险补贴和城镇贫困残疾人个体户缴纳基本养老保险费补贴政策，落实贫困残疾人参加城镇居民基本医疗保险、新型农村合作医疗以及农村重度残疾人参加新型农村社会养老保险个人缴费部分的政府补贴"。

4. 贫困残疾人服务项目

随着中国经济社会的发展，各种社会服务体系逐渐完善。针对残疾人的特殊需求，农村残疾人社会服务体系也相继建立并逐渐完善。国家在特殊教育学校建设、资助残疾儿童接受教育、儿童康复训练、交通补贴等方面均加大了投入力度。同时，在困难残疾人康复服务、发放辅助器械、残疾人托养服务等方面也得到较快发展。对贫困残疾人影响较大的服务项目主要有：一是 0～6 岁残疾儿童抢救性康复项目。2009～2011 年，中央财政安排专项补助资金，支持各地实施"贫困残疾儿童抢救性康复项目"，资助对象为符合条件的城乡有康复需求的贫困残疾儿童，其中优先资助城乡低保家庭的贫困残疾儿童。资助范围具体如下。①视力残疾儿童。为贫困视力残疾儿童配发助视器。②听力语言残疾儿童。为贫困聋儿购置配发人工耳蜗，并补贴人工耳蜗手术和术后康复训练经费；为贫困聋儿购置配发助听器并补贴康复训练经费。③肢体残疾儿童。为贫困肢体儿童配置矫形器、轮椅、坐姿器、站立架、助行器等辅助器具；为贫困肢体残疾儿童提供康复训练经费。④智力残疾儿童。为贫困智力残疾儿童提供康复训练经费。⑤孤独症儿童。为贫困孤独症儿童提供康复训练经费。二是"彩金"项目。2012～2015 年，中央财政安排专项彩票公益金，支持各地实施"残疾人事业专项彩票公益金康复项目"。资助对象为符合条件的城乡有康复需求的贫困残疾人，其中优先资助城乡低保家庭的贫困残疾人。为贫困精神病患者实施医疗救助，为贫困残疾人配发和适配辅助器具、为地市级辅助器具服务机构配备流动服务车、培训辅助器具适配人员，贫困听力残疾人免费配戴助听器，智力残疾儿童康复救助等。三是其他残疾人康复项目。另外，中国政府与社会组织合作开展了一些残疾人康复救助项目，对满足贫困残疾人特殊康复需求，缓解家庭负担具有重要促进作用。如"重生行动——全国贫困家庭唇腭裂儿童手术康复计划"（以下简称"重生行动"），2008 年 4 月民政部与李嘉诚基金会合作启动的一项公益行动，是政府部门与社会力量合作开展的社会救助行动。"重生行动"主要的服务对象是贫困家庭和分散供养的五保对象中患有唇腭裂及相关畸形、年龄在 0～18 周岁的未成年人。"重生行动"的经费来源与保障标准，由民政部和李嘉诚基金会共同承担。民政部投入本级福利彩票公益金 5000 万元，李嘉诚基金会捐资 5000 万元[①]。"重生行动"负责全额支付资助对象在项目承办医疗单位接受相关检查、手术治疗和康复指导费用，补助资助对象及一名陪护人员的食宿、交通费用。

（四）小结

中国一直重视残疾人事业的发展，注重残疾人贫困问题的消减。自中国开始大规模扶贫开发工作以来，残疾人就是农村扶贫开发的主要扶持对象。目前，中国已经制定实施了专门针对残疾人的扶贫政策和项目，同时建立贫困残疾人社会救助制度，残疾人反贫困事业也取得了较大的成效。但是残疾人贫困的特殊性制约了残疾人反贫困工作有效开展。残疾人口分布较为分散，而贫困残疾人也并没有呈现集中趋势，残疾人贫困具有个体差异性，这也对目前中国残疾人扶贫工作提出了诸多挑战。需要将残疾人特殊性纳入扶贫政策设计中，将更多的残疾人纳入扶贫政策覆盖范围。人力资本缺失是残疾人陷入贫困的关键原因，而在扶贫实践中，残疾人也往往被看作没有劳动能力，而被排斥在扶贫政策之外，因此，应该注重发掘残疾人自身所具有的生计能力，并针对残疾人自身的特点给予相应的政策扶持，提升残疾人自我发展能力。

---

① 《重生行动——贫困家庭唇腭裂儿童手术康复计划启动》，中华人民共和国中央人民政府网，2008 年 4 月 2 日，http://www.gov.cn/gzdt/2008－04/02/content_935198.htm。

第八章　城市贫困与反贫困政策

冯贺霞[*]

日益严峻的城市贫困问题逐渐成为一个重要的社会问题，影响到经济社会的稳定发展。为了解决这一问题，从 20 世纪 90 年代开始，中国政府制定和出台了一系列城市扶贫政策。至今，中国城市中已初步建立起了反贫困行动体系。当然，其中许多项目还处于初期发展阶段，在覆盖面、经费来源、制度化水平、项目间的协调，以及组织管理等方面还存在许多不足。但这套体系的建立表明中国城市近年来的反贫困行动，已经从过去临时性的措施逐步走向制度化的反贫困政策体系。

中国城市扶贫政策主要分为三大类。一是预防性政策，是指防止贫困发生或降低贫困发生概率的各项政策，主要包括社会救济、社会保险、社会福利和社会优抚四个层次的社会保障体系的社会保障制度。二是救济型扶贫政策，是指当贫困确实发生时，努力减少其负面影响和损害的各项政策。主要包括城市居民最低生活保障制度、送温暖工程以及棚户区改造工程等。三是开发性扶贫政策，是指消除贫困者的脱贫障碍，拓展其脱贫机会与能力的各项政策，主要是再就业政策。

一　城市贫困问题概况

20 世纪 90 年代以前，我国的贫困基本上是一种农村贫困现象，相关研

* 冯贺霞，北京大学。

究使用 1988 年全国的住户调查数据分析表明，农村贫困人口的比例为
12.7%，而城市贫困人口比例仅为 2.7%[①]，城市贫困发生率低，一方面是
由于限制农民工进城使得城市职工避免了来自农村劳动力的竞争；另一方
面是城市居民有"铁饭碗"的保障而没有陷入贫困的风险。这一时期相应
的扶贫开发政策主要针对农村贫困问题。然而，到了 20 世纪 90 年代，我国
经济体制逐渐由计划经济向市场经济转变。经济体制的重大变化对城市发
展影响巨大。一方面，一些不适应市场竞争的国有或集体企业面临改革、
重组、转型、破产，导致大批企业工人失业；另一方面，劳动就业制度、
住房制度、企业制度、分配制度和社会保障制度等一系列社会变革，拉大
了城市居民的收入差距，城市贫困人口比例呈逐渐上升趋势。

　　随着我国城市化进展的加快，城市贫困问题更为凸显。党的十六大以
来，中国城镇化发展迅速。国家统计局数据显示，2002～2011 年，中国城
镇化率以平均每年 1.35 个百分点的速度发展，城镇人口平均每年增长 2096
万人。2011 年，城镇人口比重达到 51.27%，比 2002 年上升了 12.18 个百
分点，城镇人口为 69079 万人，超过了农村人口，2011～2013 年，城乡人
口差距呈现扩大趋势（见图 8-1）。城市人口基数的增大，城市贫困人口比
重的不断攀升，使得城市贫困与反贫困问题更为复杂和紧迫。

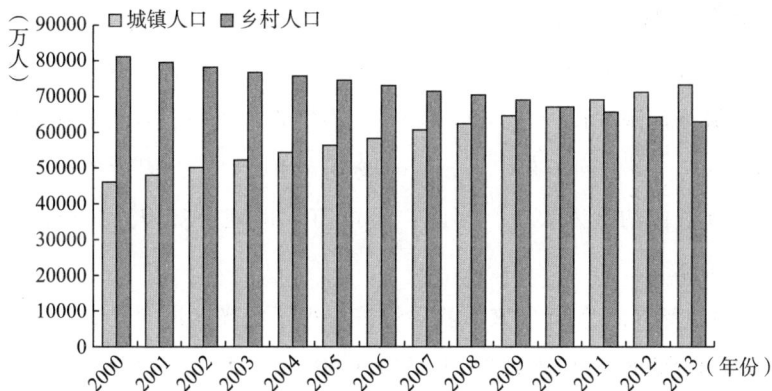

图 8-1　城乡人口变化

资料来源：国家统计局网站，http://data.stats.gov.cn。

[①]　李实、John Knight：《中国城市中的三种贫困类型》，《经济研究》2002 年第 10 期。

我国城市贫困问题是随着改革开放的不断深化和新一轮经济结构的调整而产生的一个新的社会现象。伴随着计划经济体制向社会主义市场经济体制转型、城市化进程的加快、农村剩余劳动力大量转移到城市，使得城市贫困问题日益突出，城市贫困与反贫困问题成为社会各界关注的焦点，学术界对城市贫困与反贫困问题的研究越来越多，各级政府出台了一系列的反贫困政策措施。

（一）城市贫困人口现状

我国采用马丁法计算出统一的收入贫困线，用于测算全国范围内的农村贫困人口，且有一套完整的贫困监测系统，因此，对农村贫困人口数量有统一的官方数字，每年进行公布。但是，对城市来说，还不存在统一的官方贫困测量标准，所以没有一个广泛认可的贫困人口规模。并且，政府不同部门、不同学者测算的城市贫困人口数量相差较大。

民政部民政事业统计月报显示，截至 2013 年底，我国享受居民最低生活保障的城市户数是 1097.2 万户、2064.2 万人[1]，加上应保而未保的贫困人口及其他边缘性贫困人口，我国城市贫困人口规模约 3100 万人，约占城市总人口的 8%[2]。而国家发改委社会发展研究所的相关研究人员测算表明，3100 万的城市贫困人口估算可能是保守的，实际规模要超过这一数字[3]。2011 年 8 月中国社会科学院发布的《中国城市发展报告（2011）》测算表明，我国城市贫困人口约有 5000 万人[4]，占第六次人口普查数据 6.6 亿城镇人口的近 8%。考虑到还有相当数量的城市流动人口，及因为各种各样的原因没有享受低保的贫困人口，因此，5000 万人的城市贫困人口规模的估计更加接近实际。

图 8-2 表明，近 10 年来，我国经济取得了突飞猛进的发展，人均 GDP 从 2002 年的 9398 元上升到 2013 年的 41907 元，增长了近 3.5 倍。然而，

---

① 《2013 年社会服务发展统计公报》，http://www.mca.gov.cn/article/zwgk/mzyw/201406/201406 00654488.shtml。

② 钱凯：《我国城市贫困问题及反贫困对策研究综述》，《经济研究参考》2002 年第 71 期。

③ 庞文等：《城市反贫困与贫困群体的能力建设》，《西北人口》2011 年第 2 期。

④ 《中国城市发展报告（2011）》，中国城市出版社，2012。

我国城市贫困人口数量并未因此而减少，甚至在很多年份呈增加趋势。
2002～2009 年，我国城市居民最低生活保障人数从 2064.7 万人增加到
2345.6 万人，增加了 280.9 万人，若加上应保而未保的贫困人口及城市流
动人口，增加量会更大。值得庆幸的是，近年来，国家采取了一系列的反
贫困政策和措施，城市贫困人口出现下降的趋势。2009～2013 年，我国城
市贫困人口数量由 2345.6 万人减少到 2064.2 万人。

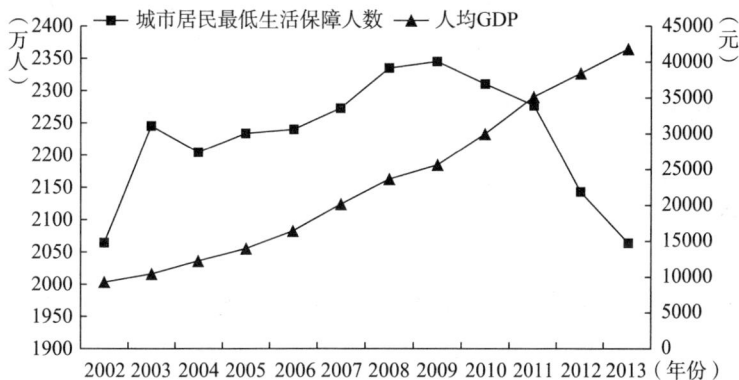

图 8 - 2　城市低保人口变化

资料来源：中华人民共和国民政部、国家统计局。

王小林、张德亮（2013）使用 1989～2009 年的中国营养与健康调查
（CHNS）数据，采用 FGT 方法，测量中国相对贫困城市人口与绝对贫困城
市人口。结果表明，1989～2009 年中国 9 省（区）城市相对贫困，由于
1989 年的收入分配还十分公平，相对贫困发生率很低，为 1.8%；相对贫困
在 2004 年达到峰值，为 13.6%。究其原因，2004 年之后城镇职工和城镇居
民社会保障体系不断健全。相对贫困发生率呈现倒 U 形趋势，经过十几年
的不断攀升，城市居民相对贫困发生率在 2004 年之后开始下降，这离不开
中国政府采取的一系列城市反贫困措施的努力。城市绝对贫困发生率由
1989 年的 67.9% 下降到 2009 年的 6.6%。1993 年是城市绝对贫困发生率的
转折点。近年来，一些研究表明城市贫困现象正变得越来越突出。但由于
王小林、张德亮（2013）对城市和农村的划分采用的是户口划分方法，大
量的进城务工农民在测算中算作农民。以户籍划分的城市和农村绝对贫困，
并不支持城市贫困现象突出的结论。城市贫困现象的突出，主要应该是进

城的农民贫困现象①。

城市贫困问题的严重性不仅表现在数量的增加上，同时也表现在贫困的多维度性和复杂性。王小林和 Alkire（2009）利用 2006 年中国健康与营养调查数据，对中国城市和农村家庭多维度贫困进行测算。结果表明，中国城市和农村家庭都存在收入之外的多维度贫困，城市和农村近 1/5 的家庭存在收入之外任意 3 个维度的贫困，且维度结果分解表明，卫生设施、健康保险和教育对多维度贫困指数的贡献最大②。也即，中国城市和农村的贫困状况远高于国家统计局以收入为标准的贫困发生率，加强城市收入贫困及多维度贫困的干预迫在眉睫。

（二）城市贫困人口分布

1. 城市贫困人口的群体分布

在社会结构调整、经济体制转轨和市场经济发展的今天，城市贫困人口的构成发生了明显的变化。城市贫困人口主要分为以下六类人员。第一类是无劳动能力、无收入来源、无法定义务赡养人或抚养人的"三无"人员。也就是所谓的民政对象，其致贫原因主要是个人或家庭因素。第二类是贫困的失业人员。主要指领取失业救济金期间家庭人均收入仍然低于当地贫困线的居民。第三类是贫困的在职人员、下岗人员、离退休人员。在职人员领取工资、下岗人员领取基本生活费、离退休人员在领取退休费（养老保险金）的同时，家庭人均收入仍然低于当地最低生活保障的居民。第四类是由残疾、疾病或其他原因造成生活困难的居民。第五类是城市移民等其他人员。第六类是部分刚毕业的大学生。就业形势竞争激烈而难以就业，导致收入偏低而不能生活③。

在社会结构调整、经济体制转轨和市场经济发展的今天，城市贫困人口的构成呈现了多样化发展的新特点。由表 8 - 1 可知，"三无"人员是政

---

① 王小林、张德亮：《中国城市贫困分析（1989～2009）》，《广西大学学报》（哲学社会科学版）2013 年第 2 期。

② 王小林、S. Alkire：《中国多维度贫困测量：估计和政策含义》，《中国农村经济》2009 年第 12 期。

③ 黎力：《城市贫困问题分析及反贫困的对策研究》，《才智》2012 年第 7 期。

府和社会长期扶贫的对象，而目前传统救济对象已不是城市贫困人口主体，该群体仅占低保总人数的 2.64%。而灵活就业、登记失业、未登记失业、老年人及在校生等城市贫困群体的数量不断增大，逐渐成为当前我国城市贫困人口的主要群体。

表 8 - 1 2013 年第二季度全国县以上城市低保情况

种 类	总量（人）	占低保总数比例（%）
"三无" 人员	616303	2.64
残疾人	1693801	7.26
在职人员	469968	2.02
灵活就业	4621453	19.81
登记失业	3821376	16.38
未登记失业	4162583	17.84
老年人	3344165	14.34
在校生	3056774	13.11
其他	1540361	6.60
合 计	23326784	100

资料来源：中华人民共和国民政部。

2. 城市贫困人口的区域分布

众多研究表明，城市贫困群体集中在经济不景气的亏损企业和停产、半停产企业较多的中西部地区和东北地区。据全国总工会统计，2000 年底共有特困职工 393 万人，东北三省约占 23%，中部和西部约占 48%。拖欠和减发工资的职工中，东北地区占 28%，中部和西部占 42%。2002 年 8 月，全国 26 个省份的 1795.9 万城市贫困居民中，东部地区 9 个省份贫困人口数最少，共 393.4 万人，占城市贫困居民的 21.9%，贫困发生率为 3.1%；西部地区 452.8 万人，占全国总数的 25.2%，贫困发生率为 7.3%；中部地区 8 个省份贫困人口最多，达到了 949.7 万人，占总数的 52.9%，贫困发生率高达 8.4%[①]。国家统计局城调总队王有捐的研究表明，2000 年东部地区贫困人口有 272 万人，中部地区贫困人口有 582 万人，西部地区贫困

---

① 李瑞林、李正升：《中国转轨过程中的城市贫困问题研究》，《经济经纬》2006 年第 1 期。

人口有 196 万人。占全国城市人口 53% 的中部和西部地区，却占了全国贫困人口的近 3/4。全国总工会 2002 年完成的一项调查也指出：东部地区的城市贫困人口占全国城市贫困总人口的 21.9%，中部地区占 52.9%，西部地区占 25.2%[①]。因此，中国城市贫困人口的区域分布特点和农村贫困的区域分布基本保持一致，大部分集中在中西部地区，其城市特征主要为面临资源枯竭的资源型城市、交通格局改变后地位下降的交通枢纽城市、产业老化的城市等[②]。

（三）城市贫困问题形成的原因

城市贫困问题形成的原因主要有三个层面：一是微观层面的原因；二是宏观层面的原因；三是全球化的直接或间接影响。

1. 微观层面的原因

从微观层面分析，城市贫困大致有以下几方面原因。

一是下岗失业人员年龄大，知识技能单一，不能适应社会需要。下岗失业人员由于接受教育程度有限，过去只从事低技术的工作，而新的就业岗位主要提供给受教育水平更高的年轻人。2000 年国家统计局对全国的抽样调查显示，不同文化程度人口贫困率不同，小学为 6.38%，初中为 4.51%，高中为 2.58%，而大学本科只有 0.29%。

二是家庭因病、因残疾陷入贫困。一方面，由于贫困群体收入水平、消费水平低，营养不良状况普遍，心理压力大，医疗保障不健全等因素，使得贫困家庭因病致贫、因病返贫的概率非常大。另一方面，家庭成员中因长期患病、重大疾病、残疾等原因致使个人丧失劳动力，他们不仅自己无法为家庭创造收入，还需要家庭为其提供额外的医疗、照料等方面的消费开支，使得本就贫困的家庭雪上加霜。

三是劳动力市场竞争激烈，再就业形势严峻。城市化进程的加快，使得大批农民劳动力进城务工，使得城市就业环境竞争激烈，城市工人"铁饭碗"出现了裂缝，尤其是下岗失业人员再就业比较困难。尽管各个城市通过"再

---

① 洪大用：《改革以来的中国城市扶贫》，http://www.china.org.cn/chinese/zhuanti/264775.htm。

② 李若建：《城镇贫困与富裕人口的空间分布研究》，《人口与经济》1998 年第 3 期。

就业工程"已经使他们当中的许多人重新就业，但仍有相当一部分人处于失业或收入不足的状况。尽管并非所有失业者都会陷入贫困，但由于近年来我国城市中下岗失业人员总量很大，即使其中一小部分人陷入贫困都会使整个贫困者的规模大大扩大。据民政部的估计数，目前全国城市低保对象中有近300万人属于失业下岗人员，约占低保人员总数的15%①。

导致城市居民陷入贫困的另一个家庭因素是家庭成员的户口类型。一些刚由农村户口转为城市户口的家庭以及所谓"半边户"极易陷入贫困。农转非一般分两种。一是国家重点工程建设和城市发展占用了农民的耕地而导致的大面积农转非。对于这些新居民，国家虽然给予一定的补偿金，但由于数额不大，加上有些人使用不当，基本上无助于改善其生活条件；二是一些干部、职工家属因符合有关政策而安排的零星式农转非。这两种"农转非"家庭，因其部分或全部成员失去了土地的依托，难以再靠农业为生；同时，由于刚由"农民"变为"市民"，自身文化和技术素质不高，不能很快适应城市生活和生存竞争，甚至根本不能找到就业机会，尤其是高收入的就业机会，所以往往因待业、无收入而陷入贫困。城市居民家庭成员的健康状况及其家庭文化也与其生活状况密切相关。有关资料表明，贫困居民中有相当一部分人是由于职工本人或其家属患有重病而陷入贫困的。导致贫困的其他家庭文化方面的原因还包括婚丧喜事大操大办、超生抢生被罚款、违法犯罪被监禁（导致家属贫困）、投机经营遭损失、沾染恶习不理家等②。

2. 宏观层面的原因

城市贫困人口数量的激增，最主要的原因来自于宏观社会结构的变迁，这其中包括产业结构调整、就业体制变迁、分配体制变迁、社会福利体制变迁四个方面。

新中国成立初期，由于国民经济发展水平低，产业结构以重工业为主，国有企业主要集中在采掘业、加工业、制造业上。20世纪90年代以后，中国产业结构发生了重大变化，商业、服务业、金融业、信息产业和高技术

---

① 关信平：《现阶段中国城市的贫困问题及反贫困政策》，《江苏社会科学》2003年第2期。
② 李强：《中国城市贫困层问题》，《福州大学学报》（哲学社会科学版）2005年第1期。

产业在国民经济中所占的比重越来越大，传统的国有企业不能很快适应这种产业结构的变迁，同时又遭到了来自国际竞争和国内乡镇企业的双重竞争压力。在这两种经济环境中，前者具有先进的技术和雄厚的资金实力，后者则具有更加廉价的劳动力和土地资源。因此，传统的国有或集体工业经济迅速萎缩，企业停产、半停产，下岗职工较多集中在这些企业。

在计划经济时期，政府对城市居民采取了统包就业的做法，几乎不存在失业问题。但是，随着产业结构的调整和劳动力市场化机制的发育，统包就业的做法已经行不通了，失业人员也就成为城市贫困人口的一个重要组成部分。20 世纪 90 年代以后，国有企业改革、兼并、破产在全国范围铺开，下岗（失业）职工人数骤然增加。据有关资料，1999 年全国企业下岗职工有 1100 万人，其中 490 万人通过各种渠道实现了再就业；2001 年末，全国下岗职工总数为 742 万人，其中国有企业下岗职工占了 70%，全国城镇登记失业人数 681 万人，比 2000 年末增加 86 万人，城镇登记失业率由 2000 年末的 3.1% 上升到 2001 年的 3.6%。到 2002 年末，城镇登记失业率已进一步上升到 4.5% 左右。2003 年底，失业率为 4.3%，2004 年仍为 4.3%。其中还没有包括大批国企中的"待岗""放长假"的职工。下岗失业人员已经成为中国城市贫困人口的主体。

改革开放以后，中国收入分配格局发生了很大变化，居民收入在不同人群之间的分配差距日益扩大。以国际上通行的反映居民收入差距的指标基尼系数为例，据国务院发展研究中心的有关数据统计，1988 年全国居民个人的基尼系数为 0.382，1997～2000 年分别为 0.425、0.456、0.457 和 0.458。根据国际衡量标准，基尼系数高于 0.4 属于差距过大，超过 0.45 则属于极度不平等。20 世纪 90 年代中期以前的收入差距扩大是在居民收入水平提高基础上的扩大，而近几年的收入差距扩大则是富有者越来越富有、贫困者越来越贫困的两极分化。研究表明，目前最高收入者与最低收入者的收入差距，每年以 3.1% 的增长速度扩大；最高收入者与最低收入者的消费性支出，每年以 1.81% 的增长速度扩大。导致收入差距过大的原因是多方面的，但分配不公平是其中不容忽视的重要原因之一。

计划经济时期，中国社会福利的主要承载形式是单位制。单位职工不仅可以获得工薪、奖金，还可以得到住房、医疗、低价的食堂商店等可以维持生活的各种福利待遇。但是，现在这些福利正在减少，甚至取消。同时伴随着一系列的社会改革，如养老保险、失业保险、医疗保险等改革的进行，职工每月的刚性支出增加，加重了职工的负担。社会福利单位制被打破，新的能够保障城市居民生活的社会保障制度又没有健全，社会安全网没有重新构建起来，不能起到应有的作用，这主要表现为两个方面：一方面，社会保障覆盖面不够广泛，国家统计局城调队调查资料显示，2001年只有 42% 的居民参加了养老保险、13.2% 的居民参加了失业保险、19.3% 的人参加了医疗保险。由于保险基金的严重短缺，使参保者领不到足额的保险金，如养老保险由于企业累计欠缴数额巨大，个人账户空运转，虽然中央财政采取很多措施，补发过去的拖欠款，但仍有一部分离退休人员领不到足额的养老金。据初步统计，2000 年拖欠养老金 72 亿元，人均拖欠 1800 元。另一方面，现行的社会福利政策也存在较大缺陷。各项社会保险基本是按职务分配，职务越高福利越高，反之越低。据国家统计局调查，在养老、医疗、住房、实物福利等几项人均福利收入中，富裕户比贫困户高 87%，其中养老金高 4.2 倍，医疗保险高 62%，住房补贴高 61%，实物福利高 38%，这样使得本来已经存在的贫富差距进一步拉大[①]。

3. 全球化的影响

随着全球化进程的加速和其影响的深化，全球化的经济、政治和文化因素对我国内部社会分化和贫困问题的影响也越来越明显。首先，在对外开放的经济体系中，国际资本的自由流动和国际自由贸易对国内传统产业的冲击是导致城市贫困的一个重要因素。其次，随着我国的国际贸易往来的扩大，外商投资经济及其在国民经济中重要性的快速提高，与外向型经济关系密切程度的不同是导致沿海与内地在经济发展方面梯度差异的重要因素，也是导致内地许多国有企业不景气的重要原因。最后，国际经济竞争的压力也是约束我国社会保障水平，并且进而制约建立有效的社会保护体系的重要因素[②]。

---

① 何明洁、关信平：《现阶段我国城市贫困问题的特点及原因分析》，《东南学术》2002 年第 6 期。

② 关信平：《现阶段中国城市的贫困问题及反贫困政策》，《江苏社会科学》2003 年第 2 期。

二 城市反贫困的政策分析

中国政府一直致力于解决贫困问题，在城市反贫困方面采取了一系列措施和政策，取得了很大的成就。这些反贫困政策大致可分为三类：一是预防性政策，是指防止贫困发生或降低贫困发生概率的各项政策，主要包括最低工资保障制度、失业保险、医疗保险和养老保险等保险制度等。二是救济型政策，是指当贫困确实发生时，努力减少其负面影响和损害的各项政策，主要包括城市居民最低生活保障制度、送温暖工程以及棚户区改造工程等。三是开发性政策，是指消除贫困者的脱贫障碍，拓展其脱贫机会与能力的各项政策，主要是再就业政策。

（一）预防性反贫困政策

预防性反贫困政策是指防止贫困发生或降低贫困发生概率的各项政策，主要指社会保障制度。社会保障是一个比较宽泛的概念，其目标是针对现代社会中几种主要的收入风险，即疾病、老年、妊娠、工伤、残疾、失业、丧偶等，保障人们的收入安全。中国的社会保障体系，除包括各国通行的社会救济、社会保险和社会福利三个层次保障的举措外，还将社会优抚制度作为特殊层次的保障举措列入，形成了四个层次的社会保障体系。其中，社会保险和社会救济是社会保障体系的核心部分。

近年来，尤其是1998年以来，中国政府对城镇的反贫困政策和措施格外重视，加大了这方面的工作力度。预防性反贫困政策的核心政策——社会保险逐渐形成完善的社会保险体系，在此，我们重点介绍失业保险制度、养老保险制度、医疗保险制度、工伤保险制度和生育保险制度等具有预防性的反贫困政策。

1. 失业保险制度

（1）失业保险制度的改革历程

失业保险是指国家通过立法强制实行的，由社会集中建立基金，对因失业而暂时中断生活来源的劳动者提供物质帮助的制度。失业保险的对象是法定范围内的劳动者，失业保险的目的是使法定范围内的劳动者失业时具有基本的生活保障，以满足劳动力再生产和社会稳定的需要。失业保险是社会保障体系的重要组成部分，是社会保险的主要项目之一。

我国失业保险制度是在经济体制改革开始后到 20 世纪 80 年代建立起来的，1986 年 7 月 12 日，国务院发布了《国营企业职工待业保险暂行规定》，对新时期我国失业保险制度提出了基本政策框架，明确规定对国营企业职工实行职工待业保险制度，标志着我国失业保险制度正式建立。《国营企业职工待业保险暂行规定》中失业保险仅限于四类人员，即宣告破产企业的职工、濒临破产的企业在法定整顿期间被精减的职工、企业终止解除劳动合同的工人以及企业辞退的职工。

1993 年 4 月 12 日，国务院以国务院第 110 号令发布了《国有企业职工待业保险规定》，对 1986 年建立的失业保险制度进行了重大改革，标志着我国失业保险制度进入正常运转时期。《国有企业职工待业保险规定》则把失业保险的范围由原来的四类人员扩大为七类人员，即，依法宣告破产的国有企业职工；濒临破产的国有企业在法定整顿期间被精减的职工；按照国家有关规定停产整顿的国有企业被精减的职工；按照国家有关规定被撤销、解散的国有企业职工；终止或者解除劳动合同的职工；国有企业辞退、除名或者开除的职工；依照法律、法规规定或者按照省、自治区、直辖市人民政府规定，享受待业保险的其他职工。

1999 年 1 月 22 日，国务院第 258 号令颁布了《失业保险条例》，将"待业保险"更名为"失业保险"，且将失业保险覆盖面扩大到所有企业、事业单位，明确规定城镇企业、事业单位职工都要参加失业保险，并按规定缴纳保费（城镇企业、事业单位按照本单位工资总额的 2% 缴纳，城镇企业、事业单位职工按照本人工资的 1% 缴纳）。《失业保险条例》的颁布，是失业保险发展的一个里程碑，标志着我国失业保险制度进入了新的发展阶段。

自 1999 年的《失业保险条例》颁布以来，我国失业保险制度发生了改革和变化，逐渐走向成熟、完善的失业保险体系。主要体现在以下五个方面。

第一，将"待业保险"改为"失业保险"，与国际标准接轨，这一更名表明我国已接受了在市场经济体制下失业和就业并存是市场经济规律决定的这个事实，"失业"作为社会主义市场经济中的客观规律将长期存在下去。

第二，确立了保障基本生活和促进再就业的基本宗旨。《失业保险条例》第 1 条规定："为了保障失业人员失业期间的基本生活，促进其再就业，制定本条例。"《失业保险条例》明确规定保障失业人员基本生活、促进再就业是我国失业保险制度的根本目的，并在基金支出范围、享受待遇条件等方面作了相关规定，体现了这一宗旨。

第三，进一步扩大了失业保险的保障范围，为更多的劳动者提供失业保障。城镇企业、事业单位的职工全部被纳入保险范围，享受失业保险待遇的条件也由原来的七种人员扩大到凡非自愿性失业，办理了失业登记并有就业要求，按规定履行缴费义务的失业人员，都可以申请享受失业保险待遇。

第四，建立了国家、单位、职工三方负担的筹资机制。失业保险资金来源由原来国家、企业两方负担改为由国家、用人单位、职工三方合理负担。失业保险基金按照以支定收、留有适当储备的原则进行社会统筹，即市级统筹、省级调剂。另外，根据党中央和国务院的决定，要按照"三三制"原则从失业保险基金中调剂一部分资金用于国有企业再就业服务中心，保障下岗职工的基本生活，并为其代缴社会保险费。

第五，合理界定支出范围，确保基金使用效益。《失业保险条例》针对基金支出项目作了重大调整：一是取消了生产自救，这是针对实际工作中生产自救费使用情况不理想、造成基金流失严重做出的调整；二是取消了管理费，这一调整是为了保证基金能集中用于保障基本生活和促进再就业，减轻基金支付压力；三是增加了职业介绍补贴的开支项目。

（2）失业保险制度实践状况

中国城镇大量失业人数的上升，如 1995 年只有 5.55% 的家庭有下岗职工，到 1999 年和 2002 年这个比重几乎增加 3 倍，约达到 20%。然而相对来说，只有少数有下岗职工的家庭获得了工作单位的支付补偿、失业保险和最低生活保障三种形式之一的社会保障。1995 年时只有 3% 的有下岗职工的家庭得到了生活困难补助或低保。20 世纪 90 年代下半期，中国社保体系的覆盖范围大为扩展。到 1999 年，仍然只有 21% 的有下岗职工的家庭从这些来源中获得收入。到目前为止，社会保障救助最普遍的形式是工作单位发放的下岗遣散费，18% 的有下岗职工的家庭得到了这种支付。大多数下岗职工没有得到下岗遣散费，这可能是由于他们的原工作单位因亏损而无力承担这种开支。但是，由中央和地方政府提供资金的社会保障体系对没有得到原工作单位救助的下岗职工的扶持也很少，极少数有下岗职工的家庭得到了失业保险和低保（分别为 1% 和 2%）。到 2002 年，由于政府允诺承担社会保障责任并且要求下岗职工结束他们与原工作单位之间的合同，工作单位发放的救助已减少到极小量。尽管社会保障体系的覆盖范围不断扩大，但仍然只有少数困难家庭得到过社保体系的救助。2002 年，在有下岗职工的家庭中，只有 11% 得到过失业保险支付，8% 得到过低保[①]。

2. 养老保险制度

养老保险（或养老保险制度）是国家和社会根据一定的法律和法规，为解决劳动者在达到国家规定的解除劳动义务的劳动年龄界限，或因年老丧失劳动能力退出劳动岗位后的基本生活而建立的一种社会保险制度。

我国真正意义上的养老保险制度是从 1984 年开始的，1983 年国务院号召在企业进行养老保险退休费用社会统筹的试点，1991 年国务院正式推出企业职工养老保险制度改革方案，企业职工养老保险实行劳资双方共同缴费、国家财政兜底的缴费模式，参保人按月领取基本养老金和特定计发办法下的个人账户养老金，1992 年人事部开始在城镇机关事业单位中进行养老保险制度改革，改革模式参考企业职工养老保险制度。这说明我国养老保险制度的改革是分群体推进的，改革直到今天，各群体的改革进度模式和进度有很大差距。

我国城镇企业职工养老保险制度的探索和改革可分为三个阶段：第一个阶段是企业职工养老保险重新社会化阶段（1969~1995 年），重新社会化的企业职工养老保险符合世界范围内绝大多数市场经济国家的养老保险的做法；第二阶段是 1995 年个人账户制引入，这一举措加强了我国企业职工养老保险的个人责任及对个人的激励，对后来的养老保险的可持续性及再

---

① 夏庆杰、宋丽娜、Simon Appleton：《中国城镇贫困的变化趋势和模式：1989~2002》，《经济研究》2007 年第 9 期。

分配功能起到了重要影响；第三阶段是对企业职工养老保险制度参数调整的阶段，这一阶段中，政府对我国企业职工养老保险制度进行了很多次的调整，尤其是企业职工养老保险统筹层次的调整①。

根据《国务院关于建立统一的企业职工基本养老保险制度的决定》（国发〔1997〕26号）的规定，企业基本养老保险制度的主要内容包括：①每个企业及其职工按规定缴纳基本养老保险费，企业一般按不超过企业工资总额的20%，职工个人按本人缴费工资的4%缴纳，个人缴费比例从1998年起每两年提高1个百分点，最终达到8%；②社会保险经办机构为每个职工按本人缴费工资的11%建立基本养老保险个人账户；③职工达到法定退休条件时，其基本养老金由基础养老金和个人账户养老金组成，基础养老金月标准为省、自治区、直辖市或地（市）上年度职工月平均工资的20%，个人账户养老金月标准为本人个人账户储存额除以120；④基本养老金由社会保险经办机构发放或委托银行、邮局等社会服务机构发放。

从1994年开始，全国各地陆续有省份自主开展机关事业单位养老保险制度改革。1994年1月，福建省人民政府下发了《福建省机关事业单位工作人员退休养老保险暂行规定》，从合同制工人、自收支和差额拨款事业单位人员、聘用制干部等六种人员开始试行养老保险制度；同时开展试点的还有辽宁、山东、云南、江苏、黑龙江、上海等省市，各省市均有自身的改革方案。截至1997年，就机关事业单位养老保险进行改革发文的有19个省市，试点的有27个省市，共有约1000万机关事业单位职工参加了养老保险。但由于条件限制，各地均采取了"部分推进"的措施，基本上都是先行在机关事业单位的合同制工人、聘用制干部和自收自支的事业单位中进行养老保险制度改革试验。但各地在养老保险缴费费率、养老待遇、调整机制等方面并没有一个统一的框架。2000年12月，《国务院关于印发完善城镇社会保障体系试点方案的通知》（国发〔2000〕42号）规定，国家公职人员和全部由财政供款的事业单位维持现行养老保险制度，部分财政供款事业单位的养老保险办法在调查研究和试点的基础上分别制定，已经进

① 吴连霞：《中国养老保险制度变迁机制研究》，首都经济贸易大学博士学位论文，2012年3月20日。

行改革试点的地区继续完善和规范。2001 年 9 月，劳动部发布"关于职工
在机关事业单位与企业之间流动时社会保险关系处理意见的通知"（劳社部
〔2001〕13 号），对职工在机关事业单位和企业单位之间流动时各项社会保
险的转移接续办法做了规定。后两个文件的出台意味着，机关事业单位养
老保险制度的改革试点不再继续推广，已经试点的则继续探索，这打乱了
政府实行改革的政策的连续性，降低了各地进行改革的动力。

3. 医疗保险制度

医疗保险制度是国家社会保障制度的重要组成部分，也是社会保险的
重要项目之一。医疗保险具有社会保险的强制性、互济性、社会性等基本
特征。因此，医疗保险制度通常由国家立法，强制实施，建立基金制度，
费用由用人单位和个人共同缴纳，医疗保险费由医疗保险机构支付，以解
决劳动者因患病或受伤害带来的医疗风险。

贺小林（2013）将我国城镇居民基本医疗保险政策变迁的过程划分为
依附于"公费"和"劳保"制度阶段（1951～1952 年）、居民制度缺失阶
段（1993～2006 年）以及居保制度试点、构建与完善（2007 年至今）三个
阶段①。

依附于"公费"和"劳保"制度阶段（1951～1952 年）。我国先后于
1951 年和 1952 年对国营企业、事业单位职工、国家工作人员分别实行了劳
保医疗和公费医疗制度。其中，劳保医疗指为保障国营企业职工身体健康，
对企业职工实行免费，对职工家属实行半价的社会保障制度。1951 年政务
院颁布实施的《中华人民共和国劳动保险条例》规定，劳保医疗制度的政
策对象暂定为"雇用工人与职工人数在一百人以上的国营、公私合营、私
营及合作社经营的工厂、矿场及其附属单位与业务管理机关，及铁路、航
运、邮电的各企业单位及附属单位"，在待遇保障条款中规定，"工人与职
工供养的直系亲属患病时，得在该企业医疗所、医院或特约医院免费诊治，
普通药费减半，贵重药费、就医路费、住院费、住院时的膳费及其他一切

---

① 贺小林：《我国城镇居民基本医疗保险政策分析与制度完善——基于 9 个试点城市调查数据
的实证研究》，复旦大学博士学位论文，2013。

费用，均由本人自理"①。

公费医疗指针对国家机关、事业单位工作人员以及大专院校学生在规定范围内实行免费治疗和预防疾病的政府福利型保险制度。1952 年政务院颁布的《关于各级人民政府、党派、团体及所属事业单位的国家工作人员实行公费医疗预防的指示》，其规定享受公费医疗的对象为"全国各级人民政府、党派、工青妇等团体、各种工作队及文化、教育、卫生、经济建设等事业单位的国家工作人员和革命残废军人"，1953 年卫生部将大专院校在校学生等群体也纳入公费医疗范围。其享受公费医疗的待遇为门诊或住院所需的诊疗费、手术费、住院费、门诊或住院中经医师处方的药费，均由医药费拨付，但住院的膳费、就医路费由病者本人负担，如实有困难，可由机关给予补助，在行政经费内报销②。

居民制度缺失阶段（1993～2006 年）。1993 年，党的十四届三中全会通过的《关于建立社会主义市场经济体制若干问题的决定》明确指出作为社会保险重要项目的城镇职工医疗保险金由单位和个人共同负担，实行社会统筹和个人账户相结合，确立了社会保障模式选择的方向。

1994 年，国家体改委等四部门印发《关于职工医疗制度改革试点意见》，决定在江苏镇江市和江西九江市进行试点，尝试建立"统账结合"的医疗保险制度。规定职工供养的直系亲属的医疗保险，"由于医疗保费的大部分进入职工个人医疗账户，原实行劳保医疗的单位，职工供养的直系亲属不实行个人医疗账户，也不实行个人自负一定金额后再报销的办法，凡符合规定的医疗费用的 40%，都由社会统筹医疗基金支付，原实行公费医疗的单位，职工供养的直系亲属的医疗费用仍采取个人自理的办法，也可在职工自愿的前提下，发展多种合作互助的方式"。自此，我国医疗保险制度开始由公费、劳保医疗制度向基本医疗保险制度转变。

1996 年，国务院批准下发《关于职工医疗保障制度改革扩大试点的意见》，决定在全国选择 50 多个城市扩大试点。

1998 年，国务院颁布了《关于建立城镇职工基本医疗保险制度的决

---

① http://blog.sina.com.cn/s/blog_60954831010184gy.html。

② http://www.people.com.cn/item/flfgk/gwyfg/1952/407204195202.html。

定》，明确了"城镇所有用人单位，包括企业（国有企业、集体企业、外商投资企业、私营企业等）、机关、事业单位、社会团体、民办非企业单位及其职工，均要参加基本医疗保险。基本医疗保险费由用人单位和职工共同缴纳；建立基本医疗保险统筹基金和个人账户，划定各自的支付范围，分别核算"的基本政策原则。

居保制度试点、构建与完善阶段（2007年至今）。由于城镇职工医疗保险制度仅限于城镇职工而忽视了城镇普通居民，使得城镇居民医疗保障成为制度的空白区。截至2005年底，我国有城镇人口5.62亿人，占全国总人口的43%，其中就业人口2.73亿人、非就业人口2.89亿人，城镇人口参加基本医疗保险的约1.38亿人，仅占全体城镇人口的25%[1]。

为实现建立基本覆盖全体城乡居民医疗保障体系的目标，国务院决定从2007年起开展城镇居民基本医疗保险试点。《国务院关于开展城镇居民基本医疗保险试点的指导意见》（国发〔2007〕20号）要求："2007年在有条件的省份选择2~3个省份启动试点，2008年扩大试点，争取在2009年试点城市能达到80%以上，2010年全面推开，逐步覆盖全体城镇非从业居民。"

2009年3月，《中共中央国务院关于深化医药卫生体制改革的意见》出台，新医疗改革方案决定在医疗保险制定方面实行"全民医保"，在指导思想上突破了过去医疗保险制度改革作为国有企业改革配套措施的局限性。2009年12月，人力资源社会保障部、财政部印发了《关于基本医疗保险异地就医结算服务的意见》，进一步明确了加强和改进异地就医结算服务原则和指导思想，规范异地就医结算的业务流程、基金划转及基础管理等工作。

2012年，国务院办公厅关于印发《深化医药卫生体制改革2012年主要工作安排的通知》要求城镇居民基本医疗保险参保率稳定在95%。政府对城镇居民医保补助标准提高到每人每年240元。个人缴费水平相应提高，人均筹资达到每年300元，并明确了由财政部、人力资源社会保障部负责。城镇居民医保政策范围内统筹基金最高支付限额提高到当地居民年人均可支配收入的6倍以上，不低于6万元。政策范围内住院费用支付比例达到

---

① 胡大洋：《构建城镇居民医疗保障制度的探讨》，《群众》2006年第10期。

70%以上，逐步缩小与实际住院费用支付比例之间的差距，门诊统筹支付比例进一步提高①。

4. 工伤保险制度

工伤保险是社会保险制度中的重要组成部分。是指国家和社会为在生产、工作中遭受事故伤害和患职业性疾病的职工及亲属提供医疗救治、生活保障、经济补偿、医疗和职业康复等物质帮助的一种社会保障制度。

改革开放以来，我国工伤保险的覆盖范围由以国有企业职工为主，集体企业参与执行，扩大到全国企业及其职工及有雇工的个体工商户，扩展了工伤保险的覆盖范围和层次。并且，工伤保险立法也日益完善。1994 年颁布实施的《中华人民共和国劳动法》第 72 条规定："用人单位和劳动者必须依法参加社会保险，缴纳社会保险费。"2002 年 11 月 1 日实施的《安全生产法》第 43 条明确规定："生产经营单位必须依法参加工伤社会保障，为从业人员缴纳保险费。"2004 年，劳动部发布的《关于农民工参加工伤保险有关问题的通知》，将农民工纳入工伤保险覆盖范围内，使得工伤保险参保人数急剧上升，成为社会保险项目里发展最快的一项。

目前，工伤保险的具体内容如下。

工伤范围。①从事本单位日常生产、工作或者本单位负责人临时指定的工作的，在紧急情况下，虽未经本单位负责人指定但从事直接关系本单位重大利益的工作的。②经本单位负责人安排或者同意，从事与本单位有关的科学试验、发明创造和技术改进工作的。③在生产工作环境中接触职业性有害因素造成职业病的。④在生产工作的时间和区域内，由于不安全因素造成意外伤害的，或者由于工作紧张突发疾病造成死亡或经第一次抢救治疗后全部丧失劳动能力的。⑤因履行职责招致人身伤害的。⑥从事抢险、救灾、救人等维护国家、社会和公众利益的活动的。⑦因公、因战致残的军人复员转业到企业工作后旧伤复发的。⑧因公外出期间，由于工作原因，遭受交通事故或其他意外事故造成伤害或者失踪的，或因突发疾病造成死亡或者经第一次抢救治疗后全部丧失劳动能力的。⑨在上下班的规定时间和必经路线上，发生无本人责任或者非本人主要责任的道路交通机

---

① http://www.gov.cn/zwgk/2012 - 04/18/content_2115928.htm。

动车事故的。⑩法律、法规规定的其他情形。

工伤保险待遇。①工伤职工治疗工伤或职业病所需的挂号费、住院费、医疗费、药费、就医路费全额报销。②工伤职工需要住院治疗的,按照当地因公出差伙食补助标准的 2/3 发给住院伙食补助费;经批准转外地治疗的,所需交通、食宿费用按照本企业职工因公出差标准报销。③工伤职工在工伤医疗期内停发工资,改为按月发给工伤津贴,工伤津贴标准相当于工伤职工本人受伤前 12 个月内平均月工资收入。④工伤职工经评残并确认需要护理的,按月发给护理费,护理费分为三个等级,由劳动鉴定委员会评定。⑤工伤职工因日常生活或者辅助生产劳动需要,必须安置假肢、仪眼、镶牙和配置代步车等辅助器具的,按国内普及型标准报销费用。⑥对于工伤致残,按等级发放伤残抚恤金、伤残补助金等。⑦对于因工伤死亡,按规定发给丧葬补助金、供养亲属抚恤金、一次性工亡补助金。

工伤保险费。企业按照职工工资总额的一定比例缴纳,职工个人不缴纳工伤保险费。

5. 生育保险制度

生育保险制度是针对生育行为的特殊性,在生育事件发生期间对生育责任承担者给予收入补偿、医疗服务和生育休假的一项社会保险制度①。

生育保险待遇。①产假。中国在 20 世纪 80 年代以前,把怀孕、生育和产后照料婴儿的假期规定为 56 天。1988 年公布《女职工劳动保护规定》后,对原规定作了很大的修改。现法定正常产假为 90 天,其中产前假期为 15 天,产后假期为 75 天。难产的,增加产假 15 天。若系多胞胎生育,每多生育一个婴儿增加产假 15 天。流产产假以 4 个月划界,其中不满 4 个月流产的,根据医务部门的证明给予 15 ~ 30 天的产假;满 4 个月以上流产的,产假为 42 天。很多地区还采取了对晚婚、晚育的职工给予奖励政策,假期延长到 180 天。②生育津贴。国家法律、法规规定对职业妇女因生育而离开工作岗位期间,给予的生活费用。生育津贴的支付方式和支付标准分两种情况:一种是在实行生育保险社会统筹的地区,支付标准按本单位上年度职工月平均工资的标准支付,期限不少于 90 天;一种是在没有开展生育保

---

① 赵炜:《中国生育保险制度建立简史》,《管理观察》2008 年第 6 期。

险社会统筹的地区，生育津贴由单位支付，标准为女职工生育之前的基本工资和物价补贴，期限一般为 90 天。部分地区对晚婚、晚育的职业妇女实行适当延长生育津贴支付期限的鼓励政策。还有的地区对参加生育保险的企业中男职工的配偶，给予一次性津贴补助。③医疗服务。主要包括检查、接生、手术、住院、药品、计划生育手术费用等。

（二）救济型反贫困政策

救济型反贫困政策是指当贫困确实发生时，努力减少其负面影响和损害的各项政策。目前，城市救济型反贫困政策主要包括制度性的城市居民最低生活保障制度和临时性的送温暖工程。

1. 城市居民最低生活保障制度

城市居民最低生活保障制度主要指对持有非农村户口的居民进行最低生活保障差额补贴的制度，居民具备被救助资格的主要条件是收入水平低于当地规定的最低生活标准。按照此标准，我国城市居民最低生活保障制度对象大致分为三类：一是无依无靠又没有收入来源的居民；二是突发性灾难导致的临时性困难的居民；三是有收入来源但收入水平低于或者相当于当地规定的最低生活标准的居民。

根据《城市居民最低生活保障条例》的规定，凡持有非农业户口的城市居民，其共同生活的家庭成员人均收入低于当地城市居民最低生活保障标准的，均有从当地人民政府获得基本生活物资帮助的权利。规定中提到的收入指共同生活家庭成员的全部货币收入和实物收入，包括法定赡养人、抚养人或者抚养人应当给付的赡养费、扶养费或者抚养费，不包括优抚对象按照国家规定享受的抚恤金、补助金①。

（1）城市居民最低生活保障制度的发展历程

1993 年，上海市率先建立了城市居民最低生活保障制度，开创制度性城市社会救助制度之先河。城市居民最低生活保障制度的建立和发展经历了四个阶段，并逐渐完善起来。

第一阶段，1993 年 6 月至 1995 年 5 月为试点阶段。1993 年，上海市率

---

① http://www.mca.gov.cn/article/zwgk/fvfg/zdshbz/200711/20071110003521.shtml。

先建立了城市居民最低生活保障线制度。在 1994 年召开的第十次全国民政会议上，民政部肯定了上海的经验，提出了"对城市社会救济对象逐步实行按当地最低生活保障线标准进行救济"的改革目标，并部署在东部沿海地区进行试点。到 1995 年上半年，已有上海、厦门、青岛、大连、福州、广州 6 个大中城市相继建立了城市居民的最低生活保障线制度。在此阶段，城市最低生活保障制度还是一种地方政府行为，具有一些个性和特点，具体为：①保障标准差异比较大，大概有 200 元及以上、150 元左右和 120 元及以下三个档次；②经费来源除大连外，其他城市均由市、区两级财政与机关企事业单位分担，而大连则全部由市、区两级财政负担；③在发放方式上普遍采用现金救助方式，仅上海采取现金和实物相结合的发放方式。

第二阶段，1995 年 5 月至 1997 年 8 月为推广阶段。1995 年，民政部在厦门、青岛分别召开了全国城市最低生活保障线工作座谈会，号召将这项制度推向全国。到 1995 年底，建立这项制度的城市发展到 12 个。1996 年初召开的民政厅局长会议决定，进一步加大推行最低生活保障线制度的力度。此后，形势发展更快，到 1997 年，全国已有 206 个城市建立了这项制度，约占全国建制市的 1/3。在这一阶段，制度的创建和推行已经成为中央政府的一个职能部门——民政部门的有组织行为。

第三阶段，1997 年 8 月至 1999 年底为普及阶段。1997 年，国务院颁发了《国务院关于在各地建立城市居民最低生活保障制度的通知》。1997 年，在党的中共十五大召开前夕，国务院召开电视电话会议，向各省、市、自治区部署了这项工作，要求到 1999 年底，全国所有的城市和县政府所在的镇都要建立这项制度。党的十五大报告再次强调，要"实行保障城镇困难居民基本生活的政策"。自此，这项制度的创立和推行成为中共中央、国务院的一项重要决策，推进的速度明显加快。到 1998 年底，中国已经有 581 个城市——包括 4 个直辖市、204 个地级市、373 个县级市和 1121 个县都建立了最低生活保障制度，分别占直辖市总数、地级市总数、县级市总数和县总数的 100%、90%、85% 和 90%。1999 年，民政部在建立最低生活保障制度方面加大了督办力度。截至 1999 年 9 月底，全国 668 个城市和 1638 个县政府所在地的建制镇已经全部建立起最低生活保障制度。最低生活保障对象增加到 282 万人，其中，传统民政对象占 21%，新增加的救助对象占79%。1999年1～10月，全国共支出最低生活保障金15亿元。就救助对象和保障资金而言，都比建立这项制度前的1992年增加了10多倍①。

第四阶段，1999年9月至今为完善阶段，这一时期的中心工作是做好"应保尽保"。1999年国务院颁布的《城市居民最低生活保障条例》规定，"持有非农业户口的城市居民，凡共同生活的家庭成员人均收入低于当地城市居民最低生活保障标准的，均有从当地人民政府获得基本生活物质帮助的权利"，"对无生活来源、无劳动能力又无法定赡养人、扶养人或抚养人的城市居民，批准其按照当地城市居民最低生活保障标准全额享受"，"对尚有一定收入的城市居民，批准其按照家庭人均收入低于当地城市居民最低生活保障标准的差额享受"，城市居民最低生活保障工作开始走上规范化、法制化管理的轨道。截至2005年底，共有2232.8万城镇居民、997万户家庭得到了最低生活保障。其中：在职人员112.5万人，下岗人员432.1万人，退休人员60.2万人，失业人员401.1万人，均比2004年同期有不同程度的下降；"三无"人员95.7万人，与2004年同期基本持平；其他人员1131.1万人，比2004年同期增加12.7%。城市居民最低生活保障家庭997万户，比2004年增加41.5万户②，城市居民最低生活保障家庭覆盖面进一步扩大，家庭人口规模进一步降低，重病、重残和"三无"人员等特困人群进一步得到了重点救助。

（2）城市居民最低生活保障的范围、标准和实施程序

《国务院关于在全国建立城市居民最低生活保障制度的通知》（国发〔1997〕29号）和《城市居民最低生活保障条例》（1999年9月28日国务院令第271号发布）是中国城市居民最低生活保障制度的基本指导文件，也是基本的政策规定。

城市居民最低生活保障制度的保障对象是家庭人均收入低于当地最低生活保障标准的持有非农业户口的城市居民，主要包括以下三类人员：①无生活来源、无劳动能力、无法定赡养人或抚养人的居民，对于这类人

---

① 唐钧：《中国社会救助制度的变迁与评估》，中国政策研究网。

② 《2005年民政事业统计发展公报》，民政部网站，http://www.mca.gov.cn/artical/content/WGJ_TJGB/200628151809.html。

群按最低生活保障标准全额发放；②领取失业救济金期间或失业救济期满仍未能重新就业，家庭人均收入低于最低生活保障标准的居民；③在职人员和下岗人员在领取工资或最低工资、基本生活费后以及退休人员领取退休金后，其家庭人均收入仍低于最低生活保障标准的居民，对于这两类人群按其家庭人均收入与最低生活保障标准的差额发放。

城市居民最低生活保障标准，按照当地维持城市居民基本生活所必需的衣、食、住费用，并适当考虑水电燃煤（燃气）费用以及未成年人的义务教育费用确定（见表8-2）。制定城市居民最低生活保障标准的依据主要包括：①维持居民的最低生活需求所需要的物品的种类和数量；②生活必需品所需要的费用；③市场综合物价指数，尤其是生活必需品的价格指数；④居民的平均实际收入和消费水平；⑤经济发展状况和财政收入状况；⑥其他社会保障标准。在这个基本原则的指导下，全国各个城市制定了自己的保障标准。

表 8-2　36 座城市最低生活保障标准

单位：元

城市	最低生活 保障标准	城市	最低生活 保障标准	城市	最低生活 保障标准	城市	最低生活 保障标准
北京	290	广州	330	南京	240	兰州	190
天津	265	南宁	210	杭州	280～320	西宁	165
石家庄	220	海口	221	合肥	210	银川	180
太原	183	成都	210	福州	200～220	乌鲁木齐	161
呼和浩特	190	重庆	195	南昌	190	大连	240～363
沈阳	220	昆明	210	济南	230	青岛	230
长春	169	贵阳	170	郑州	200	宁波	300
哈尔滨	200	拉萨	200	武汉	220	深圳	290～344
上海	290	西安	200	长沙	200	厦门	265～315

资料来源：民政部相关材料。

实施城市居民最低生活保障制度所需资金，由地方各级人民政府列入财政预算，纳入社会救济专项资金支出科目，专账管理。每年底前由各级民政部门提出下一年的用款计划，经同级财政部门审核后列入预算，定期拨付，年终要编制决算，送同级财政部门审批。国家鼓励社会组织和个人为城市居民最低生活保障提供捐赠、资助；所提供的捐赠资助，全部纳入当地城市居民最低生活保障资金。

城市居民最低生活保障制度的实施程序主要包括申请、调查、审核和审批、保障金发放四个步骤。

申请。由户主向户籍所在地的街道办事处或者镇人民政府提出书面申请，并出具有关证明材料，填写《城市居民最低生活保障待遇审批表》。申请人填写的《城市居民最低生活保障待遇审批表》主要包括家庭成员、居住地、身份、工资收入、其他各类收入、家庭人均收入、居委会意见、街道办事处意见、民政局意见等内容。同时还应向户籍所在地街道或镇人民政府出示以下证明材料：户口簿或家庭成员身份证、家庭在职人员的工作证和其他能证明各家庭成员属性的证件和资料；在职职工要有所在单位提供的各项工资、奖金、福利等方面的收入证明；离退休人员、下岗职工、失业人员要有原单位和劳动部门及失业保险管理机构提供的保障性、补偿性等情况和救济性收入证明。此外，也要提供其他合法劳动收入、家庭隐性收入及各种难以核实的收入。丧失或基本丧失劳动能力的无业人员，需出具区县民政部门指定医院的诊断证明，其中残疾人需提供残疾证。家庭有赡养、抚养、扶养义务人的，还要有接受赡养、抚养、扶养金的证明。

调查。管理审批机关为审批城市居民最低生活保障待遇的需要，通过入户调查、邻里访问以及信函索证等方式对申请人的家庭经济状况和实际生活水平进行调查核实，从而保证申请人所提供材料的真实性。

审核和审批。居委会受街道办事处或镇人民政府的委托，在接到城市居民最低生活保障待遇申请书后，首先要查看申请人填写的表格内容是否清楚，有关的材料是否齐全，是否具备申请保障金的资格等。居委会还要根据申请人所填写的内容及有关情况进行初步审查，对认为符合享受城市居民最低生活保障的，在申请人的申请表上签署意见，并将申请表和有关证明材料上报街道办事处或镇人民政府再做进一步的调查和审核；对不符合享受城市居民最低生活保障的，应给予耐心解释，并建议申请人退回申请。申请人如不同意居委会意见，可以直接向街道办事处或镇人民政府提出申请。街道办事处和镇人民政府按规定严格核实申请享受最低生活保障家庭的收入情况和困难程度，并取证有关证明材料后，签署审核意见，对符合条件的要报送所在县（市、区）民政局审批；对不符合条件的，退回其申请并说明理由。街道办事处或镇人民政府一般应在收到申请之日起 20天内，签署审核意见。

保障金发放。关于保障金的形式，条例明确规定以货币形式为主，必要时也可采用实物形式。

（3）城市居民最低生活保障制度存在的问题

经过几十年的发展，我国城市最低生活保障制度取得了突破性的进展。根据国家统计局 2007 年 9 月公布的数据，2002 年城市居民最低生活保障人数为 2064.7 万人，2004 年为 2205 万人，2006 年为 2240.1 万人[①]。实际领取的补差金额为人均 72 元/月，平均低保标准为每人 155 元/月。在低保对象中，特困职工、失业人员以及他们的家属占 95% 以上，城市居民已经基本实现了应保尽保[②]。城市居民最低生活保障制度作为城市反贫困的一项重要制度创新，在减缓我国城市贫困、稳定社会和推进经济体制改革进一步深化等方面发挥着重要作用。

然而，由于低保制度的扶贫目标有限，救助标准也非常低，只能保障居民的基本生活，发挥一种"托底"的作用，为城市反贫困提供一个基础。中国城市居民最低生活保障制度实施时间还不长，因此还很不完善，存在着一些问题。

第一，低保标准偏低，配套保障措施不完善，城市贫困群体只能维持生存。受计划经济时代传统救助思想中的"民政对象情结"以及地方财政能力和制度设计本身等多方面的因素影响，中国城市最低生活保障标准普遍偏低，大部分城市的低保标准只相当于平均工资的 20% ~ 30%，有些地方甚至低于绝对贫困线。过低的标准造成了两个后果：第一，把城市一部分贫困者排除在制度之外，不能受益于该制度，达不到应保尽保的效果；第二，保障对象的家庭生活条件不能得到有效的改善，生活仍然十分困难。一项对 37 个城市的调查显示，83.2% 的人认为保障金不够用或完全不够用；

---

① 《中国统计年鉴 2007》。

② http://www.mca.gov.cn。

与领取保障金前的生活相比，20% 左右家庭没有变化，甚至还有 12% 的人感觉比以前生活更糟[①]。对上海、天津、武汉、兰州和重庆市的调查也证实了这种结论。

表 8 - 3　五大城市贫困家庭的收入状况

项　目	上海	武汉	天津	兰州	重庆
调查时间	1998. 12	1999. 7	1999. 7	1999. 10	1999. 10
贫困家庭人均月收入（元）	243	108	135	114	139
当地社会人均月收入（元）	731	521	643	427	486
相当于当地人均月收入（%）	31	21	21	27	28

资料来源：唐钧：《中国社会救助制度的变迁与评估》，中国政策研究网。

第二，低保工作机制不完善。在整个低保实施过程中，低保工作人员缺乏，尤其是在一些基层，低保工作仍然由过去从事传统社会救济时的管理机构和工作人员承担，从事低保工作的人员年龄结构老化，办公条件差，缺乏必要的工作经费，工作手段落后，难以适应繁重而精细的工作任务。低保工作机构力量薄弱，也不能适应工作推进的需要。

2. 送温暖工程

实施送温暖帮扶工程是工会组织为维护困难职工利益采取的一项保障措施，以帮困救助为主要内容，以经常化、制度化、社会化为发展方向的系统社会工程[②]。深入实施送温暖工程，为困难职工排忧解难，是工会组织维护职工权益的具体体现，是工会组织积极履行社会职能、参与社会管理和公共服务，推进以改善民生为重点的社会建设的重要措施，也是建设服务型工会的重要内容。目前，送温暖工程的主要帮扶措施有以下几个方面。

一是以群体性、特殊性需求确定帮扶重点。其中，群体性划分困难职工主要是在对全市困难职工调研的基础上，按照困难职工首要致困原因，将困难职工划分成不同的群体，分群体逐步予以解困。如单亲困难女职工、子女上大学的困难职工、因病致困的困难职工、本人或子女未就业的困难

---

① 林莉红等：《从宪定权利到现实权利——中国城市居民最低生活保障制度调查》，《法学评论》2001 年第 1 期。

② 吴庆新、署敏：《基层工会送温暖帮扶工程方式探讨》，《现代商贸工业》2010 年第 22 期。

职工和困难劳模、农民工等群体。特殊性确定帮扶办法是在对困难职工群体性划分的基础上，结合每一群体困难的特殊性，找准每一群体帮扶工作的重点，从帮扶救助可行性出发，逐步确定帮扶重点①。

二是以项目制、普惠制实施专项帮扶。项目制是结合不同群体困难需求，按照项目制的原则，围绕就业帮扶、金秋助学、单亲女职工子女助学、医疗帮扶、困难劳模帮扶、农民工帮扶、两节送温暖、社会公益帮扶、临时应急帮扶等制定帮扶项目，将项目运作目标、运作方法、运作步骤、资金保障、帮扶效果等予以明确，力求每一个帮扶项目都能解决这一群体困难职工的实际困难。普惠制保障是在进行项目制帮扶运作过程中，不只是针对部分人员开展号召性推进，而是立足这一部分全体困难职工，实现普惠制保障，切实解决这一群体困难职工的实际困难。

三是以社会化、多元化筹措帮扶资金。工会组织充分利用社会各种资源，吸纳热衷公益事业的企业，结合企业特点开发帮扶项目，运用社会公益力量针对不同群体实施针对性帮扶。

四是实现帮扶工作与政府救助政策的有效衔接。通过政策宣传，帮助符合政府救助条件的困难职工及其子女及时享受到政府的关怀，帮助困难职工第一时间得到政府的社会救助。对政府救助政策尚未覆盖或经政府救助后仍存在困难的职工，由职工所在单位工会或所属区县工会先行实行帮扶。工会组织作为最终一级的帮扶组织，全方位资金投入，实现兜底帮扶。

3. 棚户区改造工程

（1）棚户区改造工程现状

进入 20 世纪 90 年代中期，城市贫困问题日益凸显。尤其是大批农民工涌进城市，其中的一部分经过多年谋生磨炼开始在城市中的一些区域沉积下来。这部分人口没有城市的户籍，大多属于非正规就业，享受不到与城市居民同等公平的社会保障、教育和医疗等服务。由于生活在城市，农民工所挣工资平均低于城镇居民的平均工资水平，但需要承担和城市居民同等的生活消费，农民工通常工作环境不好，同时居住在卫生条件、交通条件等比较差的区域，因此农民工与城市户籍居民相比处于相对弱势的状况。这部分人口如果把所

---

① 黄伟：《关于深入实施送温暖工程的实践与探索》，《北京市工会干部学院学报》2011 年第 3 期。

挣的钱带回到农村生活，按照农村贫困线标准他们不能算作农村的贫困人口，但是，他们中的一部分人长期居住在城市很少回农村，甚至他们的下一代根本也不想回农村，因此这些人只能漂在城市。尽管中国城市没有出现如印度、巴西等发展中国家城市里出现的刺眼的"贫民窟"现象，但是农民工暂居在城市中的"城中村"或"棚户区"、城乡接合部的现象值得关注①。

棚户区是指城市中结构简陋，抗灾性差（抗震、防火、防洪性差）；居住拥挤，功能差（几辈同室、无上下水、无供气供热）；居住环境差（粪便垃圾无序排放、无道路、无绿化、无公共活动场地、采光通风差）的房屋集中的地方②。

棚户区不利的生活环境不仅造成棚户区居民生活的困难和不便，也给棚户区的社会管理带来严重问题。为了从根本上改善棚户区居民的居住条件和生活水平，我国从 20 世纪 80 年代后期就开始启动棚户区改造工程。2009 年 12 月 14 日国务院常务会议决定，用 5 年左右时间基本完成城市和国有工矿中成片棚户区改造，有条件的地方争取用 3 年时间基本完成。2009 年 12 月 24 日，住房和城乡建设部等五部委联合发出了《关于推进城市和国有工矿棚户区改造工作的指导意见》，重申了上述决定，要求通过棚户区改造，使棚户区群众的居住条件得到明显改善③。

我国城市棚户区的形成和西方国家城市贫民窟的形成不同，它不是城市化进程中贫困农民聚集的结果，而是在产业转型和体制改革过程中历史地形成的。我国棚户区主要集中在老工业基地城市和资源性城市的工矿区，是在"先生产、后生活"的政策指导下，伴随工矿业的发展而建设的工人宿舍区和矿工工棚。改革开放以后，这些居民的生活条件并没有随着国民经济的发展而得到改善；相反，随着国有企业陷入经营困难和矿业资源濒临枯竭，这些居民大多退休或下岗，成为城市中的低收入群体。由于生计问题尚未解决，棚户区居民根本无暇也无力去改善他们的居住条件和居住

---

① 王小林、张德亮：《中国城市贫困分析（1989～2009）》，《广西大学学报》（社会科学版）2013 年第 2 期。

② 李乃胜：《城市棚户区防治的思考》，《城市发展研究》2000 年第 1 期。

③ 《关于推进城市和国有工矿棚户区改造工作的指导意见》，http://www.china.com.cn/policy/txt/2010-01/08/content_19201640.htm。

环境。在这种情况下，由政府主导实施棚户区改造工程，体现了政府对弱势群体应承担的社会责任和"国家的回归"①。

（2）棚户区改造工程的主要做法

一是提供多样化的安置方案。以徐州为例，在徐州市政府制定的《徐州市棚户区改造实施方案》中按照居民的经济承受能力，设立了5种棚户区改造安置方式：一是对符合经济适用房、廉租房条件的拆迁户，可优先使用经济适用房、廉租房予以安置；二是选择定销商品房安置的动迁户，实行就近、就地安置，享受定销商品房安置的优惠政策；三是选择货币安置且自行购买商品房的，在限定的时间段内，按照原拆迁面积评估款增加10%给予补贴；四是已享受过经济适用房或廉租房政策、选择货币安置且不再购买商品房的，可以将原经济适用房或廉租房转为商品房产权；五是通过安置房进行安置。针对拆迁房较小的情况，适当增加安置房小户型套数，最小户型面积为45平方米左右②。

二是充分考虑特困家庭的实际状况，实施特困救助。在"棚改"过程中，针对特困群体安置难问题，政府部门专门成立棚户区改造救助投诉中心，设立慈善救助基金，出台特困救助规定，给予符合条件的特困家庭提供救助。

三是搞好安置房、定销房建设，让棚户区居民迁得放心。首先，安置房和定销房都具有较好的区位优势。在安置房、定销房的位置选择方面，尽可能选择区域最好和风景最佳的地段，并且与原棚户区相距不超过2公里。其次，确保住房的建筑质量。最后，配套设施齐全。不仅小区内物业管理、配套设施一应俱全，统一高标准建设，而且周边的医疗、教育、交通、休闲等生活配套设施也同步规划和建设。

（3）棚户区改造工程面临的现实困境

首先，联合国人类居住区规划署认为，贫民窟是"以低标准和贫穷为基本特征的高密度人口聚居区"。按照这个定义，我国许多大城市中相当一

---

① 赵定东、雷天怡：《棚户区改造中的社会资源配置逻辑与机制》，《社会科学战线》2009年第9期。

② 楚德江：《我国城市棚户区改造的困境与出路——以徐州棚户区改造的经验为例》，《理论导刊》2011年第3期。

部分棚户区已经接近于贫民窟。我国棚户区的衰败、贫困与新城区的繁荣、少数人的暴富差距很大，并且空间极化的差距还在不断扩大，使得棚户区居民贫困呈现代际传递的特点。棚户区居民阶层地位的剧烈下降、强烈的被剥夺感，以及现实的生活困难和反差，使棚户区有可能演化为我国社会矛盾激化、各种反社会力量集中形成的土壤①。

其次，棚户区居民生活困难，难以支付棚户区改造过程中的相关费用。在棚户区改造过程中，棚户区居民需要对新增的居住面积按一定价格支付费用，而且棚户区居民迁入新居，又必然会因装修、添置家具等增加一定的开支，这些都会增加棚户区居民的支出。由于棚户区居民基本上都是城市中的贫困群体，还有相当一部分属于靠低保维持生活，伴随棚户区改造带来的新增开支很可能使部分棚户区居民的生活陷入新的困境。

最后，棚户区改造面临着严峻的资金压力。这是棚户区改造面临的最大困难。一是改革开放以来，老工业基地的国有企业普遍存在经营不善、效益低下、亏损严重、社会包袱沉重等问题。二是在企业效益不好的情况下，政府的财政能力也非常薄弱。三是由于缺乏商业开发价值，又加上拆迁可能引发社会冲突，房地产开发商也不愿意承担棚户区改造项目②。

（三）开发性反贫困政策

所谓开发性反贫困政策是指消除贫困者的脱贫障碍，拓展其脱贫机会与能力的各项政策，也就是"授人以渔"的扶贫方式③。城市反贫困政策中属于此类的主要为再就业政策，该政策的主要目标是通过职业指导和培训、税费优惠、小额信贷等各种手段促进和帮助城市下岗失业人员实现再就业，依靠自己的劳动摆脱贫困状况。随着市场化改革的逐步推进，市场竞争日益加剧，国有企业结构调整，大量富余人员下岗分流和失业，下岗和失业人数激增，成为城市贫困的主体，这些贫困人口不同于"三无"人员，他们具有一定的工作能力，家庭负担相对沉重，仅仅依靠社会救助是无法改

---

① 郑文升等：《城市低收入住区治理与克服城市贫困》，《城市规划》2007 年第 5 期。
② 楚德江：《我国城市棚户区改造的困境与出路——以徐州棚户区改造的经验为例》，《理论导刊》2011 年第 3 期。
③ 开发性反贫困政策主要参考 2014 年《扶贫政策演变》。

变其贫困状态。同时，由于这些下岗失业人员的个人文化和专业技能较低、身体素质不高，加上年龄大、家庭负担过重和思想观念不适应新形势发展等原因，在市场就业竞争中多处于劣势；也受到农村大量剩余劳动力到城镇非农产业就业的强势竞争，在有限的就业市场上，城市贫困群体依靠自己的力量很难获得再就业的机会。因此必须为他们提供必要的政策支持，这就是出台一系列的再就业政策的根本原因。

1. 再就业政策的整体框架

就业政策的整体框架包括五项基本内容。一是以提高经济增长对就业的拉动能力为取向的宏观经济政策，这类政策主要是鼓励扩大就业总量、创造就业岗位。二是以重点促进下岗失业人员再就业为取向的扶持政策，这类政策主要是运用政策杠杆将所创造的岗位优先用于下岗失业人员再就业。三是以实现劳动力与就业需求合理匹配为取向的劳动力市场政策，主要是通过就业服务和职业培训促进劳动力市场供求之间合理匹配。四是以减少失业为取向的宏观调控政策，主要是规范企业减员、引导大企业分流富余人员，减轻社会失业压力。五是以保障下岗失业人员基本生活为取向的社会保障政策，主要是安排以下岗失业人员为主的就业困难群体的社会保障问题。在此框架的指导下，国家出台了一系列鼓励再就业的政策，基本内容包括：税收减免政策、小额贷款政策、就业援助政策等。

（1）税收减免政策

1994 年税收改革以后，特别是 1998 年国有企业下岗职工基本生活保障和再就业工作会议以后，国家税务总局陆续出台了一系列支持再就业的税收优惠政策，主要包括以下方面。

第一，新办服务型企业（国家限制的行业除外）和商贸企业（不含批发和批零兼营企业）当年新招用下岗失业人员达到职工总数 30% 以上的，并且签订 3 年以上期限劳动合同的，经过劳动保障部门认定，税务机关审核，在 3 年之内免征企业所得税、营业税、城建税和教育费附加。新办服务型企业、商贸企业安置下岗失业人员比例不到 30% 的，每安置 1%，减免企业所得税 2%。

第二，服务型企业（国家限制的行业除外）和商贸企业（不含批发和批零兼营企业）当年新招用下岗失业人员达到职工总数 30% 以上的，并且签订 3 年以上期限劳动合同的，经过劳动保障部门认定，税务机关审核，在 3 年之内每年减征 30% 的企业所得税。

第三，国有企业主辅分离新办的经济实体符合下述条件：必须是利用本企业的"三个资产"新办的实体；新办的经济实体是独立核算的，产权清晰，并且逐步实现产权的多元化；吸纳本企业富余人员要达到 30% 以上；安置的富余人员要重新签订劳动合同，原有的企业要与富余人员变更合同，富余人员与经济实体重新签订劳动合同，在 3 年内免征企业所得税。

第四，对于下岗失业人员从事个体经营的，3 年内免征营业税、城建税、教育费附加和个人所得税。

第五，适当提高营业税和增值税的起征点。

（2）小额贷款政策

2003 年，中国人民银行会同财政部、国家经贸委、劳动和社会保障部共同制定了《下岗失业人员小额担保贷款管理办法》，分别就下岗失业人员小额担保贷款的对象和条件、程序和用途、额度与期限、利率与贴息，以及有关贷款担保基金、担保机构、贷款管理与考核、监督与审计等管理内容进行了详细规定。

贷款对象和条件。凡年龄在 60 岁以内、身体健康、诚实守信、具备一定劳动技能的下岗失业人员，自谋职业、自主创业或合伙经营与组织起来就业的，其自筹资金不足部分，在贷款担保机构承诺担保的前提下，可以持劳动保障部门核发的《再就业优惠证》向商业银行或其分支机构申请小额担保贷款。

贷款额度和周期。小额担保贷款金额一般掌握在 2 万元左右，对下岗失业人员合伙经营和组织起来就业的，可根据人数，适当扩大贷款规模。贷款期限一般不超过 2 年，借款人提出展期且担保人同意继续提供担保的，商业银行可以按规定展期一次，展期期限不得超过 1 年。

贷款利息。小额担保贷款利率按照中国人民银行公布的贷款利率水平确定，不得向上浮动。从事微利项目的小额担保贷款由中央财政据实全额贴息。微利项目是指由下岗失业人员在社区、街道、工矿区等从事的商业、餐饮和修理等个体经营项目，具体包括家庭手工业、修理修配、图书借阅、旅店服务、餐饮服务、洗染缝补、复印打字、理发、小饭桌、小卖部、搬家、钟点服务、家庭清洁卫生服务、初级卫生保健服务、婴幼儿看护和教育服务、残疾儿童教育训练和寄托服务、养老服务、病人看护、幼儿和学生接送服务。

（3）就业援助政策

就业援助政策包括八个方面的基本内容，分别是上门咨询和政策援助、职业指导援助、就业信息和岗位援助、技能培训援助、社会保险关系接续援助、劳动保障事务代理援助、生活保障援助和特困群体援助。

上门咨询和政策援助主要是指劳动保障部门组织人员深入企业再就业服务中心，督促指导再就业服务中心为下岗职工提供咨询服务，具体做法为政策宣讲、发放服务手册和推行再就业政策优惠卡。

职业指导援助是指公共职业介绍机构对前来求职的下岗职工和失业人员免费进行职业指导，帮助他们了解就业形势和国家就业政策，分析自身条件，确定适合自身状况的职业定位，介绍和推荐实现再就业者的成功之路和再就业途径。

就业信息和岗位援助是指各级劳动保障部门收集用工信息，并且以公告栏、信息网、新闻媒体、专场招聘会等多种形式广泛发布就业信息；帮助下岗职工和失业人员开展劳务输出，实现异地就业。

技能培训援助是指为再就业困难的下岗职工提供适应其自身特点和市场需求的技能培训。

社会保险关系接续援助是指社会保险经办机构为下岗职工和中断缴费参保人员提供便利的社会保险关系接续服务。具体做法是社会保险经办机构在接到用人单位解除劳动关系的通知后，及时与企业、再就业服务中心和职工本人对账，审核缴费记录和计算个人缴费年限等信息，免费为下岗职工查询和打印个人账户对账单，并向下岗职工公示和发放《社会保险缴费接续通知书》。《社会保险缴费接续通知书》的内容应包括：①社会保险个人账户基金结存情况和累计缴费年限；②办理社会保险缴费接续时应携带的相关证明材料；③下岗职工再就业，不同就业方式的参保方法和相关政策；④社会保险待遇计发办法；⑤社会保险经办机构的咨询电话与联系方式等。

劳动保障事务代理援助是指公共职业介绍机构及其街道服务网点，为下岗职工提供劳动保障事务委托代理服务。具体内容包括：①制定个人档案代管和社会保险费代缴的办法，帮助下岗职工接续社会保险关系；②对下岗职工在失业期间免费存放档案，并提供有关服务；③下岗职工以各种形式实现自谋职业的，根据其要求，为其提供各项劳动保障事务代理服务。

生活保障援助是指完善下岗职工基本生活保障与失业保险、城市居民最低生活保障制度的衔接，审核失业保险发放以及申请最低生活保障。

特困群体援助是指对于就业困难而且家庭生活特别困难的下岗职工和失业人员，除开展以上援助外，劳动保障部门进行跟踪调查和重点援助。

2. 再就业政策的实施成果和存在的问题

1998～2000 年，政府组织实施了"三年千万再就业培训计划"。三年间，累计培训下岗职工 1300 万人，其中 65% 的人实现了再就业。在总结经验的基础上，又组织实施了第二期"三年千万再就业培训计划"。2001～2003 年，通过灵活多样的培训形式，共组织 1530 万下岗失业人员参加再就业培训。通过组织开展培训指导、政策咨询和跟踪服务，提高了下岗失业人员从事个体、私营经济或创办小企业的能力。

20 世纪 90 年代中期以后，政府推进的"再就业工程"取得了一定的成效，帮助一些失业下岗者实现了再就业，走上了脱贫之路，"再就业工程"在实践过程中也存在明显的问题[①]：①"再就业工程"的基本思路还是带有计划经济的色彩，对就业问题表现出一种大包大揽的姿态，这种姿态的潜在效果是强化了失业下岗人员对于政府的依赖；②"再就业工程"没有充分考虑到中国的实际情况，对非正规就业予以必要的强调和规划，其基本导向似乎是促进稳定就业或所谓正式就业，这一点不仅很难做到，而且事实上有提高失业下岗者就业预期的效果；③"再就业工程"所推进的就业方向主要是第三产业，特别是商业、饮食业、旅游业、家庭和社区居民服务业等，朝这个方向就业对于失业下岗人员，特别是对于国有企业下岗职工而言，事实上是一个职业地位下降的过程，很难被他们所接受；④"再就业工程"虽然把发展中小型企业、劳动就业服务企业作为促进再就业的重要途径，但是缺乏明确的政策、法律支持；⑤"再就业工程"

---

① 洪大用：《中国城市扶贫政策的缺陷及其改进方向分析》，《江苏社会科学》2003 年第 2 期。

促进就业的一个主要机制是转岗培训，但是转岗培训的方式和内容没有充分考虑到失业下岗者的实际情况，很难满足他们的需求，所以他们对此响应并不积极。

三　小结

由于还没有权威部门制定城市贫困标准，开展专项的城市贫困状况调查，并定期公布相关的统计数据，所以很难准确描述自从城市扶贫政策实施后，城市贫困发生率的变化趋势。

根据上述城市反贫困政策的实践历程，我们提出中国城市反贫困政策主要存的问题及相应的政策建议。

一是城市贫困监测体系不完善，缺乏对城市贫困状况的权威统计。前已述及，对城市贫困及贫困标准缺乏规范定义，尤其是忽略了数量庞大的"流动劳动力"的贫困问题，导致对城市贫困人口数量的统计较为混乱，从而使城市反贫困政策的实施陷入较为被动的局面。因此，要建立统一的城市贫困标准，作为城市反贫困政策的底线。反贫困政策的重点应该是那些低于国家贫困线的城市贫困人口相对集中的地区。

二是我国城市居民社会保障仍然面临巨大困难。首先，社会养老工作压力加剧，基本养老保险基金缺口巨大。其次，经过几十年的医疗保险体制改革，我国城镇中已经初步建立起医疗保险基本框架，但还存在医疗保险覆盖率低、医疗服务价格混乱等问题。最后，社会保障制度存在身份、城乡、区域等多重分割。以养老保险的缴费为例，在全国主要城市中几乎没有任何两个城市的缴费比例是相同的[1]。

建立一个与社会经济发展水平相适应、资金来源多渠道、保障方式多层次、统一规范、持续可靠的社会保障体系，是我国政府推进全面建成小康社会、和谐社会的一项重要任务。为加快完善社会保障体系，首先应建立稳定的社会保障资金筹措机制；其次，建立统一的、覆盖全国的社会保

---

[1]　王劲松、徐嘉：《我国城市社会保障制度的发展与改革》，《社会科学战线》2009 年第 12 期。

障信息服务网站，社会保险应覆盖城镇所有用人单位和劳动者；最后，鼓励补充社会保险和个人储蓄性保险的发展，实现多支柱的社会保障体系。

三是缺乏统一的标准和以地方为主的援助体制，导致各地最低社会保障制度差别较大。2005 年，中部地区尽管城市平均最低生活保障标准较低，但其低保人数却占全国城市低保人数的近一半，每人月平均支出水平仅有 65.6 元，不到东部地区的 63%。西部地区城市平均低保标准也比东部地区低 24.7%，平均支出水平比东部地区低 27.0%。分省看，2005 年北京、上海平均低保标准为 300 元，而黑龙江、内蒙古、河南、甘肃、新疆和江西则不到 130 元；每人月平均支出水平最高的北京达 236.3 元，而最低的河南只有 58.1 元，前者为后者的 4.1 倍[1]。可见，中国现行的城市低保制度受经济发展水平、地方财力和政治地位的影响较大，差距非常明显。

---

① 魏后凯、邬晓霞：《中国的反贫困政策：评价与展望》，《上海行政学院学报》2009 年第 2 期。

第九章　中国减贫国际交流合作

唐丽霞[*]

一　宏观背景

（一）全球发展现状：不平衡发展

经过多年的发展，无论是在经济增长率、人均国民收入，还是贫困率方面，发展中国家在经济整体上有了长足发展，但是发展在区域上是不平衡的，发展中国家经济发展整体进步主要得益于新兴经济体的发展。在发展中国家中，仅巴西、中国、印度三大经济体的经济总产出便与加拿大、法国、德国、意大利、英国和美国 6 个传统工业强国的国内生产总值总和相当。根据《2013 年联合国人类发展报告》预测，到 2050 年，巴西、中国、印度三国的经济总产出将占到全球经济总产出的 40%，远远超过七国集团的经济总产出。非洲对全球贸易的贡献仅有 3%，主要是发达国家从非洲的进口。在全球 48 个最不发达国家中，大多数国家发展速度仍然较慢，尤其是那些内陆国家和远离国际市场的国家。有些国家，如果考虑到快速上涨的人口增长率，其实际人均 GDP 年增长率可能等于零甚至出现负增长。另外，在人类发展指数上，发展中国家之间的差距也较大。2012 年人类发展指数的全球平均值是 0.694，而撒哈拉以南非洲最低，为 0.475，其次是南亚 0.558，欧洲和中亚地区为 0.771，居发展中国家之首，拉美和加勒比地区为 0.741，紧随其后。从发展指标上看，以西方资本主义世界为核心的全球发展体系并没有实现共同发展的宏伟目标。在西方发达国家主导的全球体系中，广大发展中国家的发展战略渐显疲软，因此广大发展中国家迫切需要寻找新的发展方向和实践。

2000 年 9 月联合国千年首脑峰会上，与会各国领导人签署了《联合国千年宣言》，承诺使人类摆脱极端贫困、饥饿、文盲和疾病，并根据宣言的精神，制定了联合国千年发展目标（Millennium Development Goals，MDGs），该目标是"当今国际社会在发展领域最为全面、权威、明确的目标体系，是衡量发展水平、指导国际发展合作的重要指标"。千年发展目标明确指出，其以削减贫困为核心，旨在将全球贫困水平在 2015 年之前降低一半。尽管这个任务已经在 2010 年提前完成，但是不可否认的是当前全球减少的贫困群体主要是在中国和印度等亚洲地区，而世界上其他发展中国家和地区的减贫状况发展缓慢甚至比以前更加恶化。此外，联合国报告指出，虽然发展中国家在教育和健康方面的不平等现象有所下降，但经济发展和经济收入不平等现象日益严重。这种不平等现象既包括发达国家和发展中国家之间在国际权力结构中话语权的严重不对称，也包括发展中国家内部的性别不平等，教育不平等，健康不平等，宗教、民族、种族不平等以及越来越大的人均收入差距等。自 2000 年来，拉丁美洲国家的收入不平等现象有所缓解，但是其他地区的收入分配不公现象仍旧十分严重。撒哈拉以南非洲国家在健康方面不平等现象最为严重，而南亚则是在教育方面。就性别不平等来说，2012 年来自 148 个国家的数据表明，各个国家的性别不平等指数差异巨大。性别不平等指数世界平均值为 0.463，荷兰最低，为 0.045，也门最高，为 0.747，南亚地区、撒哈拉以南非洲地区和阿拉伯国家分别为 0.568、0.577 和 0.555。根据 2012 年对 132 个国家进行的 HDI 计算的结果，不平等使全球人类发展指数平均降低了 23%，低指数国家受到的影响最大，人类发展指数降低了 1/3。贫困国家科学技术水平严重落后，全球化指数低，竞争力不强。根据对 142 个国家的测算，2011 年全球竞争力指数最高的是瑞士，为 5.74，最低的是乍得，为 2.87，二者相差了将近 3 个百分点。由于发展起步晚，发展中国家和发达国家在经济基础、科技水平、发展能力等方面差距巨大。双方在国际市场上的"公平竞争"结果只能是事实上的不平等、不公正。

近年来，中国等新兴大国在国际发展领域的影响力越来越大，中国对"后2015发展议程"的态度和立场成为国际社会重要的关注点。对中国而言，如何参与全球发展目标的制定，如何定位自己在全球发展议程中的地位和作用也迫在眉睫（黄梅波等，2015）。在这个过程中，中国对于全球贫困减少的贡献以及经验引起了广大发展中国家的兴趣。第二次世界大战结束后，西方国家为发展中国家提供了大量的援助，为发展中国家的人道需求和发展做出了一定的尝试和努力，可目前看来效果并不明显。虽然联合国人类发展报告显示发展中国家在近年来取得了一定的成就，但是现实表明，发展中国家依然存在制约发展的种种问题，减贫的发展目标在一些国家得以完成，但是在世界最不发达地区一直处于持续恶化的状态，而西方发展理论与实践对此无能为力，在此情况下，代表新兴发展中国家的中国其减贫经验和发展模式越来越引起发展中国家、国际机构甚至一些发达国家的广泛兴趣。

（二）中国减贫模式及"走出去"战略

同其他国家一样，中国的减贫同样包括广义扶贫和狭义扶贫，但是扶贫的方式在不同时期是不一样的，不同时期两者所占的比重也不一样。中国自1949年至1985年，主要采取的是广义扶贫方式，也就是通过经济增长来实现贫困人口的大规模减少。从1986年以后，中国政府一方面继续通过经济发展来提高人民的收入、减少贫困；另一方面通过建立专门的扶贫机构，实施专门的扶贫项目和政策，帮助特定地区的贫困人口减贫。总体来看，中国的减贫模式可以概括为一种内源性减贫模式。在这种内源性减贫模式下，经过30年的努力，中国的贫困人口大幅减少，根据中国政府制定的贫困标准，从20世纪80年代初期到现在，中国农村的贫困人口减少了近2.5亿；而如果按照日均消费1.25美元的国际贫困标准，从1981～2013年中国的贫困人口减少了6亿多，中国也因此成为全球首先实现千年发展目标中极端贫困人口比例减半的国家，为全球减贫事业做出了卓越的贡献。在此背景下，如何使中国的减贫经验国际化，并进一步发挥这个世界上最大的发展中国家在实现千年发展目标过程中的关键性作用，就成为一个备受关注的话题。2004 年 5 月的上海全球减贫大会便是正式启动这一过程的里程碑。随着减贫与发展日益成为发展中国家之间加强对话的重要议题，在国际层面分享中国的减贫经验不仅是中国参与国际事务的重要渠道，也是众多发展中国家迫切的愿望，更是目前以发达国家为主体的国际发展力量构建和维护全球和平和发展的内在需求。中国的减贫事业是在中国改革开放的大形势下进行的，20 世纪末中国减贫成就的取得，同样是吸取国际先进经验的结果，因此在中国创造了减贫经验之后理应将这些经验传播给有需要的国家和地区。由于世界的多样性，国际社会现有的减贫策略及其工作方法，成功的减贫经验，都能为其他国家提供借鉴，而中国减贫的成就更意味着其经验是值得世界学习的。因此，中国搭建交流平台不仅可以推动自身的减贫工作，同时也可以帮助其他国家推进和提升减贫工作。

为了帮助发展中国家加快经济发展，尽快摆脱落后面貌，在 2004 年 5 月上海全球减贫大会上，中国政府承诺将坚持不懈地致力于全球的减贫与发展。为此，中国将要担负起双重使命。一方面，要继续做好国内减贫工作，同时要参与区域乃至全球性的减贫事业。全球减贫大会的召开提供了国际交流减贫经验的机会。另一方面，要探索建立一个国际平台，从而能够系统地评估并传播中国减贫经验。2005 年 9 月，胡锦涛同志在联合国大会上庄严宣布，在 3 年内，将为发展中国家培训 3 万名各类人才，当年 5 月，中国国际扶贫中心在北京正式成立，其旨在为消除世界贫困事业做出贡献。这其中很重要的内容就是向发展中国家传播中国在减贫方面的经验。

随着中国快速崛起，经济政治影响力扩大，为中国推进对外援助提供了基础和保障。据中国国家统计局统计数据，2014 年中国国内生产总值为63.61 万亿元人民币，比 2013 年增长 8.2%。值得关注的是，城乡居民的收入大于 GDP 增速，扣除价格因素，城镇居民收入增长 9%，农村居民收入增长 11.2%。2013 年，中国政府调低了经济增速，但是相比其他国家来说，经济发展势头依然强劲。2007～2010 年，中国和印度的经济增长率出现与发达国家相同的下跌，许多低收入国家的经济增长率下跌 0.3～1.1 个百分点。经济实力是对外援助的前提，不断扩大的经济政治影响力增加了中国在国际秩序和国际制度中的话语权，可以为其他发展中国家争取正当的权益。另外，中国和发展中国家贸易不断扩大，对外投资增长快速。2012 年中国和非洲的双边贸易额达到 1984 亿美元，对非洲直接投资达 29 亿美元，至 2012 年底中国累计对非直接投资存量近 200 亿美元。联合国报告特别强调了中国的经济增长对于其他发展中国家，尤其是与之关系密切的贸易伙伴产生"积极的增长溢出效应"，这在一定程度上弥补了发达国家日益萎缩的需求。报告还对中国投资拉动非洲经济增长予以较为积极的评价，2003～2009 年中国对外直接投资对其他国家经济增长的贡献率"从对南非的 0.04％到对赞比亚的 1.9％，表现不俗"。

就中国自身发展而言，其正在实施的"走出去"发展战略，通过"走出去"，充分利用国际市场和资源，促进自身和国际社会的发展。但作为一个崛起的大国，出于各种原因在"走出去"的过程中备受其他国家的争议。在此背景下，中国减贫经验的国际化交流与合作为中国更深层次地推进"走出去"战略提供了平台，可作为战略杠杆平衡中国的海外形象。此外，作为世界上第二大经济体，中国在国际治理格局中的地位和作用还需要进一步提升，这就需要中国积极融入国际社会，稳步提升自身软实力。中国减贫的成功经验，为广大发展中国家的发展提供了有益借鉴，中国发展模式对它们有着极大的吸引力。中国减贫经验的国际化，为中国发展经验的拓展提供了契机。对于扩大外交成果、提升自身软实力有着非常重要的意义。

二　国际减贫形势

（一）全球贫困现状

第二次世界大战之后，虽然贫困问题得到了一定程度的缓解，但是并没有在全球范围内彻底解决，不同国家、不同地区之间存在着巨大差异，而这归结于各国政府所奉行和实施的减贫战略的不同，除此之外，日益紧密的国际合作也成为减贫战略和实践不可或缺的推动力。2000 年的世界发展报告也提到这样一个概念：贫困的概念是要由贫困人口自己来界定，贫困人口不仅谈到他们缺乏经济发展的机会，还指出了他们没有权利、没有发言权、脆弱和忧虑。而千年发展目标中也认识到极端贫困有着多方面的含义，不仅仅指低收入，也包括易于患病、失学、持续的饥饿和营养不良、缺乏清洁用水和环境卫生等基本设施，以及诸如威胁人类和牲畜的森林退化和土地侵蚀等环境恶化问题。从世界银行和联合国开发计划署两大减贫重要机构，以及国际社会对贫困的定义的变化中可以看出，贫困逐渐从一个一元的、单纯注重经济增长的概念发展成为一个综合性的概念。正如世界银行在《2004 年世界发展报告》中所指出的，贫困已经超越了收入性贫困，文盲、疾病、性别歧视、环境退化等都是贫困。穷人一代甚至连续几代地陷于贫困，往往不完全是由于单纯的收入低下，更深层地可能是因在教育、健康等方面无法获得起码的公共服务。

在对贫困有了丰富的理论和经验研究的基础上，国际社会展开了轰轰烈烈的减贫行动。发达国家参与全球减贫的主要方式是建立全球资本主义体系以及国际发展援助。第二次世界大战以来，随着经济全球化的逐步深入，全球经济水平取得了长足的发展。经济发展的另一成就是世界贫困整体减少，贫困率下降。世界银行最新报告显示，按日均消费 1.25 美元计算，1990 年全世界贫困人口为 19.08 亿人，贫困人口占世界总人口的 43.1%，而 2010 年贫困人口大幅下降到 12.15 亿人，贫困率也降至 20.6%。其中，东亚太平洋地区降幅最大，由 1990 年的 56.2% 下降至 2010 年的 12.5%（见表 9－1）。

表 9－1　1990 年和 2010 年世界各地区贫困率对比

单位：%

地　区	1990 年	2010 年
东亚太平洋地区	56.2	12.5
欧洲中亚	1.9	0.7
拉美及加勒比地区	12.2	5.5
中东和北非	5.8	2.4
南亚	53.8	31.0
撒哈拉以南非洲	56.5	48.5

尽管从总体上来讲世界贫困率有所降低，但发展中国家贫困问题依然严峻，有些国家绝对贫困人口数量不降反增。目前，贫困问题依然是受援国面临的一大困境。据世界银行统计，以购买力平价计算（Purchasing Power Parity，PPP），2010 年日均生活费 1.25 美元的人口依然占世界总人口的 20.6%，而撒哈拉以南非洲的比例则高达 48.5%。虽然千年目标中贫困人口比例减半的目标已经提前 3 年实现，但是这主要得益于几个人口最多的国家在减贫方面取得的卓越成效。巴西、中国和印度三国均显著降低了其贫困人口的比例。巴西将贫困人口比例从 1990 年的 17.2% 降至 2009 年的 6.1%；中国贫困人口比例从 1990 年的 60.3% 降至 2008 年的 13.1%；印度贫困人口比例则从 1983 年的 49.4% 降至 2010 年的 32.7%。1990~2008 年，仅中国就有 5.1 亿人摆脱贫困。更为重要的是，虽然贫困率有所下降，贫困人口数量却在增加。以撒哈拉以南非洲为例，1981 年该地区贫困人口为 2.049 亿人，按日均消费 1.25 美元测算，该地区贫困率为 51.5%；2010 年，该地区贫困率降至 48.5%，绝对贫困人口却达到 4.137 亿人，贫困率下降了 3 个百分点，极贫人口却增加了 1 倍以上。1981~2010 年，撒哈拉以南非洲仍是世界上唯一贫困人数不断增加，且增幅显著的地区。撒哈拉以南非洲在 1981 年仅占世界极贫人口总人数的 11%，而现在却占到世界极贫人口总数的 1/3 以上。贫困问题带来严重的饥饿和营养不良现象，尤其是在儿童中更为突出。2012 年，非洲大部分地区被确认为到了全球饥饿指数（Global Hunger Index）的警戒线（见图 9-1）。

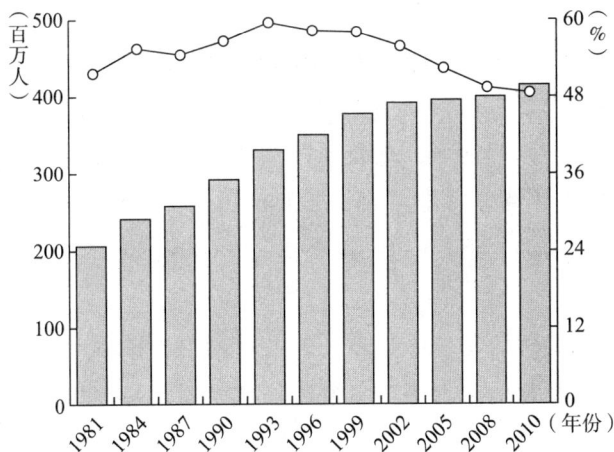

图 9-1 1981~2010 年撒哈拉以南非洲贫困人口及贫困率趋势

资料来源：World Bank，"Poverty and Equity"，http://povertydata.worldbank.org/poverty/region/SSA。

贫困的直接后果就是导致出现大量的医疗、卫生、教育、就业等问题。较为突出的问题是传染性疾病、瘟疫和婴幼儿死亡率一直无法得到有效控制。如艾滋病一直困扰着非洲大陆，尤其是撒哈拉以南非洲。医疗条件落后也导致人们平均预期寿命较短，5 岁以下儿童死亡率一直较高。数据表明，2011 年撒哈拉以南非洲 5 岁以下儿童死亡率高达 10.9%。

（二）中国减贫现状

中国实质性的减贫工作是从 1978 年至今的 30 多年间进行的，国家主要通过内源性发展途径来制定对国内改革和对国外开放的宏观经济政策，通过一系列的改革和开放政策和项目的实施，中国的经济获得了巨大的发展，从 1986 年开始有计划、有组织、有目标的体制性扶贫政策的实施，使得中国的贫困人口快速下降，贫困发生率大幅度降低。从 1978 年到 20 世纪末，中国的贫困问题的性质发生了很大的转变，已经从普遍性贫困转为特殊性贫困。第一，贫困人口发生率较低；第二，中国的贫困问题从绝对贫困为主转变为相对贫困高度脆弱为主；第三，中国的贫困由区域性贫困转变为点状地域贫困，21 世纪以来，中国确定了 12.8 万个贫困村，分散在中国 1861 个县中。2012 年中国政府根据《中国农村扶贫开发纲要（2011～2020 年）》的规定，按照"集中连片、突出重点、全国统筹、区划完整"的原则，以 2007～2009 年的人均县域国内生产总值、人均县域财政一般预算收入、县域农村居民人均纯收入等与贫困程度高度相关的指标为基本依据，考虑对革命老区、民族地区、边疆地区加大扶持力度的要求，在全国共划分了 11 个集中连片特殊困难地区，加上已明确实施特殊扶持政策的西藏、四省藏区、新疆南疆三地州，共 14 个片区、680 个县，作为新阶段扶贫攻坚的主战场。

正是在不断改进的扶贫体制和政策的带动下，1978～2010 年，参考国际扶贫标准，近半数中国人摆脱了贫困；在中国大幅度提高扶贫标准的背景下，按照中国官方贫困标准统计，到 2013 年，农村贫困发生率下降到 8.5%，农村居民的生存和温饱问题基本得到解决。提前完成了千年发展目标减贫任务，为世界减贫发展做出了巨大的贡献。进入 21 世纪以来，扶贫工作重点县农村居民人均纯收入增幅超过全国平均水平，2013 年人均纯收入增加到 5389 元。中国对贫困地区的大力开发也带来了丰厚的回报，贫困地区经济快速发展，基础设施建设、社会事业发展、生态环境建设得到明显加强，人畜饮用水问题大面积解决，自然村通公路、通电、通电话比例达到 90% 左右，适龄儿童入学率接近 100%，新型农村合作医疗实现全覆盖。然而，尽管中国在减贫工作上取得了举世瞩目的成就，2014 年中国国家统计局的统计监测公报显示，按照中国官方贫困线划分，中国依然有7071 万贫困人口。按照中国国家发展规划，这 7000 万贫困人口要在 2020年之前全部完成脱贫，这对当前中国政府来讲无疑是一个巨大的挑战。

三　中国减贫国际交流合作的主要政策

中国参与全球发展的主要手段与西方发达国家保持一致，都是致力于包括减贫、教育、卫生等领域的对外发展援助。无论从援助模式还是援助理念以及援助政策上，中国都与西方国家大相径庭，因此也被很多发展中国家寄予希望。早在 20 世纪 50 年代初，成立不久的中华人民共和国在国家百废待兴，财力和物力都十分有限的情况下，毅然向为民族解放而战的朝鲜和越南提供了大量的物资援助。1955 年，万隆会议后，中国就发扬国际主义精神，中国援外的对象逐步从社会主义国家扩展到广大第三世界发展中国家，为亚非拉国家的民族独立提供了真诚无私的援助。1964 年，周恩来总理访问非洲 11 国时，提出了中国对外援助八项原则。改革开放后，中国的对外援助方式进行了改革和调整，逐渐从单一双边援助转向双边或多边援助。1997 年，中国开始主动参与国际组织的多边援助。2000 年，中国向世界粮食计划署、联合国开发计划署等 10 个国际组织提供多边援助。此外，中国在 2007 年底加入世界银行国际开发协会，这标志着中国进入了捐助国的行列。经过不断的调整和改革，中国目前的援助取得了巨大的成效，积累了丰富的经验。中国的对外援助产生了巨大的吸引力，美国学者丹比萨·莫约认为中国人是非洲的朋友，伦敦政治经济学院教授 James Putzel 认为就对外援助来说中国可以比西方做得更好，中国的发展模式和治国理政经验也可以为发展中国家的发展提供有益的参考。在多年的对外发展援助的经验之中，减贫交流与合作一直都是其中最重要的部分之一，并且形成了中国自己的特色。

（一）中国参与全球减贫交流与合作的机构

中国参与全球减贫交流与合作离不开相关机构的支持和推动。在目前中国减贫经验国际化方面，承担有减贫经验国际化功能的机构主要有：国务院扶贫办国际合作与社会扶贫司、国务院扶贫办外资项目管理中心、中国国际扶贫中心、中国扶贫开发协会、中国扶贫基金会、中国青少年发展基金海外合作部、各个部委的减贫办、中国农业大学国际发展研究中心等。2005年5月中国国际扶贫中心（IPRCC）成立，是中国政府与联合国国际开发署（UNDP）在国际减贫领域合作的实质性成果。IPRCC是中国政府与联合国开发计划署共同发起并组建的国际性扶贫机构，是从事减贫领域的研究、培训、交流和合作的平台，旨在为世界消除贫困事业做出贡献[①]。在交流方面，IPRCC与主要国际组织和发展机构及诸多发展中国家建立了伙伴关系；另外，定期举办"10·17减贫与发展高层论坛"和"中国－东盟社会发展与减贫论坛"。在合作方面，与亚非拉国家开展双边与三边减贫合作等活动，如由世界银行、中国财政部共同主办的中非共享发展经验高级研讨会。此外，IPRCC还成为中国政府开展南南合作的主要渠道（见表9-2）。

表9-2 中国参与全球减贫交流的机构

减贫经验国际化的机构 （不同层次）	部 门 名 称
专门性政府机构	国务院扶贫办国际合作与社会扶贫司、中国国际扶贫中心
辅助性政府机构	国务院扶贫办外资项目管理中心、各个部委的扶贫办
辅助性事业单位和 非政府组织	中国扶贫开发协会、中国扶贫基金会、中国青少年发展基金海外合作部、中国农业大学国际发展研究中心

（二）中国开展全球减贫交流与合作的政策

1. 举办或参与减贫发展会议

在各种国际减贫交流机构的支持和引导下，中国将自身减贫经验通过

① http://www.iprcc.org.cn/front/article/catalog.action?id=2。

参与或者举办国际减贫会议的形式与世界各国展开交流。中国举办或参与减贫发展会议并没有特定的地域针对性，这些会议既包括与某一地区的减贫合作交流，同时也包含一些参与度广泛的全球性会议和论坛。具体包括两个方面的内容：一是举办国际或区域性会议，交流中国减贫开发基本经验；二是出席和参加国际或区域性会议，交流中国减贫开发基本经验。中国减贫成果在世界范围内影响的扩大必然伴随着中国在减贫领域主办会议或是参与会议的增多，世界范围内的减贫会议若是没有中国代表的参加就是不完整的。因为，通过专业性的减贫会议或是相关的其他会议，中国的参会代表们将中国的减贫经验进行了宣传，这些会议在目前是中国减贫经验国际化的主要战场（见表9-3、表9-4）。

表9-3 中国举办或参与的减贫发展会议

类　型	时　间	地　点
世界扶贫大会	3月	发展中国家的区域性城市（轮换）
中非共享发展经验高级研讨会	9~10月	中国北京
东盟社会发展与减贫论坛	7~10月	东盟和中国的不同城市
减贫与发展高层论坛	10月	中国北京
减贫与发展名人讲坛	3~11月	中国北京

表9-4 减贫与发展高层论坛

会议名称	时　间	主　题
2009年减贫与发展高层论坛	2009年10月17日	金融危机与贫困：挑战与行动
2010年减贫与发展高层论坛	2010年10月17日	转变发展方式与减贫
2011年减贫与发展高层论坛	2011年10月17日	改善民生与可持续减贫
2012年减贫与发展高层论坛	2012年10月17日	包容性发展与减贫
2013年减贫与发展高层论坛	2013年10月17日	城乡一体化与减贫
2014年减贫与发展高层论坛	2014年10月16日	扶贫开发与全面小康
2015年减贫与发展高层论坛	2015年10月17日	携手消除贫困，实现共同发展

除了上述列举的常规性会议之外，还有一些临时性的减贫交流会议。例如2001年10月由亚洲开发银行、福特基金会等国际组织支持，中国减贫基金会主办的中国NGO减贫国际会议。从整体上看，中国在减贫对外交流方面处

于分散、小规模、无计划状态，尚未形成有组织、有规模、主动对外交流的局面，更没有建立起以传播中国减贫经验为主题的对外交流的有效网络和方式。除此之外，目前缺乏有效传播中国减贫经验的外文网站、报告、书籍、杂志、电子视频等，而中国国际扶贫中心的相关工作则改善了这些不足。

2. 对发展中国家减贫工作人员进行培训

对发展中国家减贫工作人员进行培训是中国实现减贫经验国际化的最直接渠道，也是其他发展中国家借鉴和参考中国减贫经验的一种重要的方式。从首届世界减贫大会在上海召开开始，中国就启动了给广大发展中国家培训减贫领域人才的工作。中国国际扶贫中心的成立就是要完成中国政府承诺为发展中国家培训减贫人才的任务，从 2005 年至今，已经举办多期发展或减贫人才高级培训班。因为培训所涉及的中国减贫工作经验丰富且教学形式多样，学员可以直接地感受到中国减贫工作的方式、程序和效果等。因此，在中国境内举办的培训班可以让学员们进行实地考察，这样传播中国减贫经验就实现了理论和现实的相结合。虽然中国政府实施援外培训、帮助广大发展中国家培养各类人才已经开展许多年，但实施专门的减贫国际培训还处于起步阶段。2005 年，在中国政府组织的 100 余期援外官员培训班中，直接涉及减贫问题的仅有一期，即由中国国际扶贫中心承办的"中国减贫经验国际研修班"。在技术培训方面有 30 期，其中一些内容涉及减贫，如委托福建农业大学菌草研究所针对南亚、非洲国家进行的菌草技术培训。此外，个别机构（如中国农业大学人文与发展学院）曾接受国际组织委托，从 20 世纪 80 年代以来，断断续续进行过若干次针对非洲国家的减贫培训。随着减贫培训工作的不断系统和完善，中国针对更多发展中国家开展了中、高层官员的减贫培训，其客观效果是良好的。

目前中国对发展中国家减贫工作人员进行培训的主要机构是中国国际扶贫中心。中心成立以来，围绕减贫与发展开展了一系列工作，取得了明显成效，也产生了良好的国际影响。一是举办多期发展中国家减贫政策与实践官员国际研修班，累计对来自 100 余个国家的高、中级官员进行了培训；二是分别与世界银行等国际、国内机构联合举办了"新千年减贫战略：问题、经验与教训"国际研讨会，在国内外产生了较大影响，众多国家、国际组织参加了会议；三是 2006 年 9 月底成功举办了第二届东盟和中日韩

（10＋3）区域减贫高层研讨会，发出了《北京倡议》，东盟和日韩的 37 名代表（其中部长级 9 名）和国际组织 11 名观察员参加了会议；四是组织开展并初步完成了《中国减贫开发资料编译》等一系列研究项目的研究工作；五是分别与世界银行学院、巴西国际减贫中心联合举办了多起贫困监测和效果评估培训班，对多名专业研究人员和实践工作者进行了培训。

从国际减贫培训规划的方向看，中国国际扶贫中心的培训工作主要包含以下几个方面的内容：承担中国政府援外减贫培训；与有关国际机构及国际 NGO 组织合作开展各类发展中国家减贫能力建设培训项目；开发中国国内减贫系统干部国际减贫培训与能力建设项目；开发赴有关发展中国家进行实地培训的项目；组织各类培训教材编写，创新培训方式，培养机构的减贫培训能力，增强培训效果；建立国际减贫培训管理评估体系。

3. 开展全球减贫交流与合作项目

中国减贫经验的国际化最直接的实践就是通过举办对外减贫援助项目，也就是说中国在对外减贫项目援助和支持中交流中国减贫开发基本经验。在中国减贫经验为国际社会称赞的同时，中国减贫经验开始直接走出国门并为国外贫困问题的解决出谋划策。比如，中国整村推进减贫工作方法就在一些非洲国家进行了实践。对依然存在大量贫困人口的国家或地区输出成功的减贫开发模式，这是中国对外减贫援助的主要方式。对于不少发展中国家而言，能够获得中国减贫的有效经验也是其与中国交往中需要重点学习的内容。通过国外相关人士对中国减贫的考察和学习，或是通过中国派出专家和技术人员指导国外的减贫工作和项目都是对中国减贫经验的传播。此外，通过实施国际合作项目来传播中国减贫开发经验，共同参与对项目的考察和评估，尤其是邀请国际人士和外来专家对中国所实施项目进行评估。

中国通过开展大量减贫研究项目，推动中国减贫经验的国际化，促进中外减贫交流。自中国国际扶贫中心成立以来，该中心承担了主要的中外减贫交流研究项目（见表 9-5）。中国减贫经验国际化的过程并不是故步自封的过程，而是始终不断向外界学习的过程。这一点可以通过中国国际扶贫中心所开展的减贫发展合作研究项目得到证实。该主题类的项目，2012 年有 6 项，2011 年有 1 项，2010 年有 4 项，2009 年有 3 项，2007 年有 1

项。2007～2012 年共计开展此类研究项目 15 项。从项目研究的区域看，拉美、南亚、非洲、国际方面都有大量的涉及，研究主题持续且深入。

表 9－5　减贫发展合作研究项目概览

年　度	项　目　名　称	项目资金来源
2007	中国和非洲的发展与减贫：多元视角的比较	英国国际发展部（DFID）
2009	中国与非洲减贫模式比较研究	联合国开发计划署
2009	中国与南亚减贫模式比较研究	联合国开发计划署（UNDP）
2009	世界各国贫困标准研究	自主研究
2010	南南合作典型案例——IPRCC	与世界银行合作项目
2010	中国减贫领域的国际交流合作：经验及启示	联合国开发计划署
2010	发展中国家减贫经验研究	财政资金
2010	有条件现金转移支付、公共服务与减贫	巴西国际包容性增长政策中心
2011	国际发展援助政策分析	财政资金
2012	金砖国家减贫比较研究	财政资金
2012	提高发展援助质量研究	财政资金
2012	新时期新阶段的国际减贫交流	国务院扶贫办
2012	社会包容报告——中国案例	与世界银行合作项目
2012	提高发展援助质量研究	与 OECD－DAC 合作项目
2012	中非减贫合作——坦桑尼亚案例	联合国开发计划署

资料来源：中国国际扶贫中心网站。

四　中非减贫交流合作

中非减贫合作主要分为三个层次。一是政府间合作。通常是中非国家间通过签署有关减贫的合作框架协议，落实到具体的援助项目加以实施，这与西方国家侧重资金援助做法有所不同；或是通过临时动议支持非洲国家的扶贫济困行动，如一些非洲国家遭受突发性国内暴乱、旱涝灾害时，中国政府会提供紧急救援物资。二是中国企业的参与。中国企业通过在非洲国家投资项目，属地化经营方式，吸纳当地人员就业；或是企业在当地开展造福于民众的公益事业。例如，截至目前，中石油已通过各种方式向苏丹社会公益、慈善事业团体及油区周边社区和百姓累计捐资 4500 万美元，用于改善和发展基础设施、医疗卫生、人才培养与学校建设等，直接受益人数约 200 万人。三是非政府组织的参与。除了中国专业从事扶贫工作的全国性非政府组织——中国扶贫基金会参与支持非洲国家的减贫行动外，近年来中国的志愿者赴非从事教育、农技指导和医疗卫生工作的人数逐年增多。

（一）中非减贫合作的主要内容

随着中非双方经济与社会的发展，双边关系的日益密切，为中非国家间在减贫领域的合作带来了新的契机。目前，中非减贫合作的内容如下。①农业领域的长期合作，旨在满足贫困人口的基本生存需要。中非农业合作始于 20 世纪 60 年代，合作形式以中国对非洲国家提供农业援助为主，包括帮助非洲国家援建农业技术试验站、农业技术推广站和一些规模较大的农场及农业加工项目等。目前，中国已与埃及、埃塞俄比亚、南非等 10 多个非洲国家签署农渔业合作协议或谅解备忘录。中国每年与非洲国家互派 20 多个农业技术交流团（组），与几内亚比绍、塞内加尔、摩洛哥等 11 个非洲国家开展渔业合作，为当地提供了数千个就业机会。2006 年中非合作论坛北京峰会后，中国与非洲国家进一步加强"粮食安全特别计划"框架下的"南南合作"。②中国减免非洲国家债务，为非洲国家解决减贫资金支出助一臂之力。在 2000 年中非合作论坛首届部长级会议后的两年时间内，中国兑现会议承诺，减免了非洲 31 个重债国对华债务 105 亿元人民币，为促进上述国家经济社会发展做出了积极的贡献。③遵循智力扶贫理念，帮助非洲国家培养各类技术人才。比如水稻种植、蔬菜栽培、综合养鱼、医疗、工业机械等技术专业人才；开展对非洲国家的官员进行经济管理方面的培训；互派留学生，提高非洲国家的人力资源水平，使其成为推动国家减贫的中坚力量。④加大中国对非洲国家在基础设施建设、疾病防控等有关民生领域的支持力度，如 2004 ~ 2006 年中国与安哥拉政府签订了为当地援建或修建道路、桥梁、铁路、医院、民用住房、水利设施等项目；自 2007 年以来，中国相继在利比里亚、马里、多哥等国成立了"中国疟疾防治中心"，并无偿为当地病患提供抗疟疾特效药青蒿素等药品。

此外，中国国际扶贫中心已确定坦桑尼亚为第一个开展对外减贫合作的国家。具体工作包括支持坦桑尼亚农村事业及企业发展促进会小额信贷中心能力建设、在坦桑尼亚选择有条件的农村社区探索综合性扶贫模式试点、与世界银行等国际组织合作，共同对坦桑尼亚农村发展与减贫提供政策与技术咨询。中国国际扶贫中心与社会各界尤其是企业界联合开展针对指定发展中国家的减贫合作，通过开展减贫项目，创造良好的社会效益，为企业在当地的发展培育社会环境，为推动中国企业走出国门做出了极大贡献。

（二）中非减贫交流的形式和发展情况

1. 举办减贫经验论坛或研讨会

中国与非洲国家多渠道加强双方在减贫问题上的交流。2004 年 9 月，旨在进一步加强中非合作，交流减贫经验的"支持非洲发展：分享减贫经验"研讨会在北京举行。中国的专家学者、非洲国家驻华使节、有关国际和地区组织驻华代表等各界人士逾百人参加了讨论。2006 年 5 月，中方承办了"新千年减贫战略：问题、经验与教训"国际研讨会，包括非洲国家在内的扶贫政策制定者、研究者和实际工作者与会。会议讨论了国家在扶贫事业中出现的新情况、新问题，交流了各国促进经济增长和社会发展的经验与教训。2008 年 12 月，在坦桑尼亚首都达累斯萨拉姆举行了"中国 -非洲发展与减贫：经验分享与国际合作"研讨会。2009 年 7 月，由中国国务院扶贫办等部门主办的第二届中非共享发展经验高级研讨会，对国际金融危机形势下中国及非洲的发展和减贫问题进行了交流。这些政府智囊团的密切交流，进一步增强中非之间的相互了解，深入推动了南南合作（见表 9 - 6）。

中方为非洲国家举办减贫研修培训班。例如，苏州大学分别于 2005 年和 2006 年承办了"社会经济发展与减贫"高级研讨班与"减贫与教育发展"高级培训班，学员来自非洲十几个国家。中国国际扶贫中心在为非洲国家举办国际减贫研修培训班方面更为活跃。自 2005 年 12 月以来，该中心已经举办了 6 期专门面向非洲国家的国际减贫培训班。这些以减贫为主题的研修班，通过理论讲解、经验介绍、案例分析、实地考察和参与式讨论等方式，有力地推动了中非国家之间的发展经验分享。

表 9 - 6　中非共享发展经验高级研讨会

会　议	时　间	主　题
第一届	2008 年 5 月 20 ~ 29 日	共享减贫发展经验
第二届	2009 年 7 月 8 ~ 15 日	应对发展挑战：中国应对危机的经验等
第三届	2010 年 9 月 14 ~ 21 日	基础设施建设和经济技术开发区发展
第四届	2011 年 9 月 4 ~ 11 日	农业与农村发展
第五届	2012 年 11 月 5 ~ 12 日	中小企业融资与包容性增长
第六届	2013 年 9 月	城市发展领域的交付科学实践
第七届	2015 年 11 月 12 ~ 19 日	智库引领可持续发展

资料来源：根据历届会议记录整理。

2012 年 1 月由中国国际扶贫中心和联合国开发计划署主办，以"中国经济特区发展与减贫"为主题的"中非减贫与发展研讨会"在深圳举行。会议旨在探究非洲国家在加速经济和社会发展、减贫以及推动千年发展目标的进程中能够从中国借鉴的经济发展和投资政策经验。2008 ~ 2012 年，中非共享发展经验高级研讨会每年定期召开，2013 年 9 月中非治国理政与发展经验国际研讨会在北京召开（见表 9 - 7）。

表 9 - 7　中非减贫与发展会议

会　议	时　间	主　题
第一届	2010 年 11 月	在变革中求发展
第二届	2012 年 1 月	中国经济特区发展与减贫
第三届	2012 年 7 月	农业现代化与减贫
第四届	2013 年 7 月	就业与可持续发展
第五届	2014 年 11 月	工业发展：来自中国和非洲的跨区域视角
第六届	2015 年 12 月	面向 2015 年后可持续的中非减贫与发展合作

资料来源：根据历届会议记录整理。

2. 对非洲减贫工作人员进行培训

对非洲减贫工作人员进行培训一直都是中国输出自身减贫经验的重要方法之一。从首届世界减贫大会在上海召开开始，中国就启动了给广大发展中国家培训减贫领域人才的工作。中国国际扶贫中心的成立就是要完成中国政府承诺为发展中国家培训减贫人才的任务。

3. 中非减贫与发展基金

中非减贫与发展基金，隶属于国务院新闻办公室主管的中国人权发展基金会，是我国第一个致力于以帮助非洲国家减贫并由发起人出资设立的大型基金。旨在发挥和组织多方力量帮助非洲国家减少贫困、坚定支持非洲国家自主发展和联合自强，促进非洲和平稳定、发展振兴，为非洲地区国家真正做到"雪中送炭"式的帮助，实实在在地为非洲人民赶走贫困提供财力、物力、爱心援助。其主要任务是搭建国际公益服务平台，联合有关单位在非洲开展扶贫工作，为在非洲投资的中资企业、国际组织、非政府组织等单位服务；组织人员参与与非洲有关的国际交流和项目合作。此外，该基金还将充分利用中国人权发展基金会作为公益组织和外宣机构的独特优势，以传承中非友谊为己任，传递和平、发展、合作、共赢的理念，开展多领域、多形式的交流与合作。

2012 年中国和非洲的双边贸易额达到 1984 亿美元，对非洲直接投资达 29 亿美元，至 2012 年底中国累计对非直接投资存量近 200 亿美元。联合国报告特别强调了中国的经济增长对于许多发展中国家，尤其是与之关系密切的贸易伙伴产生"积极的增长溢出效应"，这在一定程度上弥补了发达国家日益萎缩的需求。报告还对中国投资拉动非洲经济增长予以较为积极的评价，2003～2009 年中国对外直接投资对其他国家经济增长的贡献率"从对南非的 0.04% 到对赞比亚的 1.9%，表现不俗"。中国以事实向外界证明了自身对非进行援助和发展合作的基本理念：不附加任何政治条件，优先考虑非洲国家的实际需要，促进非洲国家的经济发展。中国所倡导的"相互尊重、互利合作、相互借鉴和共同发展"的合作理念，丰富了南南合作理论。中国对非洲的援助实践，从最初的单向赠予，逐步走向双赢。

五　中国－东盟减贫交流合作

中国－东盟于 2003 年建立了战略伙伴关系。数据显示，2004～2013年，双边贸易额从 1059 亿美元增加到 4436 亿美元。2010 年，中国－东盟自由贸易区正式建成。这个人口达 19 亿人、GDP 总量 6 万亿美元的贸易区给中国和东盟国家带来了经济、政治和文化等诸多方面的影响，对世界经济和政治来说也意义深远。预计到 2020 年，中国－东盟将实现双边贸易额达到 1 万亿美元的目标。随着双边经贸关系的不断深入，中国连续 4 年成为东盟国家第一大贸易伙伴，东盟已成为中国第三大贸易伙伴，并且中国－东盟还建成了世界上最大的发展中国家自由贸易区。提高中国－东盟自贸区质量和水平不仅将促进双方的经贸往来，也将为"区域全面经济伙伴关系"（RCEP）等地区自贸安排奠定基础。除了大规模的经济政治合作之外，中国－东盟还逐渐加强相互之间的减贫交流与合作。根据世界银行 2008 年确定的每人每天消费 1.25 美元的国际贫困线标准，新加坡、文莱、马来西亚在 2012 年已经没有贫困人口，泰国的贫困人口比例也只有 0.04%。因此，在东盟的减贫国际合作中，基本不涉及新加坡、文莱、马来西亚和泰国。但柬埔寨、老挝、越南、菲律宾、印度尼西亚、缅甸的贫困状况堪忧。根据数据统计以及国际贫困线标准，2012 年，柬埔寨人均 GDP 为 977 美元，贫困率为 28%；老挝人均 GDP 为 1394 美元，贫困率为 31%；越南人均 GDP 为 1596 美元，贫困率为 14%；菲律宾人均 GDP 为 2565 美元，贫困率为 23%；印度尼西亚人均 GDP 为 3578 美元，贫困率为 16%；缅甸人均 GDP 为 861 美元，在东盟十国中最低，贫困状况也最为突出。

（一）中国－东盟减贫合作的重点区域

中国对东盟的减贫国际合作主要集中在柬埔寨、老挝两国，重点支持的领域主要是基础设施建设。中国是柬埔寨官方发展援助的主要捐助国之一。2000～2009 年，中国对柬埔寨的官方援助合计 4.65 亿美元，占柬埔寨所有援助的 7%。其中，仅 2009 年一年的援助就达 1.147 亿美元。中国对老挝的减贫合作主要是基础设施援建，援建工程包括宏拿火电站，南槛 2、南槛 3 水电站，230 千伏欣合－朗勃拉邦输变电线路工程，塞坎曼 2 水电站等。按照项目设计预期，这些电力项目的完成不仅会大大缓解老挝国内供电不足的问题，而且还将产生良好的经济和社会效益。农业人口是东盟欠发达国家贫困的主体，也是中国参与东盟减贫国际合作的主要对象。1996～2002 年，中国政府先后无偿帮助柬埔寨各省农村打水井 1000 口，解决了 25

万农村居民的饮水问题。2002 年，中国同东盟签署了《农业合作谅解备忘录》，将杂交水稻种植、水产养殖、生物工艺、农场产品和机械等方面列为中国与东盟在农业科技方面长期合作的重点。此后，中国不但先后举办了几十个技术培训班，为东盟国家培养了一批农业科技人才，而且还实施了"中国－东盟粮食综合生产能力提升计划""中国－东盟农村发展推进计划"，帮助东盟部分国家的农业发展。

中国的减贫合作侧重受援国的长远利益和基础工作。项目选择重在道路、桥梁、发电厂等大型基础设施建设。这些项目一般是在受援国长期规划中具有关键性的作用，对当地减贫具有基础性作用。例如，柬埔寨的优质稻米因贮存能力和后期加工能力不足一直无法实现高经济附加值。2014年，中国进出口银行向柬埔寨提供 3 亿美元的贷款，用于提升稻米贮存和后期加工能力。同年，中国还帮助柬埔寨修建了 11 条道路和 4 座大桥。这些基础设施建设为柬埔寨农业经济的发展提供了长远支持。

（二）中国－东盟减贫交流的主要形式

中国－东盟减贫交流的主要形式与中非减贫交流形式类似，一般都是通过举办国际会议和论坛，加强研究合作和交流。为了推动减贫国际合作，中国于 2007 年开始组织召开"中国－东盟社会发展与减贫年度论坛"，以及一系列有针对性的减贫研修班、合作论坛或研讨会。其中主要的有2011 年举办的"中国－东盟农村扶贫政策与实践研修班""中国－东盟旅游促进减贫研讨会"和 2013 年、2014 年在南宁举办的"老挝发展与减贫官员研修班"等。"中国－东盟社会发展与减贫论坛"迄今已经成功举办七届。2012 年 9 月，由国务院扶贫办与广西壮族自治区人民政府共同主办，中国国际扶贫中心、广西壮族自治区扶贫办、广西柳州市人民政府承办，东盟秘书处、联合国开发计划署、中国国际交流协会、中国国际经济技术交流中心、亚洲开发银行、联合国亚太经社会、广西国际博览事务局等机构支持的"第六届中国－东盟社会发展与减贫论坛"在广西柳州举行。论坛围绕"中国－东盟：包容性发展与减贫"的主题，倡导通过促进公平的发展机会和区域贸易，消除社会排斥和制度障碍，为贫困人口创造更加有利的发展环境；同时，论坛倡导改善收入分配，让穷人更多地分享经济增长和发展成果。2013 年 8 月，"第七届中国 – 东盟社会发展与减贫论坛"在广西防城港市召开，论坛围绕城镇化进程中的减贫问题进行政策和实践经验交流，探讨增强社会包容性、可持续发展的路径，进一步推动中国和东盟国家在减贫领域的交流合作（见表 9 – 8）。

表 9 – 8　中国 – 东盟社会发展与减贫论坛概览

会　议	举办时间与地点	主　题
第一届	2007 年 10 月 30 日，广西南宁	减贫与发展
第二届	2008 年 11 月 4 日，广西南宁	粮食灾害与减贫
第三届	2009 年 9 月 28 日，越南河内	全球经济放缓对亚太地区贫困及可持续发展的影响
第四届	2010 年 7 月 13 日，广西桂林	贸易自由化与减贫
第五届	2011 年 9 月 14 日，印度尼西亚雅加达	增长的质量与减贫
第六届	2012 年 9 月 26 日，广西柳州	中国 – 东盟：包容性发展与减贫
第七届	2013 年 8 月 21 日，广西防城港	城镇化进程中的减贫与包容性发展
第八届	2014 年 8 月 7 日，缅甸内比都	深化中国 – 东盟减贫区域合作
第九届	2015 年 7 月 29 日，老挝万象	金融创新与减贫

2004 年 11 月 29 日，中华人民共和国和东南亚国家联盟国家/政府领导人在老挝万象签署了《落实中国 – 东盟面向和平与繁荣的战略伙伴关系联合宣言的行动计划（2005～2010）》。在 2005～2010 年行动计划框架内，中国和东盟在政治安全、经济和社会文化三大支柱领域开展各项活动，以推动东盟在 2015 年建成东盟共同体。在政治安全领域，双方领导人、部长及高官保持频繁接触和互动，包括 2006 年在南宁举办中国 – 东盟纪念峰会。双方在落实《南海各方行为宣言》后续行动、东盟 – 中日韩（10 + 3）、东亚峰会（EAS）和东盟地区论坛（ARF）等领域也取得重要进展。2012 年，中国 – 东盟出台《落实中国 – 东盟面向和平与繁荣的战略伙伴关系联合宣言的行动计划（2011～2015）》文件。该宣言中涉及减贫交流的内容主要包括：①中国 – 东盟将加强减贫合作，建立主管部门日常联系和政策磋商机制，继续举办中国 – 东盟社会发展与减贫论坛；②中国继续为东盟国家举办一系列减贫政策与实践研讨会，为东盟国家提供减贫与发展专业学位，加强双方减贫领域的人力资源开发合作；③加强推动双方减贫主管部门通

过人员互访、知识共享、信息交流及联合研究建立合作关系；④根据东盟国家需求，中国将提供减贫政策咨询和技术支持，参与减贫项目设计和国家减贫战略的制定。

（三）减贫基金的支持

在亚洲开发银行下设立的中国减贫与区域合作基金是中国与东盟减贫国际合作的主要资金平台之一。该基金于 2005 年成立，由中国出资，中国与亚洲开发银行共同推进，其宗旨是支持亚洲开发银行在亚太地区发展中国家的减贫、区域合作和知识共享。其后，中国先后出资 4000 万美元用于支持发展中国家的减贫与发展，相关项目中有 27 个项目重点支持东盟或东盟成员国。此外，中国还通过"亚洲减债计划"和无偿援助等方式直接支持东盟部分国家。2002～2010 年，中国先后多次做出免除柬埔寨所有到期债务，免除老挝到期无息贷款债务，免除缅甸到期无息贷款债务等决定。中国的减债行动减轻了大湄公河次区域经济落后国家的债务负担。2015 年，中国将向东盟欠发达国家提供 30 亿元人民币无偿援助，主要用于支持中南半岛国家的减贫合作。

东盟部分国家存在不同程度的贫困，农业人口的贫困、高失业率、贫富差距大是相对集中的问题，基础设施不完善、科技及教育水平落后是致贫的主要原因。中国－东盟减贫合作一直侧重于基础设施建设和农业发展等方面。与美、日相比，中国的减贫项目不附带任何政治、经济条件，推动了受援国的减贫和经济发展。但与此同时，中国的减贫项目主要通过政府推进，在直接惠及受援国民众方面略显不足。面向未来，"一带一路"倡议必将为中国－东盟减贫合作带来更大的发展空间，应充分发挥亚投行、丝路基金及"中国－东盟自由贸易区"等多种机制在减贫合作中的作用，加强对直接惠及贫困民众和社会团体的项目的投入。

六　双边减贫交流合作

新中国成立以来一直积极参与全球双边减贫交流与合作，双边援助一直是中国对外援助的主要模式。中国对外开展双边减贫交流与合作的主要目标为发展中国家，大部分集中在非洲、东南亚以及拉美地区国家。

　　自 20 世纪 60 年代起，中国先后帮助几内亚、马里、坦桑尼亚、刚果、索马里、毛里塔尼亚等非洲国家建设了农业技术试验站、推广站、农场，帮助发展水稻、茶叶、甘蔗等作物的生产。到 20 世纪 70 年代末，中国向大多数非洲国家提供了农业援助，除农业技术试验站、推广站外，还援建了一批规模较大的农场，如坦桑尼亚姆巴拉利农场和鲁伏农场、索马里费诺力农场、乌干达奇奔巴农场、几内亚科巴甘蔗农场、马里两个甘蔗农场、毛里塔尼亚姆颇利水稻农场、塞拉利昂甘蔗农场等。自 1984 年起，中国政府同非洲国家政府共同努力，因地制宜，对不同援建项目分别采取了技术合作、管理合作、代管经营、租赁经营等方式，使已建成项目的效益有了不同程度的改善和提高，巩固了已建成项目的成果。21 世纪以来，在中非论坛框架下，中国在 42 个非洲国家承担了 176 个成套项目，包括公路、学校、医院和体育场等；对非洲一些发生自然灾害的地区提供了及时的人道主义援助。免除了 31 个非洲重债穷国和最不发达国家 109 亿元人民币债务；签订了 27 项优惠贷款框架协议；为非洲国家培训了 1 万余名各类人才。此外，中国通过南南合作项目向更多国家和地区成功输送经验，在双边和与粮农组织的南南合作项目中协助 120 多个发展中国家实施了千年发展目标。中国对东盟的减贫国际合作也主要是通过双边援助进行的。主要集中在柬埔寨、老挝两国，重点支持的领域是基础设施建设。中国是柬埔寨官方发展援助的主要捐助国之一，2000～2009 年，中国对柬埔寨的官方援助合计4.65 亿美元，占柬埔寨所有援助的 7%。其中，仅 2009 年全年的援助就达1.147 亿美元。中国对老挝的减贫合作主要是基础设施援建，援建工程包括宏挚火电站，南槛 2、南槛 3 水电站，230 千伏欣合－朗勃拉邦输变电线路工程，塞坎曼 2 水电站等。

　　中国国际扶贫中心在中外双边减贫合作中起到了极大的推动作用。以分享中国减贫经验为核心内容，扶贫中心积极推动与非洲、亚洲、南美洲国家和各类国际组织、发展机构以及非政府组织开展双边合作。合作形式包括参与制定国别减贫战略与规划、提供政策咨询服务、建立减贫合作中心、建设减贫示范基地、开展减贫领域的务实合作、派送专家、提供技术援助等。中国国际扶贫中心先后与坦桑尼亚、哥伦比亚、马里等多个国家签署了合作协议，建立起广泛的双边合作机制。

随着全球减贫合作的深入，越来越多的国家和机构开始联合参与全球减贫合作。中国参与的双边减贫合作逐渐变得模糊，更多的是参与多边的全球减贫合作与交流。中国与联合国相关部门合作，共同参与了针对非洲多个国家流行的埃博拉疫情的全球卫生治理过程；中国参与的"金砖四国"首脑会晤，试图用多边合作机制化的实践形式创建不同社会制度、跨地域的互利共赢新模式进行全球治理；中国对非洲国家、东盟的多边合作机制也处于逐步完善阶段。

七 中国减贫国际交流合作的主要效果

多年来，中国与国际社会开展了大量的减贫交流与合作，其中许多经验和教训值得进一步总结、提升和推广，在工作指导理念上需从早期的"摸着石头过河"到"有意识地总结、规划并实施"这样一种理性的过程。国际减贫合作与交流已成为中国在新阶段构建国际软实力和"走出去"的战略平衡杠杆，这充分体现在国家在数次重要的国际战略场合中将国际减贫合作与交流纳入重要议程之中，这些整合迹象包括：第一，2014 年 5 月李克强访非中发布了中非减贫合作纲要；第二，在第五届中非合作论坛中，也提出要不断扩大中非双方在减贫领域的合作与交流；第三，金砖国家领导人第六次会晤时提出，建立以减贫为中心的整体目标、广泛和综合的发展议程；第四，中国与东盟通过区域扶贫中心、设立中国－东盟社会发展与减贫论坛机制等方式加强双方之间的减贫合作与交流；第五，中国与拉丁美洲合作论坛提出减贫议题的重要性；第六，中国在"一带一路"等战略规划的过程中关注减贫议题的关键性作用。目前，中国参与国际减贫交流与合作取得了良好的效果，得到了国际社会广泛的认同。

（一）对中国自身而言，参与国际减贫交流与合作是适应当前全球发展趋势的要求，是中国"走出去"发展战略的必然选择

随着中国国力的增强，中国对欠发达国家的援助也在加大。近年来，中国同其他国家联手合作，开展了许多扶贫项目。例如，中国同英国在埃

塞俄比亚的合作，给当地人带来了福祉；中国同澳大利亚合作，对太平洋岛国在基础设施、农业和卫生等领域提供很大的帮助；中国同美国合作，为扼制西非国家埃博拉疫情做出了贡献。这些项目都取得了令人瞩目的成果，为未来进一步扩大合作奠定了基础。这是中国大国责任的体现，提升了中国在国际社会尤其是在发展中国家中的影响力。多年的减贫交流与合作也为中国更好地开展国际减贫交流与合作提供了扎实的基础。从政策环境上看，如前所述，目前中国整体的经济实力和当前所面临的困境，保证了中国减贫经验国际化所需的物质支持和话语支持，从而使其进一步获得机构、制度与人力上的支持，这使得减贫经验国际化的整个政策环境相对宽松，易得到投票和决策上的支持，增强其合法性；从机构设置上看，国务院扶贫办国际合作与社会扶贫司及其中国国际扶贫中心职能的设立或增强在一定程度上意味着国际化议程优先序的排列前移，中国国际扶贫中心本身处于一个较高的位置上，能有条件推动政界、学界和国际发展界之间的贯通和对话，从而保证减贫交流途径的畅通；从人力资源上看，我国接受援外 30 多年，尤其是中国减贫系统也都随之设立了国际合作办公室，在这个过程中培养了大量通晓国际惯例、规则和话语的国际发展与减贫人才。同时，值得注意的是，中国近 30 年的专业减贫历程中始终伴随的是一个减贫研究能力的不断提升，即中国减贫过程本身是个边行动、边研究、边调整的过程，这个过程发育出了一种自我学习与调适的能力，从而保证了中国具有能力来支撑中国减贫经验国际化在机构和人力资源上的需求。

（二）对发展中国家而言，中国参与全球减贫交流与合作对全球减贫体系提供了理论贡献

　　20 世纪 90 年代初，受西方多党制思潮的影响，多数发展中国家经济发展经历了政治动荡的冲击，破坏了 20 世纪 80 年代后期经济调整取得的成果。世界银行和国际货币基金组织提供的结构调整方案，并没有帮助广大发展中国家走出经济困境。相反，为了能够获得这笔援助，非洲国家在私有化过程中，经济主权不断受到威胁和破坏。所以，西方国家给发展中国家开出的药方，并没有帮助广大发展中国家实现预期的经济增长。以非洲为例，中国对非洲的援助和在援助项目带动下的中非经贸合作，帮助非洲

国家走出了另外一条发展道路。近年来，中国对中非合作理念的贡献集中体现在：三点倡议、四项原则、五项举措和八项措施。这些理念是一个有机连续的整体，三点倡议指明发展中非合作的一个美好愿景；四项原则具体阐述了发展中非合作的四个指导原则；五项举措是对三点倡议和四项原则的具体落实；而八项措施则是为推动中非新型战略伙伴关系发展，促进中非在更大范围、更广领域、更高层次上的合作所提出的有力举措。2006年 1 月，中国政府发布《中国对非洲政策文件》，系统阐述了中国对非洲的政策和主张，提出中国对非洲政策的总体原则和目标，即"真诚友好，平等相待；互利互惠，共同繁荣；相互支持，密切配合；相互学习，共谋发展"。并且专门就减免债务、经济援助、医疗卫生合作、减灾、救灾和人道主义援助以及冲突解决及维和行动做出了明确阐述。中国提出的一系列对非洲援助的政策主张，反映了时代特征，也反映了非洲国家的愿望和要求，极大地促进了中非之间的减贫合作。中国所倡导的"相互尊重、互利合作、相互借鉴和共同发展"的合作理念，丰富了南南合作理论，也为促进发展中国家合作和实现共同发展做出重要的理论贡献（张海冰，2006）。

（三）为全球减贫提供了大量实践经验

中国和非洲、东盟、拉美各国同属于发展中国家，并且经济发展阶段类似，因此中国参与发展中国家的减贫合作具有独特的优势。中国参与全球减贫合作的实践表明，发展中国家之间能否在资金、技术有限的条件下开展减贫合作并实现共同发展，其关键在于，中国提供的减贫经验是否是受援国切实需要的；中国提供的减贫援助和减贫理念是否能被受援国所接受；减贫援助项目是否具有持续生命力，是否能够带动当地的经济发展。中国对非洲的减贫援助实践，从最初的单向赠予，逐步走向双向合作，实现了从"输血"到"造血"的转变，带动了双方资金、技术、人员和管理经验的交流，切实起到了推动非洲国家经济发展的作用。中国－东盟减贫合作一直侧重于基础设施建设和农业发展等方面。与美、日相比，中国的减贫项目不附带任何政治、经济条件，推动了受援国的减贫和经济发展。因此，中国参与全球减贫合作的实践是不同于西方发达国家的另一条路，丰富了全球减贫实践经验。

八　总体评价

积极参与全球减贫合作与交流是中国自身发展的需要，也是国际社会的普遍希望。从自身减贫需要来说，消除贫困、改善民生、实现共同富裕，是中国社会主义本质的内在要求，是改革开放和社会主义现代化建设的重大任务，也是中国共产党奋斗的核心目标。事实证明，中国需要广泛开展与国际社会的交流，才能及时学习其他国家在减贫中的成功经验，不断提升自身的减贫水平，弥补全面建成小康社会的短板。从中国未来发展来讲，经过 60 多年的发展，中国经济社会正处于转型期。如何真正实现"走出去"战略，促进中国经济健康平稳过渡和发展至关重要。减贫领域的合作交流，是我们改革开放过程中的重要内容，涉及的深度和广度都非常有代表性。在长期的发展过程中，我们已经积累了丰富的国际交流经验。未来通过积极推动中国减贫经验的国际化，有利于国际社会更深入地了解中国，消除之前的误解，有利于加快"走出去"的速度，进而充分利用国际市场和资源，推动中国经济社会的长期稳定发展。从中国外交需要来说，中国自身发展的过程也是一个积极融入国际社会的过程。如何在国际社会格局中谋求重要的地位和作用，是我们一直面临的问题。

中国减贫经验的成功，为中国在相关议题讨论和制定规则的时候掌握了话语权，越来越多的国家开始关注、学习中国的减贫经验，这都扩大了中国的外交成果。此外，作为世界第二大经济体，国际社会要求中国承担更多的责任。对于中国的发展经验而言，扶贫工作经验是在国际上认同度最高，同时也争议最少的中国经验，因此推广中国扶贫经验，以扶贫经验推广来实现中国与其他国家的有效外交，同时构建中国与双边、多边国际组织的良好合作关系是中国非常重要而现实的选择。中国减贫经验成为中国外交的一张王牌，极大拓展了中国外交的活动空间。

对于进入现代国际体系的后来者，国际社会正经历着从俯视到平视，有可能再到仰视的转变过程，而通过参与全球减贫合作与交流，中国与国际发展体系不断地进行着互动、学习与重塑。随着中国在减贫治理领域不断地融入国际社会，中国在对外宣传推广减贫经验的同时也在不断学习借鉴其他国际组织在减贫治理中的优秀经验。正如联合国社发所中国项目协调员克莱伯·吉米尔所说的，中国在国内减贫中的优异表现，除了自身的一些比较好的做法之外，还与中国主动地融入国际社会，积极参与国际竞争，并从国外汲取先进的管理经验分不开（刘军，2007）。Sebastian 和 Helmut（2010）认为未来的国际援助和贫困治理格局可能会在保留现有体系中有效和积极的方法基础上，融合新的援助者的新方法，融合改进为全新的援助格局的方向发展。真正的互动融合与重新塑造全球贫困治理框架才是未来国际消除贫困新格局的发展方向。一个囊括国际主流治理组织、新兴国家和受援国三方合作的，更多考虑发展中国家利益的更加开放、公平的治理格局将会形成。

2010年中国在GDP总量超过日本后成为仅次于美国的世界第二大经济体。在国内，虽然我们早已实现了贫困人口比例减半的目标，但我们贫困人数目还相当庞大，按2011年提高后的贫困标准（农村居民家庭人均纯收入2300元/年）计算，2014年中国还有7000万的贫困人口。在国际援助规模和影响力方面，我们与西方发达国家还有不小的差距。具体地说，中国在减贫经验国际化以及从更广泛、更深入地参与国际减贫治理上将面临以下几点挑战。

首先，中国在减贫事业上的确取得很大成绩，但我们的贫困人口数量仍然很多，地区发展不平衡，贫富差距越拉越大。因此，我们自身的经验存在着硬伤。庞中英（2007）认为中国目前总体上仍然是世界上经济发展、社会发展和人文发展程度比较低的贫穷的发展中国家，而且我们本身也一直是国际组织援助的对象，现代化和发展的任务也还没有完成。

其次，中国减贫经验的核心内容至今并不完全明确。一方面，国内关于中国减贫经验的研究汗牛充栋，对经验的说法也是五花八门，让人很难抓住最本质的东西。虽然最近几年"特区""开发区""渐进式改革""农村改革"等中国概念已经在国际发展贫困治理体系中越来越有影响力，但在中国援外或合作的项目中却很少提到这些经验。另外，我们在对外宣传中采用的主流话语是"中国模式""中国特色"这些词。姚阳（2010）认为一味强调中国特色阻碍了世界对中国的理解，这样不利于我们把中国经验推向世界。

再次，合作渠道单一化和人才的不足。中国在国际援助与贫困治理领域参与国际合作的组织机构几乎全部来自官方或半官方。这在很多时候给我们对外援助与合作带来了很多不必要的麻烦。"中国威胁论""新殖民主义"等炒作在西方之所以有一定的空间，原因之一与我们这种单一的官方对外合作的渠道有关系。当然，这和我们国内减贫中主要依靠政府的力量有关，民间社会的力量需要进一步地激发出来。此外，在参与国际减贫领域的合作中，由于国内减贫领域一直都是政府主导，民间的潜力一直没有通过制度性安排激发出来，长期以来这方面的人才就得不到培养。我国目前从事对外援助和国际减贫合作的大部分人员都没有经过国际发展的基本训练，大部分来自外交、外语、经贸等专业。

在人才培养方面，除了中国农业大学人文与发展学院等少数院校开始系统地开展国际发展专业培养本科生和研究生的课程外，尚缺乏系统的国际发展人才的培养。人才不足的一个明显表现就是参与到国际援助和减贫项目的中方管理人员中很少有懂国际治理规则的，经常导致援助项目的不可持续或失败。这种因为我们缺乏人才而导致中国对外合作项失败的例子在中国援非项目中表现尤为严重。Marcus（2011）认为中国对安哥拉援助与投资的项目是建立在与狭窄的商界精英的对话平台上的，公共参与和协商并不是这些项目所优先考虑的因素。所以安哥拉的穷人们是被目前的发展模式所排斥的，他们很少有机会进入这个发展过程中去，而只能等待财富的"涓滴效应"。

最后，中国塑造国际价值体系的规制能力和话语能力还存在挑战。庞中英（2007）认为截至目前，中国并不是世界知识体系生产的中心，相反我们是西方"知识产品"的消费国。他还认为中国在价值观上与外部世界缺乏真正的沟通与共性。由于中国的市场化改革并主动融入全球化体系中，在全球化的经济和社会价值体系深刻的影响下，传统的价值体系已经难以为继，而新的基本价值体系还未建立起来。事实上，中国自身存在着道德、规则等的价值危机。在这种情况下，如果急于对外传播中国经验很可能会与外部世界发生各种价值冲突（Manning，2009）。

总之，国际援助与减贫在国际治理体系中正发挥着越来越重要的作用。作为联合国安理会常任理事国，中国在维护全球和平和地区安全方面发挥着重大的作用。随着中国经济的快速发展，中国在带动全球发展与减贫方面的作用也越来越重要。中国正以开放的态度广泛参与国际合作，在做好国内事情的前提下，中国有意愿也有责任去塑造一套新的国际治理体系，建立一个更加公平与和谐的世界。

参考文献

［1］ 鞠海龙等：《中国－东盟减贫合作：特点及深化路径》，《国际问题研究》2015 年第 4 期。

［2］ 安春英：《中非减贫领域经验及互鉴》，《亚飞纵横》2009 年第 6 期。

［3］ 李安山：《全球化视野中的非洲：发展、援助与合作》，《西亚非洲》2007 年第 7 期。

［4］ 张海冰：《中非合作与南南合作》，《毛泽东邓小平理论研究》2006 年第 12 期。

［5］ 庞中英：《政治意愿、国家能力和知识角色——关于中国在全球治理中的作用》，载庞中英主编《中国学者看世界：全球治理卷》，新世界出版社，2007。

［6］ 刘军：《联合国社发所高度关注中国经验》，《光明日报》2007 年 8 月 4 日。

［7］ Power Marcus, "Angola 2025: The Future of the 'World's Richest Poor Country'", *Chinese Rear-View Mirror*, Antipode, 2011.

［8］ 姚阳：《中国道路的世界意义》，《国际经济评论》2010 年第 1 期。

［9］ Richard Manning, "Using Indicators to Encourage Development: Lessons from the MDGs", Copenhagen: Danish Institute For International Studies (DIIS), 2009.

［10］ Paulo Sebastian, Reisen Helmut, "Eastern Donors and Western Soft Law: Towards a DAC Donor Peer Review of China and India?", *Development Policy Review*, 2010, 28 (5).

［11］ 黄梅波等：《"后 2015 发展议程"与中国的应对》，《国际政治研究》2015 年第 1 期。

图书在版编目（CIP）数据

中国扶贫开发政策演变. 2001～2015 年 / 左常升主

编. —— 北京：社会科学文献出版社，2016.12

（中国减贫研究书系）

ISBN 978 - 7 - 5097 - 9733 - 4

Ⅰ.①中…　Ⅱ.①左…　Ⅲ.①不发达地区 - 经济政策

- 研究 - 中国 - 2001 - 2015　Ⅳ.①F127

中国版本图书馆 CIP 数据核字（2016）第 223170 号

·中国减贫研究书系·

中国扶贫开发政策演变（2001～2015 年）

主　　编 / 左常升

出 版 人 / 谢寿光
项目统筹 / 周　丽　冯咏梅
责任编辑 / 冯咏梅

出　　版 / 社会科学文献出版社·经济与管理出版分社（010）59367226
　　　　　　地址：北京市北三环中路甲 29 号院华龙大厦　邮编：100029
　　　　　　网址：www. ssap. com. cn
发　　行 / 市场营销中心（010）59367081　59367018
印　　装 / 三河市尚艺印装有限公司

规　　格 / 开 本：787mm × 1092mm　1/16
　　　　　　印 张：18.5　字 数：288 千字
版　　次 / 2016 年 12 月第 1 版　2016 年 12 月第 1 次印刷
书　　号 / ISBN 978 - 7 - 5097 - 9733 - 4
定　　价 / 79.00 元

本书如有印装质量问题，请与读者服务中心（010 - 59367028）联系